# 民國文化與文學 研究文叢

## 二 編

李 怡 主編

## 第 6 冊

### 民國憲政、法制與現代文學（上）

李 怡、謝君蘭、黃 菊 編

國家圖書館出版品預行編目資料

民國憲政、法制與現代文學（上）／李怡、謝君蘭、黃菊 編
— 初版 — 新北市：花木蘭文化出版社，2013〔民 102〕
目 4+210 面：19x26 公分
（民國文化與文學研究文叢 二編：第 6 冊）
ISBN：978-986-322-309-2（精裝）
1. 中國文學　2. 現代文學　3. 文學評論
541.26208　　　　　　　　　　　　　　　　102012321

特邀編委（以姓氏筆畫為序）：

ISBN-978-986-322-309-2

民國文化與文學研究文叢
二 編 第六冊　　　　　ISBN：978-986-322-309-2

民國憲政、法制與現代文學（上）

作　　者　李怡、謝君蘭、黃菊
主　　編　李 怡
企　　劃　四川大學現代中國文化與文學研究中心
　　　　　民國文學與海外漢學研究中心（籌）
　　　　　北京師範大學民國歷史文化與文學研究中心
總 編 輯　杜潔祥
印　　刷　普羅文化出版廣告事業
出　　版　花木蘭文化出版社
發 行 人　高小娟
聯絡地址　235 新北市中和區中安街七二號十三樓
　　　　　電話：02-2923-1455／傳真：02-2923-1452
網　　址　http://www.huamulan.tw 信箱 sut81518@gmail.com
初　　版　2013 年 9 月
定　　價　二編 22 冊（精裝）新台幣 38,000 元

# 民國憲政、法制與現代文學（上）

李怡、謝君蘭、黃菊　編

## 主編簡介

　　李怡，1966 年生於重慶，文學博士。四川大學文學與新聞學院教授兼北京師範大學文學院教授。《現代中國文化與文學》學術叢刊主編，主要從事中國現代詩歌、魯迅及中國現代文學思潮研究。出版《中國現代新詩與古典詩歌傳統》、《現代四川文學的巴蜀文化闡釋》、《大西南文化與新時期詩歌》、《閱讀現代 論魯迅與中國現代文學》、《現代性：批判的批判》、《日本體驗與中國現代文學的發生》等，教育部新世紀人才、全國百篇優秀博士論文獲獎者。

　　謝君蘭，1984 年生於四川榮經，北京師範大學文學院在讀博士，主要從事中國現代文學研究。

　　黃菊，1976 生於重慶，現任職於西南大學圖書館，四川大學文學與新聞學院在職博士生，主要從事抗戰文學與文化研究。

## 提　　要

　　這是「西川論壇」第二屆年會的論文集，也是《民國文化與文學》學術年刊 2013 年卷。文集選錄 2012 年 12 月 1 ～ 2 日在北京師範大學召開的「民國社會歷史與中國現代文學」學術研討會上發言、交流的部分學術論文。這次會議實際上由兩大部分組成，一是面向國內學術界的關於「民國文學」研究的綜合性討論，參加者除了近年來執著於此課題的學者，還包括來自歷史學界、法學界及藝術研究界的其他朋友，他們共同圍繞「民國時期的社會歷史狀況」探討其文化與文學的意義，另外一部分便是「西川論壇」原定的主題「民國憲政、法制之於現代文學的影響」。前一部分內容豐富，留待我們的電子期刊加以展示，後一部分能夠與我們第一屆年會的主題相互銜接，形成有序的研究系列。這裏所展示的就是這一主題代表作。

# 就「民國機制」與民國文學答問
## ——《民國文化與文學研究文叢》第二輯引言

李　怡

## 文學的「民國機制」是什麼

周維東：我注意到，最近有一些學者提出了「民國文學史」研究的問題，例如張福貴先生、丁帆先生、湯溢澤先生等等。而在這些「文學史」重新書寫的呼聲中，您似乎更專注於一個新的概念的闡述和運用，這就是文學的「民國機制」，您能否說明一下，究竟什麼是文學的「民國機制」呢？

李怡：「民國機制」是近年來我在中國現代文學史研究中逐漸感受到並努力提煉出來的一個概念。形成這一概念大約是在 2009 年，爲了參加北京大學召開的紀念五四新文化運動 90 周年研討會，我重新考察了「五四文化圈」的問題，我感到，五四文化圈之所以有力量，有創造性，根本原因就在於當時形成了一個砥礪切磋、在差異中相互包容又彼此促進的場域，而這樣的場域所以能夠形成，又與「民國」的出現關係甚大，中國現代文學之有後來的發展壯大，在很大程度上得力於當時能夠形成這個場域。在那時，我嘗試著用「民國機制」來概括這一場域所表現出來的影響文學發展的特點。〔註1〕我將五四時期視作文學的「民國機制」的初步形成期，因爲，就是從這個時期開始，推動中國現代文化與文學健康穩定發展的基本因素已經出現並構成了較爲穩定的「結構」。〔註2〕

---

〔註1〕李怡：《誰的五四：論五四文化圈》，見《中國現代文學研究叢刊》2009 年 3 期。
〔註2〕李怡：《「五四」與現代文學「民國機制」的形成》，《鄭州大學學報》2009 年

　　2010 年，在進一步的研究中，我對文學的「民國機制」做出了初步的總結。我提出：「民國機制」就是從清王朝覆滅開始在新的社會體制下逐步形成的推動社會文化與文學發展的諸種社會力量的綜合，這裏有社會政治的結構性因素，有民國經濟方式的保證與限制，也有民國社會的文化環境的圍合，甚至還包括與民國社會所形成的獨特的精神導向，它們共同作用，彼此配合，決定了中國現代文學的特徵，包括它的優長，也牽連著它的局限和問題。為什麼叫做「民國機制」呢？就是因為形成這些生長因素的力量醞釀於民國時期，後來又隨著 1949 年的政權更迭而告改變或者結束。新中國成立以後，眾所周知的事實是，政治制度、經濟形態及社會文化氛圍及人的精神風貌都發生了重大改變，「民國」作為一個被終結的歷史從大陸中國消失了，以「民國」為資源的機制自然也就不復存在了，新中國文學在新的「機制」中轉換發展，雖然我們不能斷言這些新「機制」完全與舊機制無關，或許其中依然包含著數十年新文化新文學發展無法割斷的因素，但是從總體上看，這些因素即便存在，也無法形成固有的「結構」，對於文化和文學的發展而言，往往就是這些不同的「結構」在發生著關鍵性的作用，所以我主張將所謂的「百年中國文學」、「二十世紀中國文學」分段處理，不要籠統觀察和描述，它們實在大不相同，二十世紀下半葉的中國文學應該在新的「機制」中加以認識。〔註 3〕

　　**周維東**：「民國機制」與同時期出現的「民國文學史」、「民國史視角」有什麼差別？

　　**李怡**：「民國文學史」提出來自當代學人對諸多「現代文學」概念的不滿，據我的統計，最早提出以「民國文學史」取代「現代文學史」設想的是上海的陳福康先生，陳福康先生長期致力於現代文獻史料的發掘勘定工作，他所接觸和處理的歷史如此具體，實在與抽象的「現代」有距離，所以更願意認同「民國」這一稱謂，其實這裏有一個值得注意的現象：真正投入歷史的現場，你就很容易發現文學的歷史更多的是一些具體的「故事」，抽象的「現代」之辨並不都那麼激動人心，所以在近現代史學界，以「民國史」定位自己工作者先前就存在，遠比我們觀念性強的「文學史」界為早。繼陳福康先生之後，又先後有張福貴、魏朝勇、趙步陽、楊丹丹、湯溢澤、丁帆等人繼續闡

　　　4 期。
〔註 3〕李怡：《民國機制：中國現代文學的一種闡釋框架》，《廣東社會科學》2010年 6 期。

述和運用了「民國文學史」的概念，尤其是張福貴和丁帆先生，更以「國務院學位委員」特有的學科視野爲我們論述和規劃了這一新概念的重要意義與現實可能，我覺得他們的論述十分重要，需要引起國內現代文學同行的高度重視和認眞討論。在一開始，我也樂意在「民國文學史」的框架中討論現代文學的問題，因爲這一框架顯然能夠把我們帶入更爲具體更爲寬闊的歷史場景，而不必陷入糾纏不清的概念圈套之中，例如借助「民國文學史」的框架，我們就能夠更好地解釋「大後方文學」的複雜格局，包括它與延安文學的互動關係。〔註4〕

不過，「民國文學史」主要還是一個歷史敘述的框架，而不是具體的認知視角和研究範式，或者說他更像是一個宏闊的學科命名，而不是「進入」問題的角度，我們也不僅僅爲了「寫史」，在書寫整體的歷史進程之外，我們大量的工作還在對一個一個具體文學現象的理解和闡釋，而這就需要有更具體的解讀歷史的角度和方法，我們不僅要告訴人們這一段歷史「叫做」什麼，而且要回答它「爲什麼」是這樣，其中都有哪些值得注意的東西，對後者的深入挖掘可以爲我們的文學研究打開新的空間，「機制」的問題提出就來源於此。

**周維東**：我也意識到這一問題。「民國文學史」提出的學理依據和理論價值，在於它一時間化解了「中國現代文學史」框架中許多難以解決的難題，譬如中國現代文學的「起點」問題，中國現代文學的「包容度」問題，中國現代文學史寫作的價值立場問題等等。但「化解」並不等同於「解決」，當我們以「民國」的歷史來界分中國現代文學時，我們依舊需要追問「現代」的起源問題；當我們不在爲中國現代文學的包容度而爭議時，如何將民國文學錯綜複雜的文學現象統攝在同一個學術平臺上，又成了新的問題；我們可以不爲「現代」的本質而煩擾，但一代代中國現代知識份子的文化追求還是會引發我們思考：他們爲什麼要這樣而不是那樣？

**李怡**：還有一個概念也很有意思，這就是秦弓先生提出的「民國史視角」，〔註5〕「視角」的思路與我們對其中「機制」的關注和考察有彼此溝通之處，

---

〔註4〕李怡：《「民國文學史」框架與「大後方文學」》，《重慶師範大學學報》2009年1期。

〔註5〕秦弓先後發表《從民國史的角度看魯迅》(《廣東社會科學》2006年4期)、《現代文學的歷史還原與民國史視角》(《湖南社會科學》2010年1期)。

我們都傾向於通過對特定歷史文化的具體分析為文學現象的解釋找到根據。在我們的研究中，有時也使用「視角」一詞，只是，我更願意用「機制」，因為，它指涉的歷史意義可能更豐富，研究文學現象不僅需要「觀察點」，需要「角度」，更需要有對文化和文學的內在「結構性」因素的總結，最終，讓二十世紀中國文學上下半葉各自區分的也不是「角度」而是一系列實在內涵。

周維東：「民國機制」的研究許多都涉及社會文化的制度問題，這與前些年出現的「中國現當代文學制度研究」有什麼差別呢？

李怡：最近一些年出現的「中國現當代文學制度研究」為中國文學的發生發展尋找到了豐富的來自社會體制的解釋，這對過去機械唯物主義的「社會反映論」研究具有根本的差異，我們今天對「民國機制」的思考，當然也包含著對這些成果的肯定，不過，我認為，在兩個大的方面上，我們的「機制」論與之有著不同。首先，這些「制度研究」的理論資源依然主要來自西方學術界，這固然不必指責，但顯然他們更願意將現代中國的各種「制度現象」納入到更普遍的「制度理論」中予以認識，「民國」歷史的特殊性和諸多細節還沒有成為更主動的和主要的關注對象，「民國視角」也不夠清晰和明確，而這恰恰是我們所要格外強調的；其次，我們所謂的「機制」並不僅是外在的社會體制，它同時也包括現代知識份子對各種體制包圍下的生存選擇與精神狀態。例如民國時期知識份子所具有的某種推動文學創造的個性、氣質與精神追求，這些人的精神特徵與國家社會的特定環境相關，與社會氛圍相關，但也不是來自後者的簡單「決定」與「反映」，有時它恰恰表現出對當時國家政治、社會制度、生存習俗的突破與抗擊，只是突破與抗擊本身也是源於這個國家社會文化的另外一些因素。特別是較之於後來極左年代的「殘酷鬥爭、無情打擊」，較之於「知識份子靈魂改造」後的精神扭曲，或者較之於中國式市場經濟時代的信仰淪喪與虛無主義，作為傳統文化式微、新興文明待建過程中的民國知識份子，的確是相對穩健地行走在這條歷史的過渡年代，其中的姿態值得我們認真總結。

周維東：經過您的闡述，我可不可以這樣理解：「民國機制」包含了一種全新的文學理解方式，「民國」是靜態的歷史時空，而「機制」則是文化參與者與歷史時空動態互動中形成的秩序，兩者結合在一起，強調的是在文學活動中「人」與「歷史時空」的豐富的聯繫，這種聯繫可以形成一種類似「場域」的空間，它既是外在的又是內在的。通過對「文學機制」的發現，文學

研究可以獲得更大的彈性空間，從而減少了因為理論機械性而造成的文學阻隔。單純使用「民國」或「制度」等概念，往往會將文學置於「被決定」的地位，它值得警惕的地方在於，我們既無法窮盡對「民國」或「制度」全部內容的描述，也無法確定在一定的歷史時空下就必然出現一定的文學現象。

李怡：可以這樣理解。

## 為什麼是「民國機制」

周維東：應該說，目前中國現代文學研究已經相當成熟了，各種研究模式、方法、框架都取得了引人注目的成就，在這個時候，為什麼還要提出這個新的闡述方式呢？

李怡：很簡單，就是因為目前的種種既有研究框架存在一些明顯的問題，對進一步的研究形成了相當的阻力。我們最早是有「新文學」的概念，這源於晚清「新學」，「新文學」也是「新」之一種，顯然這一術語感性色彩過強，我們必須追問：「新」旗幟的如何永遠打下去而內涵不變？「現代」一詞從移入中國之日起就內涵駁雜，有歐洲文明的「現代觀」，也有前蘇聯的十月革命「現代觀」，後者影響了中國，而中國又獨出心裁地劃出一「當代」，與前蘇聯有所區別，到了新時期，所謂「與世界接軌」也就是與歐美學術看齊，但是我們的「現代」概念卻與人家接不了軌！到 1990 年代，「現代性」知識登陸中國，一陣恍然大悟之後，我們「奮起直追」，「現代性」概念漫天飛舞，但是新的問題也來了：如何證明中國文學的「現代」就是歐美的「現代」？如果證明不了，那麼這個概念就是有問題的，如果真的證明了，那麼中國文學的獨立性與獨創性還有沒有？我們的現代文學研究真的很尷尬！提出「民國機制」其實就是努力返回到我們自己的歷史語境之中，發現中國人在特定歷史中的自主選擇，這才是中國文學在現代最值得闡述的內容，也是中國文學之所以成為中國文學的理由，或者說是中國自己的真正的「現代」。

周維東：我在想一個問題，「民國機制」的提出在很大程度上來自對目前「現代」概念的質疑和反思，這是不是意味著，我們從此就確立了與「現代」無關的概念，或者說應該把「現代」之說驅除出去呢？

李怡：當然不是。「現代」概念既然可以從其知識的來源上加以追問，借助「知識考古」的手段釐清其中的歐美意義，但是，在另外一方面，「現代」

從日本移入中國語彙的那一天起，就已經自然構成了中國人想像、調遣和自我感性表達的有機組成部分，也就是說，中國人已經逐步習慣於在自己理解的「現代」概念中完成自己和發展自己，今天，我們依然需要對這方面的經驗加以梳理和追蹤，我們需要重新摸索中國自己的「現代經驗」與「現代思想」，而這一切並不是 1990 年代以後自西方輸入的「現代性知識體系」能夠解釋的，怎麼解釋呢？我覺得還是需要我們的民國框架，在我們「民國機制」的格局中加以分析。

周維東：也就是說，只有在「民國機制」中，我們才可以真正發現什麼是自己的「現代」。

李怡：就是這個意思，「現代」並不是已經被我們闡述清楚了，恰恰相反，我覺得很多東西才剛剛開始。

周維東：「民國」一詞是中性的，這是不是更方便納入那些豐富的文學現象呢？例如舊體詩詞、通俗小說等等。提出「民國機制」是否更有利於現代文學史的「擴軍」？也就是說將民國時期的一切文化文學現象統統包括進去？

李怡：從字面上看似乎有這樣的可能，實際上已經有學者提出了這個問題。但是，對於這個問題，我卻有些不同的看法，實際上，一部文學史絕對不會不斷「擴容」的，不然，數千年歷史的中國古典文學今天就無法閱讀了，不斷「減縮」是文學史寫作的常態，文學經典化的過程就在減縮中完成。這就為我們提出了一個問題：一種新的文學闡釋模式的出現從根本上講是為了「照亮」他人所遮蔽的部分而不是簡單的範圍擴大，「民國」概念的強調是為了突出這一特定歷史情景下被人遺忘或扭曲的文學現象，舊體詩詞、通俗小說等等直到今天也依然存在，不能說是民國文學的獨有現象，而且能夠進入文學史研究的一定是那些在歷史上產生了獨立作用和創造性貢獻的現象，舊體詩詞與通俗小說等等能不能成為這樣的現象大可質疑，與唐宋詩詞比較，我們現代的舊體詩詞成就幾何？與新文學對現代人生的揭示和追求比較，通俗小說的深度怎樣？這都是可以探討的。實際上，一直都由學者提出舊體詩詞與通俗小說進入「現代文學史」，與新文學並駕齊驅的問題，呼籲了很多年，文學史著作也越出越多，但仍然沒有發現有這麼一種新舊雜糅、並駕齊驅的著作問世，為什麼呢？因為兩者實在很難放在同一個平臺上討論，基礎不一樣，判斷標準不一樣。我認為，提出文學的「民國機制」還是為了更好地解

釋那些富有獨創性的文學現象，而不是爲了擴大我們的敘述範圍。

　　周維東：文學史研究從根本上講，就不可能是「中性」的。

　　李怡：當然，任何一種闡述本身就包含了判斷。

## 「民國機制」何爲

　　周維東：在文學的「民國機制」論述中，有哪些內容可以加以考察？或者說，我們可以爲現代中國文學研究開拓哪些新空間呢？

　　李怡：大體上可以區分爲兩大類：一是對「民國」各種社會文化制度、生存方式之於文學的「結構性力量」的考察、分析，二是對現代作家之於種種社會格局的精神互動現象的挖掘。前者可以展開的論題相當豐富，例如民國經濟形態所造就的文學機制。從1913年張謇擔任農商務部總長起，在大多數情形下，鼓勵民營經濟的發展已經成了民國的基本國策，中國近現代的出版傳播業就是在這樣的格局中發展起來的，這賦予了文學發展較大的空間；至少在法制的表面形態上，民國政府表現出了一系列「法治」的努力，以「三民主義」和西方法治思想爲基礎民國法律同樣也建構著保障民權的最後一道防線，雖然它本身充滿動搖和脆弱。這表層的「法治」形式無疑給了知識份子莫大的鼓勵，鼓勵他們以法律爲武器，對抗獨裁、捍衛言論自由；多種形態的教育模式營造了較大的精神空間，對國民黨試圖推進的「黨化」教育形成抵制。後者則可以深入挖掘現代知識份子如何通過自己的努力、抗爭調整社會文化格局，使之有利於自己的精神創造。

　　周維東：這些研究表面上看屬於社會體制的考察，其實卻是「體制考察與人的精神剖析」相互結合，最終是爲了闡發現代文學的創造機能而展開的研究。

　　李怡：對，尋找外在的社會文化體制與人的內部精神追求的歷史作用，就是我所謂的「機制」的研究。

　　周維東：這樣看來，民國機制的研究也就帶有鮮明的立場：爲中國現代文學的創造力尋求解釋，深入展示我們文學曾經有過的歷史貢獻，當然，也爲未來中國文學的發展挖掘出某些啓示。所以說，「民國機制」不是重新劃範圍的研究，不是「標籤」與「牌照」的更迭，更不是貌似客觀中性的研究，它無比明確地承擔著回答現代文學創造性奧秘的使命。

李怡：這樣的研究一開始就建立在「提問」的基礎上，是未來回答現代文學的諸多問題我們才引入了「民國機制」這樣的概念，因為「提問」，我想我們的研究無論是在文學思潮運動還是在具體的作家作品現象方面都會有一系列新的思維、新的結論。例如一般認為1930年代左翼作家的現實揭弊都來源於他們生活的困窘，其實認真的民國生活史考察可以告訴我們，但凡在上海等地略有名氣的作家（包括左翼作家）都逐步走上了較為穩定的生活，他們之所以堅持抗爭在很大程度上還是來自理想與信念。再如目前的文學史認為茅盾的《子夜》揭示了民族資產階級在現代中國沒有前途，但問題是民國的制度設計並非如此，其實民營經濟是有自己的生存空間的，尤其1927～1937被稱作民國經濟的黃金時代，這怎麼理解？顯然，在這個時候，茅盾作為左翼作家的批判性佔據了主導地位，而引導他如此寫作的也不是什麼「按照生活本來面目加以反映」的19世紀歐洲的「現實主義」原則，而是新進引入的馬克思主義的階級觀念。民國體制與作家實際追求的兩相對照，我們看到的恰恰是民國文學的獨特景象：這裏不是什麼遵循現實主義原則的問題，而是作家努力尋找精神資源，完成對社會的反抗和拒斥的問題，在這裏，文學創作本身的「思潮屬性」是次要的，構建更大的精神反抗的要求是第一位的。在這方面，是不是存在一種「民國氣質」呢？

周維東：根據您的闡述，我理解到「民國機制」所要研究的問題。過去我們研究文學史，也注重了歷史語境的問題，但從某個單一視角出發，就可能出現「臆斷」和「失度」的現象，這也就是俗話中的「只知其一不知其二」。「民國機制」研究民國「社會文化制度、生存方式之於文學的『結構性力量』」，實際還強調了歷史現場的全景考察。其次，「現代作家之於種種社會格局的精神互動現象」在過去常常被認為作家的個體想像，您在這裏特別強調這種互動的集體性和有序性，並試圖將之作為結構文學史的重要基礎。

李怡：是這樣的。過去我們都習慣用階級對抗在解釋民國時代的「左」、「中」、「右」，好像現代文學就是在不同階級的作家的屬性衝突中發展起來的，其實，就這些作家本身而言，分歧和衝突是一方面，而彼此的包容和配合也是不容忽視的一面，更重要的是，他們意見和趣味的分歧往往又在對抗國家專制統治方面統一了，在面對獨裁壓制的時候，都能夠同仇敵愾，共同捍衛自己的利益。當整個知識份子階層形成共同形成精神的對抗之時，即便是專制統治者也不得不有所忌憚，例如擔任國民黨中宣部部長的張道藩就在

1940 年代的「文學政策」論爭中無法施展壓制之術。民國文學創作的自由空間就是不同思想取向的知識份子共同造成的。

周維東：這樣看來，「民國機制」還有很多課題值得挖掘。譬如民國時期知識份子與大眾傳媒關係問題，過去我們基本從「稿費」和「經濟」的角度理解這一現象，不過如果我們注意到這一時期的「零稿費」現象、「虧本經營」現象，以及稿件類型與稿酬水平的關係問題等等，就可以從單純的經濟問題擴展到民國文人、民國傳媒的趣味和風尚問題，進而還能擴展到民國知識份子生存空間的細枝末節。這樣研究文學史，真可謂「別有洞天」呀！

## 作為方法的「民國機制」

周維東：我覺得，提出文學的「民國機制」不僅可以為我們的學術研究開闢空間，同時它也具有方法論的價值。

李怡：我以為這種方法論的意義至少有三個方面：一是倡導我們的現代文學學術研究應該進一步回到民國歷史的現場，而不是抽象空洞的「現代」，即便是中國作家的「現代」理念，也有必要在我們自己的歷史語境中獲得具體的內容；二是史料考證與思想研究相互深入結合，近年來，對現代文學史料的重視漸成共識，不過，究竟如何認識「史料」卻已然存在不同的思路，有人認為提倡史料價值，就是從根本上排除思想研究，努力做到「客觀」和「中性」，其實，沒有一種研究可以是「客觀」的，從來也不存在絕對的「中性」，最有意義的研究還是能夠回答問題，是具有強烈的問題意識的研究。如何將史料的考證和辨析與解答民國時期文學創造的奧秘相互結合，這在當前還亟待大家努力。第三，正如前面我們所強調的那樣，我們也努力將外部研究（體制考察）與內部研究（精神闡釋）結合起來，以「機制」的框架深入把握推動文學發展的「綜合性力量」，這對過去「內外分裂」的研究模式也是一種突破。

周維東：最近幾年，中國出現了「民國熱」，談論民國，想像民國，出版民國讀物，蔚為大觀，有人擔心是否過於美化了那一段歷史？

李怡：這個問題也要分兩重意義來說，首先是為什麼會出現這樣的「熱」？顯然是我們的歷史存在某種需要反省的東西，或者將那個時候的一切統統斥之為「萬惡的舊社會」，從來沒有正視過歷史的應有經驗，或者是對我們今天──市場經濟下虛無主義盛行，知識份子喪失理想和信仰的某種比照，在這

樣兩種背景上開掘「民國資源」，我覺得都有明顯的積極意義，因爲它主要代表了我們的不滿足，求反思，重批判，至於是否「美化」那要具體分析，不過，在「民國」永遠不會「復辟」的前提下，某些美好的想像和誇張也無需過分擔憂，因爲，「民國」資源本身包含「多元」性，左翼批判精神也是民國精神之一，換句話說，眞正進入和理解「民國」，就會引發對民國的批判，何況今天分明還具有太多的從新體制出發抨擊民國的思想資源，學術思想的整體健康來自不同思想的相互抵消，而不是每一種思想傾向都四平八穩。

周維東：的確是這樣。所謂「美化」的背後其實是缺失和批判。學術史上又太多類似的「美化」，屈原、陶淵明、李白、杜甫等文化名人形成的光輝形象，不正是研究者「美化」的結果嗎？魯迅也曾經「美化」過魏晉。在研究者「美化」歷史人物和歷史時期時，我想他（她）不是諂媚也不是褒貶，而是在更大的文化空間上，揭示我們還缺少什麼，我們如何可以過的更好。

李怡：還有，也是更主要的一點，我們的「民國機制」研究與目前的「民國熱」在本質上沒有關係。我們要回答的是民國時期現代文學的創造秘密，這與是否「美化」民國統治者完全是兩回事，我們從來嚴重關切民國歷史的黑暗面，無意爲它塗脂抹粉，恰恰相反，我們是要在正視這些黑暗的基礎上解答一個問題：現代知識份子如何通過自己的抗爭和奮鬥突破了思想的牢籠，贏得了民國時期的文學輝煌，我們把其中的創生力量歸結爲「民國機制」，但是顯而易見，民國機制並不屬於那些專制獨裁者，而是根植於近代以來成長起來的現代知識份子群體，根植於這一群體對共和國文化環境與國家體制的種種開創和建設，根植於孫中山等民主革命先賢的現代理想。

周維東：「民國機制」不是民國統治者的慈善，不是政治家的恩賜，而是以知識份子爲主體的社會力量主動爭取和奮鬥的結果，在這裏，需要自我反省的是知識份子自己。

李怡：「民國機制」的提出歸根結底是現代文學學術長期發展的結果，絕非當前的「風潮」鼓動（中國是一個充滿「風潮」的社會，實在值得警惕），近三十年來，中國現代文學研究一直在尋找一種更恰當的自我表達方式，從1980 年代「二十世紀中國文學」在「走向世界」中抵消政治意識形態的干預到 1990 年代「現代性」旗幟的先廢後存，尷尷尬尬，我們的文學研究框架始終依靠外來文化賜予，那麼，我們研究的主體性何在？思想的主體性何在？我曾經倡導過文學研究的「生命體驗」，又集中梳理過中國現代文學批評的術

語演變，這一切的努力都不斷將我們牽引回中國歷史的本身，我們越來越眞切地感受到更完整地返回我們的歷史情境才有可能對文學的發展作進一步的追問。對於現代的中國文學而言，這一歷史情境就是「民國」，一個無所謂「美化」也無所謂「醜化」的實實在在的民國，回到民國，才是回到了現代中國作家的棲息之地，也才回到了中國文學自身。

周維東：最後一個問題，我們研究民國時期的文學，是否也應該考慮當時歷史狀況的複雜性，比如是不是民國時代的所有文學都從屬於「民國機制」？比如解放區文學、淪陷區文學？除了「民國機制」，當時還存在另外的文學機制沒有？

李怡：這樣的提問就將我們的問題引向深入了！我一向反對以本質主義的思維來概括歷史，社會文化的內在結構不會是一個而是多個，當然，在一定的歷史時期，肯定有主導性的也有非主導性的，有全局性的也有非全局性的。在「民國」的大框架中，也在特定條件下發展起了一些新的「機制」，但是民國沒有瓦解，這些「機制」的作用也還是局部的。延安文學機制是在蘇區文學機制的基礎上發展起來的，軍事性、鬥爭性和一元性是其主要特徵，但這一機制全面發揮作用是在「民國」瓦解之後，在民國當時，延安文學能夠在大的國家文化體系中存在，也與民國政治的特殊架構有關，在這個意義上，也可以說是民國機制在特殊的局部滋生了新的延安機制，並最終為發展後的延安機制所取代。至於淪陷區則還應該仔細區分完全殖民地化的臺灣以及置身中國本土的東北淪陷區、華北淪陷區和上海孤島等，對於完全殖民地化的尚未光復的臺灣，可能基本置於「民國機制」之外，而對其他幾個地區，則可能是多種機制的摻雜，雖然摻雜的程度各不相同。但是，從總體上看，我並不主張抽象地籠統地地議論這些「機制」比例問題，我們提出「民國機制」最終還是為了解決現代中國文學發生發展的若干具體問題，只有回到具體的文學現象當中，在分析解決具體的文學問題之時，「民國機制」才更能發揮「方法論」的作用，啓發我們如何在「體制與人」的交互聯繫中發掘創造的秘密。我們無需完成一部抽象的「民國機制發展史」，可能也完成不了，更迫切的任務是針對文學具體現象的新的符合中國歷史情境的闡述和分析。

周維東：對，我們的任務是進入具體的文學問題，將關注「民國機制」作為內在的思想方法，引導對實際現象的感受和分析。

# 目次

# 緒論 憲政理想與民國文學空間

李 怡

對於民國時代中國文學的生存環境，我們曾經有過不容置疑的定論：軍閥混戰，動亂頻仍，一黨獨裁，進步文學飽受摧殘壓制⋯⋯這來自新中國視野的反思批判格外嚴厲，其實民國時代的文學史家也早有批評，即如錢基博就發出過「民不見德，唯亂是聞」感慨，〔註1〕正是為了迴避這令人生厭的「民國」，他才啟用「現代」一詞描述近世之文學。不過，與此同時，誰也無法否認就是在這麼一個「動盪」、「黑暗」的年代，中國文學卻一改前代文學的頹勢，釋放出了奪目的異彩，在運用現代漢語表達現代中國人情緒和思想的方向上取得了突出的成就，民國時期中國作家的精神高度和文學實績甚至還讓二十世紀下半葉「光明時代」的人們自愧不如。

究竟應該怎樣理解這一矛盾的現象呢？

我以為根本原因就在於我們常常混淆了一般社會歷史的情形與文學發展所需要的「空間」，甚至對這些社會歷史的具體情形的把握也不時流於模糊、籠統和概念化。

人的生存感受固然受制於社會歷史的基本狀況，不過這些社會歷史的情形卻有著自己種種的「類別」和「層次」，對於我們不同方向上的發展所產生的作用也各不相同，軍閥混戰對於耕耘於仕途和耕耘於農田的人顯然影響各異，經濟蕭條對青年學生那裏的烙印絕不同於企業家，也不等同於大學教授或者普通農工。這就是布迪厄所說的：「在高度分化的社會裏，社會世界是由大量具有相對自主性的社會小世界構成的，這些社會小世界就是具有自身邏

---

〔註1〕 錢基博：《現代中國文學史》四版增訂識語，《現代中國文學史》頁510，嶽麓書社1986年。

輯和必然性的客觀關係的空間，而這些小世界自身特有的邏輯和必然性也不可化約成支配其他場域運作的那些邏輯和必然性」。〔註 2〕民國時代知識分子階層相對穩定的經濟狀況造形成了一種相對穩定的創作基礎，正是這樣的基礎將底層的動盪阻擋在了一個尚不足以摧毀生存的距離，中國現代作家的「小世界」就是我們所謂的文學空間，或者布迪厄所謂之「場域」，布迪厄將影響文學作品生產、流通、消費等的各種因素所構成的有機系統稱爲「場域」，他尤其強調其中的各種「關係」與「鬥爭」，在我看來，對於將文學視作文明啓蒙工程的中國現代作家而言，除了「資本」與「市場」等等的「關係」和「鬥爭」之外，其中的精神元素的沉澱和運行可能特別值得我們注意。

對民國文學空間的描述，我們幾乎忽略了一個貫穿始終的精神走向：憲政理想。這幾乎就是流淌於知識階層全體的精神信仰，而現代作家則扮演了活躍的角色，他們宣講、傳播、闡發、吶喊、抗爭，他們訴諸文字，也訴諸身體，他們不僅借文學發動思想的「革命」，最後甚至不惜直接參與行動的「革命」，當憲政成爲彌漫的精神，整個民國時代的國民都能清晰地感知到它的聲音、它的呼吸，或者在承受它的壓力，包括形形色色的政治家、獨裁者，憑藉著憲政力量的有意無意的推動，文學發展的空間得以擴展，至少也是較多的保留。

憲政（Constitutionalism）一詞，由梁啓超在 1899 年引入。指的是以憲法體系約束國家權力、保證公民權利的學說或理念。約束國家權力即「限政」，西方學人一般都以「限政」來界定「憲政」，近代意義的憲政則是指「有限政府通過憲法的存在而進行的實踐活動」。〔註 3〕近代以後的國家政治危機讓中國知識分子從晚清開始就嘗試著一條能夠保障國民權利、防止政府濫權的「憲政」之路，並爲此前仆後繼、浴血犧牲，至此，「西方憲政文化在中國不僅作爲一種思潮，而且在以後百年的歲月裏，憲政至少在形式上開始成爲國家政治、法律制度乃至文化所追求的目標。」〔註4〕

爲了「皇位永固」，晚清「預備立憲」，1906 年，清政府下詔仿行憲政，將刑部改爲法部，負責司法行政，大理院則專司審判，司法、行政初步分離。

---

〔註 2〕〔法〕布迪厄、華康德：《實踐與反思》，頁 135，李猛、李康譯，中央編譯出版社 1998 年。

〔註 3〕〔英〕安德魯·海伍德：《政治學的核心概念》，頁 154，吳勇譯，天津人民出版社 2008 年。

〔註 4〕杜文忠：《近代中國的憲政化兼與韓國比較》，頁 22，法律出版社 2009 年。

1907 年，法部奏請《司法權限章程》12 條，要求實行司法管理與審判分立：「審判權必各級獨立而後能執法不阿，司法權則必層次監督而後能無專斷之流弊。」〔註5〕1908 年《欽定憲法大綱》第一次用國家大法的形式規定了人民所享有的權利：「臣民有合於法律命令之資格者，得爲文武官吏及議員，非照法律規定不得加以逮捕、監禁、處罰；臣民在法律範圍內，有言論、著作、集會、結社自由。」這裏雖「君臣」之分依然，但卻已經顯露了「憲政」的精神：對國家權力的限制和對個人權利的保障。這樣的憲政理想更成爲民國政治的基本框架，1912 年，中華民國南京臨時政府成立，頒布了《中華民國臨時約法》。它對「共和」政體的認定和對人民的基本權利的規定都可以說是在法律上奠定了爲現代中國的憲政基礎。1914 年，袁世凱廢除《中華民國臨時約法》，制定了充滿專制獨裁性質的《中華民國約法》，但他也不敢拋棄「憲政」的招牌，即便稱帝改年號，也還要以洪憲之「憲」相標榜，1917 年張勳復辟，引來的也是一片討伐，人們已經無法容忍「憲政」之外的選擇。1923年 10 月，曹錕頒布《中華民國憲法》，雖然被稱爲「賄選憲法」，但至少從形式上來看，它規定國家爲民主性質國家，政府體制爲責任內閣制，且有關於中央與地方的分權構想。南京國民政府成立後，按照孫中山軍政－訓政－憲政的三步曲建國方案，實行一黨專政、以黨領政的「訓政」，獨裁專制大行於世，不過，理論形式上的憲政推進卻並沒有停止，1931 年《中華民國訓政時期約法》、1936 年《中華民國憲法草案》（「五五憲草」）都在不同的方向上認定了公民的基本權利，對政府權力分配（例如對社會控制關係甚大的中央與地方的分權問題）也有現代意義的調整，而且就是在這一時期形成了以「六法全書」爲主體的人權立法體系，屬於近代以來中國人權立法史上的一大進步。1946 年，在包括中國共產黨在內的諸多民主力量的呼籲要求下，國民政府發布新的《中華民國憲法》，從形式上對公民權利的保障更爲完善，就公民權利而言，「保障」性質已大於「限制」性質，對地方自治的規定則更爲清晰。〔註6〕

　　總之，復辟、專制、獨裁雖濁浪不斷，憲政之路步履蹣跚，但是民主先賢們不屈不撓的奮鬥至少爲現代中國保留了表述形式上的憲政追求，這不僅

---

〔註 5〕 參見張晉藩主編：《中國百年法制大事縱覽：1900～1999》，頁 14、15，法律出版社 2001 年。

〔註 6〕 卞琳：《南京國民政府訓政前期立法體制研究（1928～1937）》，華東政法學院 2006 年 I1 月博士學位論文，頁 202。

是潛移默化的社會信念的滲透，教育著一代又一代的中國公民，更形成一種莫大的精神罩力，對專制獨裁者構成有形無形的羈絆和約束。

憲政的信念令人鼓舞，對統治者的羈絆則開闢了民眾生存的空間。從晚清到民國，知識分子的寫作空間獲得了一種較爲穩定的開拓。

首先是各種法律至少在形式上肯定了創作發表的自由。

與先前《大清律例‧刑律》將「造妖書妖言」歸於「盜賊」類加以嚴懲有別，晚清政府頒布的五個新聞法規，開始用法律的語言肯定了言論出版自由。《中華民國臨時約法》莊嚴保障言論出版自由，袁世凱一度以《報紙條例》、《出版法》等加以限制，但不久又被段祺瑞開禁，軍閥混戰的北洋時期反倒比南京國民政府時代擁有更大的言論自由。眾所周知，南京國民政府頒布了一系列的書報檢查條例，對言論自由大加壓制，不過它也不得不在憲法中宣示對這些自由的肯定，1931 年《中華民國訓政時期約法》第十五條規定「人民有發表言論及刊行著作之自由，非依法律不得停止或限制之」。1936 年《中華民國憲法草案》第十三條同樣聲稱「人民有言論、著作及出版自由，非依法律，不得限制之」。在一段時間裏，政府爲了贏得知識界的支持，甚至還有過進一步開放的姿態，例如在 1928 年發布開放報刊的通電。1929 年 9 月 5 日，國民黨中央執委會第 33 次會議曾經決議：「凡新聞紙之一切檢查事宜，除經中央認爲有特殊情形之地點及一定時期外，一律停止」。〔註7〕1929 年 12 月 27 日，蔣介石通電全國，表示「言禁」，又在北平記者招待會上，聲明希望各報「以眞確之見聞，作翔實之貢獻，其弊病所在，能確見其實癥結；非攻訐私人者，亦請盡情批評。」〔註8〕後又宣稱「查言論自由，爲全國人民應有之權利。現在統一政府成立，函應扶植民權，保障輿論，以副額望，而示大公。」〔註9〕

其次是近現代的地方分權形式在客觀上降低了官方對言論自由的掌控力度。地方分權、地方自治也是近現代中國憲政追求的重要內容，清末地方自治運動分化了皇權，爲憲政改革推波助瀾，民國初年的勢弱中央、軍閥混戰加劇了這一局面，1920 年代的聯省自治運動則於政治改革方向上取得了重要

〔註7〕 中國第二歷史檔案館館藏《國民黨中央執委會會議記錄》，全宗號 711，卷號 55。

〔註8〕 原載 1929 年 12 月 29 日《大公報》，轉引自方漢奇《中國新聞事業通史》第二卷，頁 407，中國人民大學出版社，1996 年。

〔註9〕 見劉哲民編：《近現代出版新聞法規彙編》，頁 529，學林出版社，1992 年。

的成就。1921 年，浙江、湖南制定省憲先後出臺，1923 年的《中華民國憲法》
已經具有了聯邦主義特色，它不僅專門規定了省權，而且還特別規定了縣的
權力，從而對省級以下的地方自治提供了憲法保障。南京政府時期力圖強化
中央政權，不過它本身也無力眞正解決地方勢力與黨內派系問題，這在不同
的方向上削弱了集權政治的控制能力，在不同的權力張力間形成了言論自由
的空間。例如，當時的國民黨中央試圖通過政黨和政府兩種渠道對地方進行
控制。訓政前期「凡各級黨部對同級政府之用人、行政、司法及其它舉措，
有認爲不合時，應報告上級黨部，由上級黨部咨其上級政府處理。」〔註 10〕
這就意味著地方黨部並不能直接干涉地方行政，中央黨部也不能直接干預地
方行政，黨對政府沒有直接干預的權利。當書報檢查實施之時，雖然地方報
刊不能批評當地政府，但卻不妨批評中央或他地。這樣，一個專制獨裁政府，
「其內部的糾紛百出，理論中心不能建立，共信力量不能集中」，〔註 11〕倒是
爲民間提供了較爲寬鬆的空間。

就是在軍閥混戰的年代，中國的報刊發行量一度出現過井噴效應。據葉
再生先生《中國近現代出版史》統計，1920 年全國報刊雜誌有一千多種，甚
至每隔兩三天就有一種新刊物問世。不僅有《新青年》在開展思想文化啓蒙，
也有《湘江評論》、《新湖南》、《天津學生聯合會報》、《覺悟》等的激進之聲。
最典型的莫過 1926 年的「三一八」慘案，段祺瑞執政府衛隊槍殺徒手請願的
學生，引發了輿論的大討伐。北京一地的報刊幾乎盡數上陣，《語絲》、《國民
新報》、《世界日報》、《晨報》、《現代評論》、《清華特刊》……譴責之聲鋪天
蓋地，最後迫使內閣總理辭職下臺，一方面，這是現代傳媒力量的淋漓展現，
中國現代作家紛紛投入其中，魯迅、周作人、梁啓超、林語堂、朱自清、蔣
夢麟、聞一多、凌叔華等都以自己犀利的筆鋒顯示了自由的力量；另外一方
面，卻也證明了社會輿論與民間言論已經成爲當權者不能漠視的存在。

當然，在民國，憲政理想與現實實際之間也存在深刻的矛盾，不然哪裏
有「三一八」慘案這樣民國史上「最黑暗的一天」，又哪裏還有後來左翼青年
慘遭屠戮的事實呢？而國民黨的書報檢查制度更是將自己的獨裁本質暴露無

---

〔註 10〕 榮孟源：《中國國民黨歷次代表人會及中央全會資料》上冊，頁 756～757，光
明日報出版社，1985 年。
〔註 11〕 江沛、紀亞光：《毀滅的種子——國民政府時期意識形態管理研究》，頁 6，陝
西人民教育出版社 2000 年。

遺，形成了對憲政制度的最大破壞。北洋時期出現過張作霖殘殺《京報》社長邵飄萍、張宗昌殺害《社會日報》的主筆林白水的悲慘的事件。書報查禁晚清已然，根據著名新聞史學家方漢奇的統計，1898 年至 1911 年，至少有 53 家報紙遭到摧殘，其中 30 家被查封，14 家被勒令暫時停刊，其餘的分別遭到傳訊、罰款、禁止發行、禁止郵遞等處分。辦報人中，有 2 人被殺，15 人被捕入獄，還有百餘人受到拘留、警告、遣釋回籍等處分。國民政府推行的書報檢查制度較晚清更為嚴苛。南京國民政府建立之初，當局即在上海、南京等地展開新聞檢查，後來又一再以「戒嚴期間」、「討逆期間」為由在各地實施新聞檢查。1934 年，上海、南京、北平、天津等的新聞檢查機構公開設立，抗戰時期，更有戰時實行軍權統治，新聞管制愈趨嚴格，嚴密的戰時新聞檢查網得以建立。根據張克明輯錄的《第二次國內革命戰爭時期國民黨政府查禁書刊編目》統計，歷年查禁書刊基本情況如下：

1927 年 8 月到 1937 年 6 月，查禁書刊約 2000 餘種。

1938 年 3～12 月，查禁書刊 185 種。

1939 年 1～12 月，查禁書刊 271 種。

1940 年 1～12 月，查禁書刊 116 種。

1941 年 1～12 月，查禁書刊 414 種。

1942 年 1～12 月，查禁書刊 62 種。

1943 年 1～12 月，查禁書刊 157 種。

1944 年 1～12 月，查禁書刊 171 種。

1945 年 1～12 月，查禁書刊 16 種。

國共內戰幾年間，查禁書刊超過 1000 種。〔註 12〕

更有甚之，在審查方式上，國民政府經歷了從初期「出版後檢查」向 1934 年「出版前檢查」制度的改變，與當時世界多數國家相比，屬於歷史的大倒退，它嚴重地剝奪了公民的基本言論自由，桎梏了出版業的健康發展。在這樣的檢查羅網中，一大批批判現實、思想激進的左翼文學飽受摧殘，查禁的理由大多是「鼓吹偏激思想」、「為奸黨作宣傳」，甚至「派系私利」等既模糊又明顯侵犯公民言論思想自由論斷。據吳效剛先生對抗戰時期圖書的初步統計，僅僅以「派系私利」的模糊理由查禁的文學作品和雜誌就達 300 多（部）

〔註 12〕蘇朝綱：《抗戰時期出版界反卉禁紀年（1937～1945）》，見宋原放主編：《中國出版史料》現代部分第二卷，頁 73～86，山東教育出版社 2001 年。

種，占查禁作品總數的 30%。〔註 13〕進入 1930 年代的魯迅這樣描述它目睹的文學檢查狀況：「禁期刊，禁書籍，不但內容略有革命性的，而且連書面用紅字的，作者是俄國的，綏拉菲靡維支（A.Serafimovitch），伊凡諾夫（V.Ivanov）和奧格涅夫（N.Ognev）不必說了，連契呵夫（A.Chekhov）和安特來夫（L.Andreev）的有些小說，也都在禁止之列。於是使書店只好出算學教科書和童話，如 Mr.Cat 和 Miss Rose 談天，稱讚春天如何可愛之類──因為至爾妙倫（H.Zur Mühlen）所作的童話的譯本也已被禁止，所以只好竭力稱讚春天。但現在又有一位將軍發怒，說動物居然也能說話而且稱為 Mr.，有失人類的尊嚴了。」〔註 14〕其荒謬酷烈超過了北洋，因為「那時的北京，還掛著共和的假面，學生嚷嚷還不妨事；那時的執政段祺瑞先生，他雖然是武人，卻還沒有看過《莫索里尼傳》。」雖然發生了屠殺事件，「然而還可以開追悼會；還可以遊行過執政府之門，大叫『打倒段祺瑞』。」〔註 15〕於是，「當三〇年的時候，期刊已漸漸的少見，有些是不能按期出版了，大約是受了逐日加緊的壓迫。《語絲》和《奔流》，則常遭郵局的扣留，地方的禁止，到底也還是敷衍不下去。那時我能投稿的，就只剩了一個《萌芽》，而出到五期，也被禁止了。」〔註 16〕失去自由環境的文壇只能是強權當道、流氓橫行，在《黑暗中國的文藝界的現狀》一文中，魯迅告訴我們，在文學查禁年代，「屬於統治階級的所謂『文藝家』，早已腐爛到連所謂『為藝術的藝術』以至『頹廢』的作品也不能生產，現在來抵制左翼文藝的，只有誣衊，壓迫，囚禁和殺戮；來和左翼作家對立的，也只有流氓，偵探，走狗，劊子手了。」〔註 17〕不僅有特定思想傾向的文學被禁止、被鎮壓，而且作為這些文學對立面的「主流意識形態」文學，本身也如此的不堪，難以構成真正的文學平衡，這實在是寫作生態的極度劣質化。

---

〔註 13〕吳效剛：《抗戰時期查禁文學中的「派性私利」之謂》，《學海》2012 年 3 期。

〔註 14〕魯迅：《二心集·黑暗中國的文藝界的現狀》，《魯迅全集》第 4 卷，頁 286，人民文學出版社 1981 年。

〔註 15〕魯迅：《南腔北調集·論「赴難」和「逃難」》，《魯迅全集》第 4 卷，頁 472，人民文學出版社 1981 年。

〔註 16〕魯迅：《二心集·序言》，《魯迅全集》第 4 卷，頁 189，人民文學出版社 1981 年。

〔註 17〕魯迅：《二心集·黑暗中國的文藝界的現狀》，《魯迅全集》第 4 卷，頁 285，人民文學出版社 1981 年。

　　顯而易見，就是這些敗壞「憲政」目標的惡劣現實造成了民國文學最黑暗的景象，成為我們過去文學史講述的最主要的內容。

　　那麼，我們究竟應當怎麼理解這種種的矛盾景觀：在持續不斷的憲政追求和隨處可見的專制現實之間，在禁止鎮壓的惡劣環境與寫作的自由理想之間，現代中國知識分子有著怎樣的思考、怎樣的選擇？

　　無論我們怎麼估價民國時代的生存環境與文學空間，無論我們怎麼描述中國作家在那些矛盾困苦歲月的種種遭遇，我們都不得不正視一系列顯赫的事實，恰恰是在新舊困鬥、矛盾叢生的民國時代，中國作家發掘了脫離固有文學困境、走向「新文學」的契機，在千年以降的中國文學史上，這都可謂是絕大的轉折、莫大的成就；也是在禁錮擠壓的生存現實中，像魯迅、胡適、茅盾、巴金、曹禺、胡風這樣一大批的現代知識分子不屈抗爭，以「摩羅詩力」的意志、普羅米修斯式的勇氣，以對現代政治與法律文化「空隙」的敏銳把握，努力撐開了一片嶄新的寫作天地。專制獨裁的陰影從來沒有窒息現代作家心中的光明，1929 年 4 月 20 日，南京國民政府頒布了保障人權命令。胡適、羅隆基等人借機在《新月》雜誌發表文章，歷數國民黨政府侵犯人權的事例，公開呼籲制定約法、保障人權、實行真正的民主政治，雖然胡適因此受到當局警告，以致被迫辭去了中國公學校長之職，羅隆基則遭受拘捕，但他們為言論自由、保障人權而奔走呼籲的理想卻從未停止。在「文字獄」的全面圍剿中，有人勸魯迅「不如放下刀筆，暫且出洋」，「說是在一個人的生活史上留下幾張白紙，也並無什麼緊要。」〔註 18〕顯然，魯迅從來沒有接受這樣的規勸，相反，他更加堅定於這樣的信念：「生存的小品文，必須是匕首，是投槍，能和讀者一同殺出一條生存的血路的東西。」〔註 19〕當魯迅秉持著這樣的信念，以手中的「刀筆」努力「殺出一條生存的血路」，其實也就是極大地開拓了現代文學的生存空間。

　　而在現代中國的文學史、新聞史與出版史上，類似這樣的個體抗爭與群體抗爭的事例可以說是此伏彼起，層出不窮，到了 1940 年代中期，因為黃炎培《延安歸來》的出版還引發了出版界、新聞界聲勢浩大的「拒檢運動」，這場知識分子群體的大規模抗爭持續一個多月，迫使國民黨中央終於在 9 月 22

〔註 18〕 魯迅：《二心集·做古文和做好人的秘訣》，《魯迅全集》4 卷，頁 270，人民文學出版社 1981 年。

〔註 19〕 魯迅：《南腔北調集·小品文的危機》，《魯迅全集》4 卷，頁 577，人民文學出版社 1981 年。

日舉行的第十次中常會上通過決議，宣布從 1945 年 10 月 1 日起撤銷對新聞和圖書雜誌的檢查。雖然國民黨的言論控制並沒有眞正結束，但是歷史證明，民國知識分子的這些努力卻具有很大的震懾效應。同樣是在言論控制嚴苛的抗戰時代，國民黨中宣部長張道藩提出了規範「文藝政策」的設想，梁實秋立即著文反對，結果反倒是張道藩知難而退，還不得不撰文解釋：「我們提出的文藝政策並沒有要政府施行統治的意思，而是赤誠地向我國文藝界建議一點怎樣可以達到創造適合國情的作品管見。」〔註20〕1930 年代，懾於知識分子階層的不滿和批評，掌管國民黨新聞事業頭號人物的陳布雷也曾對新聞檢查者提出這樣審愼的建議：「願行法之人顧大體而略小節，諮法意而少運用。」「故除誠心反動之宣傳品外，對於一般，與其嚴毋寧恕，必使輿論出版界有發乎愛黨國之眞誠而自知審愼，然後可達所期之目的，萬不可打草驚蛇，反致顧此失彼。」〔註21〕

馬克斯・韋伯說過：「常常是觀念所創造出的『世界圖象』──如同鐵路岔道上的扳道工一樣──決定著行動在利益動力的推動下運行的軌道。」〔註22〕近現代中國的憲政理想從根本上改變了歷史的方向。正是在民國時期中國現代文學的實際成就中，我們發現，近代以來限制政府權力、保障公民權利的憲政理想已經深入人心，它不僅成爲現代知識分子精神追求的內核，成爲他們獨有的「民國氣質」的有機組成，而且也以自己強大的現代道德的力量對專制體制內部形成某種滲透和衝擊，從而在一定程度上動搖和消解了鐵幕統治的堅硬和無情。

民國文學由此在艱難困頓中營造了自己獨立的空間，在滿目瘡痍的原野上盛開了一簇簇倔強的花朵。

---

〔註20〕 張道藩：《關於「文藝政策」的答辯》，《文化先鋒》1942 年 1 卷 8 期。
〔註21〕 陳布雷：《對宣傳品審查條例之意見意見》，《陳布雷先生文集》，頁 123，黨史委員會，1984 年。
〔註22〕 〔德〕施路赫特：《理性化與官僚化：對韋伯之研究與詮釋》，頁 6，顧忠華譯，廣西師範大學出版社 2004 年。

總　論

# 法律、民主與新文學觀念

門紅麗[*]

  在建構整個現代中國尤其是現代中國社會制度方面，民國法律體系及體現出的法律文化精神起到了至關重要的作用，它不僅在整體上爲民國思想文化、文學的發展提供了一定社會空間，而且法律文本本身所體現出的有關人權、平等等觀念也與五四時期知識分子一直關注的「民主」問題形成了呼應。民國法律首先體現的是完全不同於中國傳統的全新的個人與個人之間、個人與國家、社會之間的關係和組織原則，其中包括契約精神、對個人權限的約束等。民國法律精神和民主觀念共通的精神理念，即作爲現代意義上的中國，摒棄了君臣等傳統的人人關係之後，如何看待處理這些問題，其中最明顯的是有關「民」的討論，這些「民」的不同的概念所指以及運用情況也同時影響著文學的表達內容的變化。

## 一、從臣民到「國民」

  民國法律建立之前，「民」的概念是屬於等級社會中的「臣民」，1908 年，清政府推出《欽定憲法大綱》，這部憲法文件由「君上大權」和「臣民權利義務」兩部分構成。其中，民眾的權利和義務仍然是以「臣民」的意義作爲定義的標準。直到辛亥革命之後，1912 年頒布的《中華民國臨時約法》宣布「中華民國之主權，屬於國民全體。」其中第二章則對「人民」的權利和義務做了規定。1913 年《天壇憲法草案》規定「凡依法律所定屬中華民國國籍者，爲中華民國人民。」1914 年《中華民國約法》第二條規定「中華民國之主權，

---

* 門紅麗，女，1984 年 1 月生於山東東營，文學博士，中國石油大學文學院講師，主要從事中國現當代文學與文化研究。

本於國民之全體。」在這些條款中，我們看到，「國民」「人民」的概念不斷被使用。與此同時，「公民」的概念也開始被討論，梁啓超、康有爲的諸多論著中都對什麼是公民做了論述，如梁啓超在《公民自治篇》中以爲「公民者，自立者也，非立於人者也。」康有爲也指出「各國皆有公民，而吾國無公民，則吾國孤子寡獨而弱敗。若吾國有公民，則以吾四萬萬人選公民至多，以多公民與少公民者較，吾國必較列強而尤強。故今之變法，第一當立公民矣。」〔註1〕可以看出，「公民」、「國民」「人民」中的民都有了獨立、權利等意義，這意味著對人獨立性、個人權利的強調，重視人作爲人本身所應具有的基本的人格。因此可以說，法律所規定的對「民」的強調，一方面爲整個思想的變革提供了大的背景，同時也是各方力量尤其是知識分子思想論證的重要方面，這在以《新青年》爲中心的知識分子群體中可以看到他們的探討。

## 二、「民主」觀念中的「民」

五四時期，對於「democracy」的翻譯，並沒有形成統一的意見，「民主」只是其中的一種，而用來表達「democracy」這種觀念的有很多種，如人權、德莫克拉西、平民主義、庶民主義、民本主義等等。陳啓修在《庶民主義之研究》中總結了「democracy」的八種譯法：民眾主義（或眾民主義）、民權主義、民本主義、民主主義、平民主義、唯民主義、民治主義、庶民主義。他認爲最準確的應該是「庶民主義」，「庶者，all 之謂也，庶民者，全體之民也，即國之總分子也，不偏於民，亦不偏於國，且意甚渾涵，無偏重主權、政權之行使或政治目的之弊。」〔註2〕仲九認爲「democracy」的意義實在是太豐富了，故「贊成多涵不翻的規矩，把 democracy 譯作德莫克拉西。」〔註3〕而李大釗則認爲「民治主義」的譯法不好，因爲「治」有統治的意思，又說「民本主義，是日本人的譯語，因爲他們的國體還是君主，所以譯爲民本，以避免民主這個詞，免得與他們的國體相牴觸。」〔註4〕對於用的比較多的民主主義，他認爲「民主主義用在政治上亦妥當，因爲他可以示別於君主政治與貴

〔註1〕 張立丹，王忍之，《辛亥革命前十年間時論選集（第一卷上）》，北京：三聯書店，1960，頁 172。

〔註2〕 陳啓修，《庶民主義之研究》，《北京大學月刊》，一卷一號，1919 年 1 月。

〔註3〕 仲九，《德莫克拉西的教育》，《教育潮》一卷一期，1919 年 4 月。

〔註4〕 李大釗，《平民主義》，《李大釗文集》（下），北京：人民文學出版社，頁 589。

族政治，而表明一種民眾政治。但要用它表明在經濟界、藝術界、文學界及其他種種社會生活的傾向，則嫌它政治的意味過重，反而把 democracy 原來的內容弄狹了……只有平民主義、唯民主義以及音譯的德莫克拉西又損失原意的較少，所以便於通俗瞭解起見，譯爲平民主義。」其實在李大釗的論述中，很多時候他都不用翻譯，而是直接使用 democracy。如「婦女解放與 democracy 很有關係，有了婦女解放，眞正的 democracy 才能實現，沒有婦女解放的 democracy，斷不是眞正的 democracy……」李守常也採用了「平民主義」的譯法，另外還有「國民主義」「國民政治」等。

　　從上面的論述我們可以看出，他們隱含的意義是民主首先是與君主對應的一種完全不同於中國古代政治文化的思想，其次我們發現他們共同的字眼是「民」，只是這個「民」所佔的比重不一樣，所謂的「民主」「民治」都帶有一個具有感情色彩的動詞：主、治。「唯民」的「唯」字則有「只有，唯有」的意思，用陳啓修的話說是「使人生有民無國之感」。似乎這些詞所反映出來的是「民」所佔的比重過重，過分強調「民」，而忽視了國家，所以他們選擇了比較溫和的「庶民主義」與「平民主義」。當然，陳啓修認爲「平民者，對貴族而言之語也，然 democracy 盛行之國，不必蓋平民」（因爲英國是君主立憲）。對於 democracy 譯成「庶民主義」，這一概念所表達的意思，有廣義狹義之分，而最廣義的爲「世界庶民主義（World democracy），或共同責任（Solidarity），或人道主義（Humanism），這種廣義的是思想界宗教家及藝術家所謂的庶民主義，而狹義的包括「民主民本民治」是政治家所主張的，而只有實現了這三種才可以成爲眞正的庶民主義。庶民主義和平民主義的翻譯其實又可以從希臘語 δημοκρατία 的原始意義去說明。吳壽彭譯《政治學》所言：「英文 democracy 源自希臘語 δημοκρατία，後一個名詞產生於公元前 6 世紀雅典民主初建時代。在此名詞形成前，δ δημos（即德莫）是指雅典當時與城市相對的『鄉郊』地區和居住在那裏的『庶民』，此所謂『庶民』是指對於城居的王族或貴族而言。公元前 509 年，成爲雅典平民領袖的克勒斯敘尼實行變法，此後，雅典城鄉混編在一起，其基層單位稱爲『德莫』，編屬『德莫』於的居民稱『德莫式』爲（δημοτηs）。『德莫式』構成城邦的基本成員，『德莫』則成爲軍事政治組織，其首長由民選舉。在此基礎上建立的政體，後來就被稱『平民政體』作（即 δημοκρατία 德莫克拉西）。」〔註5〕

〔註5〕亞里士多德，《政治學》，吳壽彭譯，北京：商務印書館，1965，頁 115 注釋 1，頁 129 注釋 6。

其實在大多數的翻譯解釋中，一個共同點是把 demos 意味人民（people），而非「平民」。李大釗在梳理 democracy 時，也是採用 demos 意指人民（people）。他還注意到了亞里士多德在運用 democracy 的時候指的是民主政治（polity）的變體「暴民政治」，但是原因並不是李大釗關心的，他只是用「後來行用日久，democracy 終以表示『民治』的意思。」〔註6〕一句話帶過。同時他又認為到今日「民治」也發生了很大的變化，它已經沒有了「統治（rule）」的意思，故不採用民治主義而用平民主義。

不過有一點值得注意的是，《新青年》的諸多關於民主問題的討論文章中，用「共和」一詞來表達民主的意義要比專門用民主表達多的多，如吳虞等人在其論述儒教等問題時也很少提到民主，吳虞的 7 篇文章中，出現 8 次共和，民主僅出現兩次，在讀者來信或者通信等欄目裏，用「共和」「偽共和」（而幾乎沒有出現「偽民主」這樣的表達）的也遠遠多於民主。當然，他們在文章中，有很大一部分使用共和是指辛亥革命建立的「共和」，所批判的也是張勛復辟、袁世凱稱帝所呈現的偽共和，不少論述者在談論中國社會時，一般會採用「共和國家」，而很少說是「民主國家」。我們知道，除希臘城邦民主之外，以「主權在民」為原則並且行使直接參與的制度還出現在公元前五六世紀的羅馬，但羅馬人傾向於將自己的制度稱為「共和」而不是「民主」，羅馬人把他們的制度稱為「共和國」（republic），這一詞語來源於 res（在拉丁語中它是事情或事務）和 publicus（即公共）：簡單地講，共和國就是屬於人民事務。羅馬共和國的正式名稱是「羅馬元老院和人民」，主要由元老院、執政官、民眾會議三層機構組成。可以看出，之所以組成這三種力量，是代表了各個利益階層，而需要他們有一個互相的權利制衡的關係。「共和」與民主在精神價值上的取向有相似性，但是共和主義不單純是希臘民主理想和實踐的引申，甚至是以批判民主的姿態出現的。「共和主義的任務就是設計一種能夠反映並在某種程度上平衡一個人、少數人以及多數人利益的制度，它提供了一種民主制、貴族制及君主制的混合政府形式，如此構成就會使得所有三種成分最終在所有人的善中共同發揮作用。」〔註7〕

聯繫文章開頭我們提到的五四時期對民主的翻譯情況來看，他們不傾向

---

〔註6〕 李大釗，《平民主義》，《李大釗文集》（下），北京：人民出版社，1984 年，頁589。

〔註7〕 〔美〕羅伯特·達爾《民主及其批評者》曹海軍，佟德志譯，長春：吉林人民出版社，2006，頁 22。

於將 democracy 翻譯成「民主」「民治」「唯民」，因為這些詞語太明確地指出讓「民」所佔的比列太大，具有人民統治的意思，所以他們傾向於使用「共和」，共同管理國家事務。這裏我們可看出他們對「民主」之「主的程度」的認識，「民」指的是未覺醒的民眾，而使用「民主」的意義太過明顯，強調的是這些民眾所在政治生活中的地位，知識分子似乎對此欲言又止，而傾向於大家共同管理事務的「共和」。可以這樣說，「民主」含有人民統治和大眾參政的意思，它與知識分子的精英政治觀念是相衝突的。他們一方面要對民眾啟蒙，一方面其實也在懷疑中國民眾的素質能否與民主制度相配合。不過這一現象到了後期《新青年》發生了改變，前期《新青年》「共和」出現的頻率遠高於後期，一方面我們可以說民主作為現代中國的重要價值已經得到了認同，不過，這種認同顯得不是太確定，甚至對於建設什麼樣的真正的民主共和他們只是概念上的設想和模仿。在《新青年》後期，「共和」的使用逐漸減少的同時，民主的意義也發生了變化，知識分子也對之前所追求的「民主」即資產階級民主產生了深刻的懷疑，而趨向於社會主義，即平民政治，也就是真正的民主。而其對國民主體的設想，對建設真正民主所需要的條件也發生了變化。或者可以這樣說，前期所提倡的個性和人的解放在沒有充分發展的情況下，被團體傾向所代替，前者其實與自由的關係更為密切，而後者，可以為民主所包含。知識分子對「共和」這個詞語的傾向不能說明他們對民主與共和的區別有了充分的認識，而是民主的「民」的強調作用不合於他們的精英意識，一方面要啟蒙民眾，一方面對這種啟蒙的結果是懷疑的和不確定的。而到後期，對工人階級的讚美，走向勞動階級的姿態則是「民主」意義的著重強調，雖然這時候，民主已經成為了他們批評的對象。

## 三、「民」的文學

民國法律中對「民」的強調使得公民個人作為獨立的個體開始受到重視，而民主思想，作為啟蒙的資源進入知識分子的視野，意味著他們整個價值體系的改變，自由平等等價值的接受也使他們重新思考中國傳統文化中的價值觀。他們對個人價值的強調，對個性解放的提倡，是近代以來在追求精神革命上一個重要的突破。而對民主的提倡和評價也影響了他們對文學的認識，前面我們提到過，《新青年》知識分子思考中國的邏輯為：人民自覺產生真正的民主國家，而中國沒有真正的共和是因為「民未覺」，覺之希望在民，那怎

樣讓民「覺」，依靠的是教育，教育從哪裏開始？文學。傅斯年言「文學者，群類精神上之出產品表以文字者也。」〔註8〕既然群類精神已經變化，人與人之間，人與國家之間的關係已經變化，那麼文學也要發生變化。他還提出，「今日中國之政治社會風俗學術等皆爲時勢所挾大經變化，則文學一物，不容不變，更就具體方面舉例言之，中國今日革君主而定共和，則昔日文學中與君主政體有關係之點，若頌揚鋪陳之類，理應廢除。」〔註9〕這也就是我們熟知的「人的文學」、「平民文學」的出現，而隨著「民」的地位的不斷上升，我們也看到了三十年代的「無產階級文學」「革命文學」的到來。李大釗曾經談到他理解的平民主義和平民文學：「把政治上、經濟上、社會上一切特權階級，完全打破，使人民全體，都是爲社會國家做有益的工作的人……」「無論是文學，是戲曲，是詩歌、是標語，若不導以平民主義的旗幟，他們決不能被傳播於現在的社會，決不能得群眾的謳歌。」〔註10〕這裏雖也提到「平民文學」，但是前期《新青年》中周作人所提倡的「平民文學」是有區別的，後者針對的是「貴族文學」，更重要的是指，既然人人都是平等的，那麼文學也就不能屬於「貴族」的特有，人人都有抒寫自己的權利，強調的是「人」的文學，而李大釗所理解的平民文學，很明顯意指勞動階級，即要創造「人民」的文學，「無產階級勞動階級的」文學。

　　民主對於五四思想具有決定意義，雖然「民主」這一詞語出現的次數並不多，但是其表現方式是多樣的，人權、共和、自由、民治、平民政治，都代表了知識分子對民主的思考，從對個人權利的強調，到對一個群體勞工階級權利的重視，從對民主的極度推崇到懷疑批判，背後隱藏的巨大的國家民族意識。當我們從細節中走出，聯繫五四之前，俯瞰這段歷史，似乎這種思想過程似乎經歷了一個由眾數到個人再到眾數的過程，而對工人階級、勞動階級的重視，似乎也預示了之後「革命文學」論爭的來臨。知識分子從「啓蒙者」到對自己沒有接近工人階級的反省，似乎讓我們聽到了二十年代「革命文學論爭」中對知識分子的自我定位的聲音「中國現在的文藝青年呢？老實說，沒有一個是出身於無產階級的。文藝青年們的意識都是資產階級的意

---

〔註8〕傅斯年，《讀者論壇‧文學革新審義》，《新青年》，四卷一號，1918年1月。
〔註9〕傅斯年，《讀者論壇‧文學革新審義》，《新青年》，四卷一號，1918年1月。
〔註10〕李大釗，《平民主義》，《李大釗文集》（下）北京：人民出版社，1984年，頁588、609。

識。這種意識是甚麼？就是唯心的偏重主觀的個人主義。」〔註11〕

〔註11〕 麥克昂，《留聲機器的回音——文藝青年應取的態度的考察》，《「革命文學」
　　　　論爭資料選編》頁 215～216。

# 《新青年》前期國家文化
# 的建構與新文學的發生

王永祥*

## 一

　　民國建立之初，國權主義思想是主導。因爲辛亥革命的成功，很大程度上是革命派的倉促革命引發了對滿清政府不滿的導火線，革命派借助晚清新政之後地方勢力分裂的傾向，聯合各種勢力迫使清帝遜位，並在南北議和的基礎上成立了中華民國，整個國家的建構無論是從意識形態的確立，還是政治體制的運作，都缺乏穩定的基礎。革命之後如何建設民國、國家權力如何運作、採用何種政治體制？成爲各派勢力爭論的焦點。當時的地方勢力傾向於建立聯邦體制。「言論界頗有主張聯邦說者」，〔註1〕江蘇、浙江、山東、湖北等省則公開要求建立聯邦制政府，以弱化中央政府權力，增強省的自治權。〔註2〕但是面對這樣的分裂傾向，無論是革命派還是立憲派、以及袁世凱等，都是反對地方分裂，強調國家集權的重要，認爲只有建立強固的政府，才能維護國家統一，並在強力政府的基礎上實現國家的富強。而只有國家富強，才能在強力政府的保障之下有個人的獨立自由。如蔡鍔在統一共和黨雲南支部會議上就闡述了這樣的思想：

---

* 　王永祥（1975～），甘肅天水人，四川大學文學與新聞學院 2011 級博士生。
〔註 1〕 傖父：《中華民國之前途》，《東方雜誌》第 8 卷第 10 號。
〔註 2〕 參見胡春惠：《民初的地方主義與聯省自治》，（臺北）正中書局 1983 年版，頁 117～126。

> 天賦人權之說，只能有效於強國之人民，吾儕焉得而享受之。故欲
> 謀人民之自由，須先謀國家之自由；欲謀個人之平等，須先謀國家
> 之平等。國權爲擁護人權之保障。故吾黨主義，勿徒驚共和之虛名，
> 長國民凌囂無序之風，反令國家衰弱也。苟國家能躋於強盛之林，
> 得與各大國齊驅並駕，雖犧牲一部（分）之利益，忍受暫時之痛苦，
> 亦所非恤。國權大張，何患人權之不伸。〔註3〕

革命派如此，尊孔派康有爲也是如此，認爲「若當列國並爭之際，則宜齊心並力於國權，而不可使個人之權利過伸焉」。〔註4〕其他各黨派也是在集權強國上有一致的共識：「非特進步、民主、共和諸黨同倡中央集權主義，即素以民黨自命之國民黨，其大多數亦莫不曉然於爲國乃爲民之意，而欣然和之」。〔註5〕普通民眾也是希望強有力的政府能維護社會穩定，都強調建立「強有力政府」、「強固政府」等等。「立國大地之上，必有強固之政府，始足以謀戰守之道……國必有強國之政府，國民始有依託」。〔註6〕面對國家日趨分裂、列強侵略加劇的局面，如俄國鼓動蒙古獨立，英國鼓動西藏分裂。再加上中國國家文化中大一統思想的影響，各派勢力都渴望通過加強中央的權利而實現社會的穩定，並把國家引入到和平建設中。

　　但是這種國權主義思想，隨著袁世凱復辟帝制的活動越來越明顯，逐漸暴露出其借國家統一爲幌子而行專制獨裁的真面目。二次革命失敗之後，1914年 1 月，國會被解散，國民黨想以政黨內閣限制袁世凱的策略徹底失敗，而進步黨借袁世凱打擊國民黨的激進勢力並想把袁世凱帶上政治軌道的努力也宣告失敗。特別是在袁世凱支持的「籌安會」等一幫御用文人的鼓動下，認爲民主共和並不適於中國，開始爲袁世凱的帝制製造理論。袁世凱就是利用這種社會心理，以民智低下不足以實行民主共和，爲自己的獨裁統治造勢。在他主導的《中華民國約法》中就以「救國但出於至誠，毀譽實不敢計及」，對《中華民國臨時約法》大加修改，「凡可以掣行政之肘……皆予刪除。凡可

---

〔註3〕 蔡鍔：《在統一共和黨雲南支部會議上的演講》（1912 年），毛注青等編：《蔡鍔集》，湖南人民出版社 1983 年版，頁 237。

〔註4〕 康有爲：《問吾國四萬萬國民得民權平等自由乎》（1913 年 7 月），《康有爲政論集》下冊，頁 887。

〔註5〕 曼公：《大統一論》，《新中華》，第一卷第一號（1915 年 10 月 1 日）

〔註6〕 《國民協會爲提議組織國民參事院與全國同胞商榷意見書》，1911 年 12 月 29 日《民立報》。

以爲行政之助者……悉予增加」。〔註7〕再加上張勳復辟，人們終於看到辛亥革命所建立的民國形式雖新，但思想照舊的殘酷事實。康有爲曾不無尖刻的批評道：「名爲共和，而實爲共爭共亂，日稱博愛，而益事殘賊虐殺，口唱平等，而貴族之階級暗增，高談自由，而小民之壓困日甚，不過與多數暴民以恣睢放蕩，破法律，棄禮教而已。」〔註8〕

　　面對殘酷的現實，曾經爲共和國付出極大心血的各派力量並不甘心革命的失敗，他們要重新尋找變革現實的思路。整個社會開始反思民初憲政實踐失敗的原因，政治革命背後思想革命和社會革命準備不足的弊端開始成爲人們思考的重心。除了以孫中山爲代表的革命派繼續堅持武裝鬥爭外，很多人開始轉向社會改造，謀求在思想文化領域實現變革並爲政治改造打下社會基礎。「向之以政治改造爲唯一之希望者，今則以改造社會爲唯一之鵠的矣」。〔註9〕對這一轉變的反思最爲沉痛而深刻的當屬著名記者黃遠庸。「以外勢之急，滿政之昏，安得而不致革命」；「以民國之無根底」，「則革命之後，安得有善果」。〔註10〕「民國無根」可以說不止是表現在窮鄉僻壤的鄉村，如魯迅小說《風波》、《阿 Q 正傳》中所表現的，辛亥革命無非是漢人又坐「龍庭」，民眾見到長官還是像阿 Q 一樣雙腿不由自主的跪下去。就是像錢玄同這樣的高級知識分子，也是認爲辛亥革命是將滿人趕走，可以恢復中華國粹。他在民元后專門寫過一篇《深衣冠服考》，考證《禮記》所言朝祭之服，還仿製了一套穿在身上，配以古冠，以爲「漢冠威儀」，因此他才有後來對自己民國初期思想的反思：「曾經提倡保存國粹，寫過黃帝紀元，孔子紀元；主張穿斜領古衣」。〔註11〕李大釗也有類似的反思：「我總覺得中國聖人與皇帝有些關係。洪憲皇帝出現以前，先有尊孔祭天的事；南海聖人與辮子大帥同時來京，就發生皇帝回任的事」。〔註12〕而陳獨秀在《袁世凱復活》中更有沉痛的反思，認爲袁世凱的肉體雖死，但袁世凱的精神在社會上並未隨袁世凱的敗亡而消失，社會上無數個有袁世凱思想的人依然充斥著整個社會。

〔註7〕白蕉：《袁世凱與中華民國》。載榮孟源主編《近代稗海》(3)，四川人民出版社 1985 年版，頁 94～95。
〔註8〕康有爲：《復教育部書》，《康有爲政論集》下冊，頁 862。
〔註9〕傖父：《命運說》，《東方雜誌》，第 12 卷第 7 號。
〔註10〕黃庸遠：《黃遠生遺著》卷 1，頁 137。
〔註11〕錢玄同：《致百年（陳大齊）》，《新青年》1918 年 12 月，第 5 卷第 6 號。
〔註12〕李大釗：「聖人與皇帝」，《李大釗文集》（下），人民出版社 1984 年版，頁 95。

那麼必須重新爲共和國「立根」，這個根必須深深蟄在社會的深處，才能保證民主共和的理想不隨社會形勢的惡化而死亡。

可以說民初政治實踐的失敗，首先是人民並不清楚新建立的民國到底意味著什麼，這樣一個新建的國家和自己有什麼樣的關係，這樣一種新的政治體制需要什麼的思想文化作爲基礎。1917 年陳獨秀曾在北京的「神州學會」的演講中這樣描述和反思民國初年的社會現實：「袁氏病殁，帝制取消……我們中國多數國民口裏雖然不是反對共和，腦子裏實在裝滿了帝制時代的舊思想，歐美社會國家的文明制度，連影兒也沒有」。「數年以來，創造共和再造共和的人物，也算不少，說良心話，眞心知道共和是什麼，腦子裏不裝著帝制時代舊思想的，能有幾人」。正是這種招牌雖新，骨子依舊的現實，讓他們看到了這樣極具諷刺性的社會現實：「分明掛了共和招牌，而政府考試文官，居然用『上天下澤，履君子以辨上下定民志』、『百姓足，君孰與不足』、『學則三代共之，皆所以明人倫也。人倫明於上，小民親於下。』」而身爲共和國國會的議員，竟然極力提倡孔教爲國教，以孔子之道爲國民教育的修身大本。因此才有陳獨秀辦雜誌來洗刷人心的社會改造行動，「所以我們要誠信鞏固共和國體，非將這班反對共和的倫理文學等等舊思想，完全洗刷得乾乾淨淨不可。否則不但共和政治不能進行，就是這塊共和招牌，也是掛不住的」。〔註13〕那麼陳獨秀創辦《青年雜誌》，他首先針對新的群體——新青年——灌輸屬於民主共和國眞正的立國精神，通過報刊雜誌，在社會上掀起一場思想革命，補政治革命的不足，將共和國國家文化的建設通過新式教育的群體——新青年——保留下來。雖然現實中的政治體制已經被官僚和軍閥破壞的只剩下一塊招牌，但陳獨秀們堅信，只要眞正的民主共和國的精神火種還存在，那麼這樣的民主共和國將來就有重建的希望。所以他在第一卷第一號的《青年雜誌》的社告上寫下這樣的話：「國勢陵夷，道衰學弊，後來責任，端在青年。本誌之作蓋欲與青年諸君，商榷將來所以修身治國之道」。修身與治國是緊密相聯繫的。傳統儒家文化中的修身平治天下的思想信念依然支撐著現代知識分子。新的群體要完成他們的歷史使命，必先在其「修身」中明白應該建立一個怎樣的國家，這樣國家和自己有著怎樣的關係。只有理清這一點，新的群體才能不爲舊習所染，才能有眞正的「治國之道」。

---

〔註13〕陳獨秀：《舊思想與國體問題》，《新青年》（第三卷第三號）。

## 二

　　近代中國是民族國家觀念形成的時期，在中國傳統中是沒有民族國家這一概念的。儒家意識形態所強調的是天下觀，國家和天下是不同的。顧炎武對此概括的非常準確：「有亡國，有亡天下。亡國與亡天下奚辨？曰易姓改號，謂之亡國；仁義充塞，而至於率獸食人，人將相食，謂之亡天下」。〔註14〕人們對政治空間的接受是以是否涵蓋儒家意識形態為標準的，因此夷夏之辨就是人們認識不同族群的根據。近代中國被西方的堅船利炮打開國門，面對一個陌生的世界秩序，人們不知如何應對。從「夷」、到「萬國」、到「列強」、到「世界」等稱呼西方名稱的變化中，標誌著中國對自身所處的世界秩序的理解和對民族國家觀念的接受。辛亥革命猝然成功，要人們一下接受西方經過幾百年歷史演變所形成的民主共和國家觀念，顯然是不現實。陳獨秀創辦《青年雜誌》，以實現對青年群體的政治啓蒙，民族國家觀念之下的民主共和國概念是必須首先進行學理闡釋的：即我們爲什麼要建立一個這樣的國家，這個國家和每個人有什麼樣的關聯？

　　在《新青年》創辦的時候，正值「一戰」爆發，國與國之間激烈的軍事殘殺，讓人們意識現代民族國家之間實力競爭的殘酷性。劉叔雅認爲，從星雲到地球的形成，再到人類社會的出現，其背後的動力都是普遍於世界的「求生意志」（Wille zumlebem），「蓋眾生由求生意志而生，互爭其所需之空間、時間、物質，而竟存爭生之事遂起……邦國交鬥，殺人盈野，實起於匹夫之彎弓，匹夫之彎弓，又起自爪牙之相搏。求生意志乃世界之本原，竟存爭生，實進化之中心。國家者，求生意志所構成」。但是因爲專制束縛以及人們短淺的目光，並未意識到國家所具有的軍國主義性質，劉叔雅從「秉鈞當國者」、軍人、政黨、工人到學子，逐一批判這些只顧自己私人利益，不知自己所作所爲對國家的意義。而更爲嚴重的是，國家作爲求生意志的結合體，本當將每個人的求生意志激發起來合成一個整體，但中國面臨的問題是，從政治體制到道德意識，都對個人的求生意志構成了嚴重的壓抑。劉叔雅以德國的強盛及日本的變法圖強證明求生意志並不以種族爲決定前提，而是普遍存在於人性中的本源力量，「不知好戰乃人類之本性，進取實立國之原則。吾諸華既爲人類，又葆有國土歷數千年，其間捍拒異類，討滅敵國之事，無代無之。

---

〔註14〕顧炎武：《日知錄》（卷十三）。

本能縱痲痹於一時，絕非汩滅已盡，徒以受毒於腐敗政治過久，民族精神，無由發揚，遂有今日之衰頹。苟蕩滌其瑕穢，灑掃其積垢，則發揚蹈厲，必能爲人類歷史增其榮光」。在回應人們以當時嚴重的武人干涉政治而質疑軍國主義的合法性時，劉叔雅回應道，那些「佩文虎章帶劍而御黃色衣者」，根本是一些不懂得軍國主義的「鹽梟馬賊」、「巡防統領」，他們以「數千無賴」和「數千廢槍」敢恣睢無所忌憚，正是因爲「吾民皆怯弱卑劣，戀戀於僞和平耳」，如果全體國民「能力行軍國主義，堅貞剛毅如德意誌之民，則四裔猶不敢不享，何此曹之足云」。〔註15〕

顯然劉叔雅以生存意志爲出發點的軍國主義國家建構思路是較爲簡單的。但其中却包含著當時國家文化建構的重要思路，即如何形成一個有效的國家體制，將國民的自由創造力發揮出來而建設強大的民族國家。近代中國要完成從傳統到現代的轉化，必須完成這樣兩大目標：第一就是將個人從專制體制下解放出來，在社會層面實現民主自由以激發個人的創造力；第二就是完成民族國家的建構，在整個世界的民族競爭中實現國家的富強獨立。梁啓超在戊戌變法失敗後就曾這樣概括這兩大目標：「其在於本國也，人之獨立，其在於世界，國之獨立。」〔註16〕但是民初的國權主義顯然將側重點放在了國權即國家權利的集中上，結果民主共和國剛建立不久即被舊勢力拖入皇權復辟的泥潭。那麼如何調整個人獨立與國家富強之間的關係，就是當時人們思考的最爲核心的問題。

高一涵是在「新青年」前兩卷中發表文章最多的人，他當時正在日本明治大學攻讀政法，訓練有素的政法修養，讓他的國家文化建構更富有現代政治學的學理性。在《共和國家與青年之自覺》、《民約與邦本》、《國家非人生之歸宿》、《自由與自治》、《樂利主義與人生》、《一九一七年豫想之革命》等文章中系統闡釋了民主共和國的國家文化建構思路及原則。高一涵首先認爲國家是人類自己創造發明的人造物，是人本身意志和目的的體現。那麼高一涵在追問國家存在的目的和意義的時候，並不是像劉叔雅一樣，從國家自身的強盛爲出發點，而是基於個人的自由和幸福，國家強盛是人本身強健的結果而非目的。「所建者國家，而所以建者則爲人生自身之問題。故國家蘄向，即與人生之蘄向同歸」。國家不僅是個人希望和意志的體現，形成之後，其職責就是幫

---

〔註15〕劉叔雅：《軍國主義》，《新青年》，（第二號第三卷）。
〔註16〕梁啓超：《國家思想變遷異同論》（1901 年）《梁啓超選集》，頁 191。

助個人實現各自的人生追求。「蓋國家為人類所部勒，利用之為求人生之歸宿之資，其職務之均配，必視所建設者當時缺憾所在，合為群力，以彌縫而補救之也」。(《國家非人生之歸宿》)。而且從根本意義上講，個人是可以脫離國家，而國家則不能脫離個人，「然則國家為人而設，非人為國家而生，離外國家，尚得為人類；離外人類，則無所謂國家」。〔註17〕因此在高一涵的國家文化建構思想中，首先從根本上廓清了近代以來建構國家文化的思想誤區，國家是為了保護和發揚人的價值而設立的，而不是個人為國家成立來存活的。

　　明確了國家所以建立的目標和意義，也就明白了國家的作用和職責。從理論上講個人優先於國家，但現實中往往國家權利侵犯個人，如何限制國家權利，這就是憲法所具有的重要作用。人民基於自覺的個人權利意識，在契約的基礎上建立國家，近代意義上的國家，就是在契約論的影響下而重新定義。「夫立國之始，必基於人民之自覺。且具有契合一致之感情、意志，居中以為之主。製作典章制度，以表識而顯揚之，國家乃於是立」。(《民約與邦本》)但基於國民意志、情感而在契約精神之下建立的國家還只是抽象意義上的國家，「故國家之設，乃心理之結影，而非物理之構形。自覺心理，懸而非察。故國家本體，亦抽象而無成形，非憑一機關，則不克行其職務。此機關之設，必與國家同時並生」。(《民約與邦本》)體現國家本體的機關一但建立，在「執行國家之職務」時，「其勢常易於攘國家權力，據為己有也」。(《民約與邦本》)為了防止國權對個人權利的侵害，必須以憲法懸置於國家之上。這樣以「人民總意」形成憲法，國家權利來自憲法，政府執行國家意志。「人民總意」、憲法、政府就形成了國家的整體，其間關係是：

> 政府之設，在國家憲法之下；國家之起，見於人民總意之中。政府施設，認為違反國家意思時，得由人民總意改毀之，別設一適合於國家意思之政府，以執行國家職務。政府之權力，乃畀託而非固有。固有之主，厥惟人民，是之謂人民主權（popular sovereignty）。〔註18〕

顯然在人民、國家、政府三者之中，人民是核心，國家和政府的權利都是本源於人民的意志。因此建立現代國家的關鍵，是國民具有明確的權利意識。面對當時人們熱衷討論的國體問題，高一涵認為國體討論是細枝末節的技術問題，關鍵問題是國民意識中共和精神是否存活，因此他單刀直入，抓住問

---

〔註17〕高一涵：《國家非人生之歸宿》)，《青年雜誌》第一卷第四號。

〔註18〕高一涵：《民約與邦本》) (一卷三號)。

題的核心而討論如何發揚國民的共和精神。「然國體之變更與否，乃形式上
之事；不佞所論，乃共和國民立國之精神。政府施政之效，其影響不逾乎表
面之制度；而政治實質之變更，在國民多數心裏所趨，不在政治之形式」。
〔註19〕只要共和精神在國民心理中不滅，共和國家就不會滅亡：

> 可知立國精神，端在人民心理。人人本其獨立自由之良心，以證共
> 同，以造輿論。公同輿論之所歸，即是真正國體之基礎。無論其間
> 若何變遷，而探其遠界，轉在為吾人精神之資助。若有意玉成，而
> 防其少怠者然。故國體之變更與否，由吾人精神以觀，幾無研究之
> 價值。吾輩青年責任，在發揚立國之精神。固當急起直追，毋以政
> 治變遷而頓生挫折，令吾人最貴之精神，轉役於曲折循環之時勢，
> 而為其奴隸焉，則庶幾歟！〔註20〕

可以說在國家文化的整體性建構中，高一涵建立了現代政法意義上的真正的
個人主義。學界往往認為建構個人主義思想的中心人物是陳獨秀、魯迅、胡
適、周作人等人，考察《新青年》所發文章，論述個人主義思想最為全面的
當屬高一涵。魯迅在日本留學期間，寫下《摩羅詩力說》、《文化偏至論》、《破
惡聲論》等文章。魯迅的個人主義思想，是在破除近代洋務運動之後，國人
對西方文明中「物質」與「眾數」——即船堅炮利的物質文明和議會民主的
政治文明——的迷信，認為學習「物質」與「眾數」所代表的科技文明和政
治文明並不能觸及西方文明的根底。在魯迅看來真正能產生這些文明的根源
在個人，即承傳自拜倫至尼采的「摩羅詩人」和「新神思宗徒」。這兩派力
量在反抗專制政治和理性文明對感性實存的扼殺中，注重人的「心聲」和「內
曜」，〔註21〕提出「掊物質而張靈明，任個人而排眾數」，〔註22〕個人應該做
到「惟聲發自心，朕歸於我」，「天下皆唱而不與之和」，實現「人各有己」
的個人主義，〔註23〕才能將個人的創造力發揮出來，推動中國文化的變革，
並實現民族的獨立強盛。顯然魯迅的個人主義更具有文學性和哲學意味，顯
得深刻而和自己所處的時代拉大了思想距離。而陳獨秀的個人主義在傳統和
現代二元對立的思路中以批評性的議論來建構，顯得空泛而缺乏現實的針對

---

〔註19〕高一涵：《共和國家與青年之自覺》（二）（一卷二號）。
〔註20〕高一涵：《共和國家與青年之自覺》（二）（一卷二號）。
〔註21〕魯迅：《破惡聲論》。
〔註22〕魯迅：《文化偏至論》。
〔註23〕魯迅：《破惡聲論》。

性。其後周作人的《人的文學》和胡適的《易卜生主義》是在世界主義的視野中，在人類性和個人性、神性和獸性的對立統一中確立個人的正當性，並不是在政治權利和法律權限中建構個人自主的權利正當性，其個人主義的建構更多體現在對理想人性的文學想像，雖然這種想像對現實批判有很大號召力，但因缺乏對個人自由權利的政法理論的支撐，因而在和現實的對接上表現出很大的懸浮性。

　　高一涵則與上述思路不同，他是在國家文化建構的整體性視野中，以政法思想中來建構自己的個人主義思想，顯然這一思路在《新青年》的整體性文化訴求具有非常重要的價值，因為只有在政法意義上確立個人權利的正當性，個人主義才能落到實處，顯然這樣一種個人主義不是文學性的想像所能完成的，但却對文學中的個人主義的表現具有非常深遠的學理性影響。如上所述，高一涵認為憲法、國家、政府是緊緊圍繞個人而建立的制度文明，個人的正當性是這些文明的根基。共和國家，分形式和精神兩個層面，就形式言：「其主權非為含靈秉氣之生人所固有，而實存於有官智神欲、合萬眾之生以為生之創造團體」。就精神言：

> 共和原文，謂之 republic。考其字義，含有大同福祉之意於其中，所以表明大同團體之性質與靳向者也。就法律言，則共和國家，畢竟平等，一切自由，無上下貴賤之分，無束縛馳驟之力。凡具有獨立意見，皆得自由發表；人人所懷之意向、靳求、情感、屬害，苟合於名學之律，皆得盡量流施，而無所於懼，無所於阻。就政治言，使各方之情感、思慮，相劑相調，亘底於相得相安之域，而無屈此伸彼之弊，致國家意思為一黨、一派、一流、一系所壟斷。故民情舒放，活潑自如，絕不虞抑鬱、沉淪，以銷磨其特性，而拘梏其天機。〔註24〕

無論是從法律的角度還是從政治的角度來講，國家的生命力皆源自獨立個人的自由創造性，而國家、政府、法律讓個人自由獲得可靠的保證，這就是個人為什麼需要國家的原因。個人的自由創造性從本源來講，是內在於人性中的，「不佞以為，道德為人心之標準，本心之物，惟有還證自心，以求直覺，則所謂求之天性是已。所謂天性，乃得諸宣降之自然，不雜染於威勢，不染夫習慣。顧所謂自然，特不雜第二勢力於其中而已，亦非最初、最稚之謂也。

---

〔註24〕高一涵：《共和國家與青年之自覺》（一）（一卷一號）。

必也隨其秉賦之奇，施以修繕之力」。(《共和國家與青年之自覺》(一))這一點高一涵和劉叔雅是相一致的，只不過劉叔雅強調的是人性中的生存意志，高一涵則強調的是自由創造性。在將個人的創造力和道德意志奠基在人性本身中的同時，高一涵廓清了專制制度對人的壓制與束縛的非正義性。「顧王由天宣，故道德淵源，亦由天出。於是有天命、天罰、天幸之詞見焉」。〔註25〕不論是神權政治還是聖王政治，都是剝奪個體獨立自由的合理性，用外在權威壓制個人，所謂「懲忿窒欲」，就是壓制和剝奪人的自由意志和反抗能力。「專制之朝，多取消極道德，以棄智黜聰，爲臣民之本。如『不識不知，順帝之則』、『民可使由之，不可使知之』諸詞，見諸經傳，利其無作亂之能與犯上之力故也。故往古道德之訓，不佞敢斷言，其多負而寡正，有消積而少積極者」。〔註26〕

那麼根源於人本性的獨立意志和巨大創造力如何在現實層面實現？從個人層面來講，個體首先要對自我本性中的自由意志有高度的生命自覺，「道德之基，既根於天性，不受一群習慣所拘，不爲宗教勢力所囿矣。顧啓淪之機，將誰是賴？則自由尚焉」，〔註27〕一旦自覺到人本身的自由本性，那麼遵從這樣的自由本性就是個人對自己和社會的最大道德，反之壓制個性，不發揚自己的生命意志力，依違於他人和習俗，則是最大的不道德。「蓋受命降衷，各有本性。隨機利道，乃不消磨，啓淪心錄，端在稱性說理，沛然長往，浩然孤行，始克盡量而施，創爲獨立之議。故青年之戒，第一在扶墻摸壁，依傍他人；第二在明知違性，姑息瞻依。自賊天才，莫過於此二者」。(《共和國家與青年之自覺》(一))從國家層面來講，就是保護個人自由，「定自由之範圍，建自由之境界，而又爲之保護其享受自由之樂，皆國家之責。自由之界，隨文化之演進而彌寬；文化愈高，斯自由愈廣」。〔註28〕有了個人對自由的自覺和國家對自由的保護，整個國家文化將會形成一種自由平等的競爭態勢，「以尊重一己之心，推而施諸人人，以養成互相尊重自由權利之習慣，此謂之平等的自由也」。〔註29〕正是有了個人自由和對個人自由的國家保護，才能實現真正的個人主義，即高一涵所言的「自利利他主義」。「所謂自利者，即欲使

〔註25〕 高一涵：《共和國家與青年之自覺》(一)(一卷一號)。
〔註26〕 高一涵：《共和國家與青年之自覺》(一)(一卷一號)。
〔註27〕 高一涵：《共和國家與青年之自覺》(一)(一卷一號)。
〔註28〕 高一涵：《共和國家與青年之自覺》(一)(一卷一號)。
〔註29〕 高一涵：《共和國家與青年之自覺》(一)(一卷一號)。

一己之利益，著著落實，非特不害他人之利益，且以之讚助他人之利益之謂
也；所謂公共者，即以爲社會一員之我，藉公同之事業，而以謀全社會之利
益者，遂其一己之生活也」，〔註30〕在自利和利他的統一中，國民「互相需待，
互相扶持。凡一己所爲，莫不使及其效力於全體，各盡性分，以圖事功。考
其所爲，果爲自利，抑爲利他，舉莫能辨」，〔註31〕即在眞正的個人主義的落
實中，自利和利他是相互統一，互爲促進的。而且以個人主義完善自我人格
和幸福的過程中，國家始終是輔助的，「國家爲達小己之蘄向而設，乃人類創
造物之一種，以之保護小己之自由權利，俾得以自力發展其天性，進求夫人
道之完全」。〔註32〕因此必須反對以慈惠和犧牲爲藉口而對個人獨立性的損
害。慈惠主義表現在個人放棄對自我幸福的追求，而讓別人以施捨和恩惠來
實現個人幸福，首先是違背了獨立人格所限定的道德價值：「人生幸福，首貴
自謀。呼蹴而與，乞人不屑，奚況其他。故保重人格之道，第一即在有自求
幸福之能力。喔咿儒兒，突梯滑稽，是喪其人格者也。見眞樂所在，則挺身
拔劍奮起而爭之，見他人以僞樂欺我，則揭其虛僞，一鼓而破之，決不受其束
縛，是之謂尊重人格，是之謂有自立之能，是之謂深知愛護自由幸福之民」。
〔註33〕其次，既然個人幸福是自我能力和自由的證明，那麼必須以此爲出發
點奪回立法權，「近世立法之權，所以操之群眾者，亦以吾人一群之苦樂，惟
吾人本身自感自覺自享自受之耳。以吾人身受之利害，非還叩諸吾人之本身，
則忻喜厭惡，必不克適如吾人之所願」。〔註34〕如果立法權在別人手中，則「是
故望他人體量吾身之苦樂，任其代定標準者，是奴隸牛馬之事，非人類之事
也。甘受他人代定之標準，帖然服習而不辭者，是麻木不仁之身，良心上毫
無感覺者也。非他人所能感覺之苦樂，而必仰他人鼻息，託其代爲判定者，
是之謂自尋苦惱以戕其生者也，近世深愛自由幸福之民族，所以斷脰焚身以
爭民政而踣專制，收回立法之大權者，其用心正在此耳」。〔註35〕因此國家和
法律不是代爲人訂立幸福的準則，而是保護和激勵人們獲得自我幸福的能
力。「故國家職務，即在調和群類，擁護機宜，俾人各於法律範圍之中，謀得

〔註30〕高一涵：《共和國家與青年之自覺》（二）（一卷二號）。
〔註31〕高一涵：《共和國家與青年之自覺》（二）（一卷二號）。
〔註32〕高一涵：《共和國家與青年之自覺》（二）（一卷二號）。
〔註33〕高一涵：《樂利主義》第二卷第一號。
〔註34〕高一涵：《樂利主義》第二卷第一號。
〔註35〕高一涵：《樂利主義》第二卷第一號。

其相當之幸福而已。幸福之求，專恃人民之自覺自動，國家之責，惟在鼓舞其發越之機，振興夫激揚之路。故凡物質上之快樂，體育上之歡娛，務使發揚至盡，俾得與精神煥越之程度相應相調，以遂其演進文明之願，此晚近國家奉爲職誌之唯一大則也」。〔註36〕

與慈善主義相對應的，則是犧牲主義。奉行此種主義的人，打著國家的旗號，強調犧牲和奉獻，在這種片面的道德，既違背的人生而求幸福的本性，「使我盡受勤勞之苦，而勤勞結果之樂，乃盡讓他人享之」。〔註37〕對社會而言，這種不合理的道德，則易導致國家萬能主義，並導致專制的復活：「多宗數千年前之古義，而以損己利國爲主。以爲苟利於國，雖盡損其權利以至於零而不惜。推厥旨歸，蓋以國家爲人生之蘄向，人生爲國家之憑藉。易詞言之，即人爲國家而生，人生之歸宿，即在國家是也。人生離外國家，絕無毫黍之價值。國家行爲茫然無限制之標準，小己對於國家絕無並立之資格，而國家萬能主義，實爲此種思想所釀成」。〔註38〕

高一涵在國家職能與個人發展、政權權限與個人自由的關係中確立個人獨立自由的合法性，個人在國家和法律的庇護中獲得自由權利。那麼有法律支撐的個人是如何將自己的創造力與國家聯繫起來的？高一涵認爲獨立自由的個人是通過輿論和國建結合成爲一個整體。民國建立之初，各政黨紛紛建立自己的報刊，但這些報刊輿論往往淪落爲各黨派指謫攻擊對方的工具，並未能成爲表達民意與發揮自由創造精神的喉舌。輿論在整個國家體制中，並不是工具性的存在，是共和國的立國之本。「執行國家意思，爲政府之責；而發表國家意思，則爲人民之任」，輿論即是「人民總意」的體現，也是人民對國家應盡的職責。輿論不必糾纏於對錯，而在於是否有獨立見解、是否遵從個人眞實的心聲，只有這樣的輿論才是人民自由創造力的體現，「道德之根據在天性，天性之發展恃自由，自由之表見爲輿論」。只有這樣的輿論，才能「以獨立之見相呼，必有他人以獨立之見相應。相應不已，而輿論成爲。輿論在共和國家，實爲指道政府、引誘社會之具」。這樣通過國會、媒體，人民以輿論的方式結合爲一個國家整體。正是輿論的上通下達，人民的智慧和力量就變成了國家的智慧和力量。

---

〔註36〕高一涵：《樂利主義》第二卷第一號。

〔註37〕高一涵：《共和國家與青年之自覺》（二）（一卷二號）。

〔註38〕高一涵：《國家非人生之歸宿》（一卷四號）。

我們看到在高一涵的國家文化建構的整體框架中，有三個政治要素：即人民、國家、政府。三者中以人民為核心，但人民不是指實際群體，而是代表人民的國民總意。在人民總意中，也包含著三個關鍵元素：即自由、權利、輿論。自由是人性中的天性，這種天性在高一涵看來，是被專制神權和王權所壓迫束縛在人性深處，而且在歷史的演進中形成了依附性的被動道德，那麼現代國家文化中，必須重新通過啟蒙，讓人民意識到自己人性中的自由本性，只有自由本性被激發出來，國民的創造力發揮出來，那麼這樣的人民所構成的國家則是有生命力的強盛的國家。但人民的自由在現實中必須獲得權力的保證，如何保證人民的權力不受破壞和壓制，則是政府的職責。政府必須依據法律的形式賦予人民權利。而人民以自己的權利發展自己的自由創造性的時候，自由是以輿論的形式表達這種自由創造力，並通過輿論將這種力量注入政府的管理體制中，這樣人民和政府就獲得了高度的統一，政府和人民形成了互動。而以政府形式所表現出的國家，也是富有生命力的強大的國家。因此高一涵在追尋立國之本的思路中，建構出現代憲政意義上的具有法律權利的個人主義，真正從法律的高度肯定了人民作為國家主人的信念，由此而分別出專制與民主區別所在，而這也為新文學對人的想像與書寫在社會層面確立堅實的學理依據，個人的獨立自由，就是新文學產生之後一直為之追求與書寫的文學理想。

## 三

在重建民主共和的國家信念中，除了對這樣一種全新的國家觀念的詮釋外，在民主共和的國家之下應該有什麼樣的文化空間，在這一文化空間中傳統文化應該有什麼樣的位置，這是當時《新青年》雜誌必須要面對的一個重要問題，這一問題是以和孔教會辯論的形式而展開的。對於新文化倡導者所發動批孔運動，我們必須分清楚兩個層面的問題，即反對孔教會立孔教為國教和評判孔子思想這樣兩個問題。新文化倡導者和孔教會的辯論是有很強的現實針對性，在這一問題的辯論中，雙方的分歧並不在孔子自身，而在對現代國家的不同理解上產生了分歧。通過一場論辯，我們可以看到新文化倡導者對現代國家中的文化空間場域的捍衛。第二個問題，即評判孔子進而如何看待傳統，以及新文化倡導者發動的道德變革，正是第一個問題的延伸。在新舊道德觀的嬗變替代中，涉及到中國社會由傳統轉為現代的一個重要癥

結：即禮和法的分離問題，在分離中人們道德意識的變革由傳統的守成，轉
變為實踐中的開放。禮法不分的時代，人們注重的是道德的政治意義，即維
護社會結構的穩定，道德並不是一個知識對象，道德涉及的是政治實踐意義。
這一目的的實現是以道德意識的提純，即通過天理人欲之辨，將個體的感性
生存欲求完全限定在固定的禮教秩序之中；在禮法分離的現代社會，道德是
一個涉及個人性的問題，即不再強調道德對維護社會結構穩定的問題，這一
功能為法律所替代。道德涉及的是人們在實踐中是否真誠的問題，是否能將
個人的自由意志表達出來的問題。可以說兩個層面的問題互為表裏，共同推
動了現代中國文化的深刻變革，由此確立的個人言說的自由空間和獨特表達
的話語方式，正是在此基礎上，為現代文學的發生奠定了基礎，個人得到了
肯定並開始尋找屬於個性的話語——即白話文。

　　繼清政府停止科舉考試，北洋政府廢除了中小學讀經，以孔子為代表的
道德權威失去了曾經在傳統社會中的崇高地位，人們面臨一個道德重建的價
值空缺時代。繼袁世凱的敗亡，進一步失去維繫社會統一的政治權威。道德
和政治的變革一起加劇了人們的不穩定感，再加上當時南北分裂的趨向，以
及與民主共和相適應的新道德信念並未深入人心。一些士紳階層轉向傳統，
企圖重新恢復孔子的社會地位，以傳統道德挽救世態人心。這些士紳階層，
建立孔教會，辦雜誌，倡導傳統倫理道德的重建，並試圖尋求政府和國家的
支持，在社會上形成一股尊孔復古的思潮。民國初年的孔教運動是一股有相
當社會影響力的社會運動。以康有為和陳煥章為領袖的孔教會發起了定孔教
為國教的請願運動。據張衛波統計，「截止 1913 年年底，孔教會的各地方分
會共有 130 個，其範圍涉及上海、北京、山東……等 21 個省市，並在海外的
紐約、橫濱、東京、費城等地設有分支。宗聖會僅在山西一省就有 70 多個分
會。孔道會則在直隸、河南、山西、山東等省份有數十個分會。同時，這些
社團也有相應的入會程序和宣傳刊物。其規模之大和組織之完備，即使是民
初一些政黨也無法比擬。」﹝註39﹞參與者既有偏僻小縣的舊式文人，也有上
層軍政要人如閻錫山、黎元洪、陸榮廷等人，既有曾經領導社會變革的激進
人物如康有為、梁啓超，也有受西學影響很深的嚴復、陳煥章、張東蓀等，
傳統的宿學耆儒如王闓運、廖平等人更是極為活躍。1913 年 9 月，孔教會在
山東曲阜召開了第一次全國代表大會，參會的人除了有孔教會和其他尊孔社

---

﹝註39﹞ 張衛波：《民國初期尊孔思潮研究》，人民出版社，2006 年出版，頁 35。

團的代表外，還有副總統、國會、內務部、大理院和 19 省市以及港、澳地區的代表，人數多達 3000。〔註40〕孔教會在全國範圍內掀起聲勢浩大國教請願運動。1913 年 6 月 22 日，袁世凱發布《尊孔祀孔令》後，孔教會便迫不及待想立孔教為國教，並試圖在學校教育中恢復讀經。1913 年 8 月 15 日，孔教會代表陳煥章、嚴復、梁啓超等人向國會提交《定孔教為國教請願書》，可是因為其他教派的反對，孔教會的目的並未達到。1913 年 10 月 13 日，《天壇憲法草案》第 19 條附文規定：「國民教育以孔子之道為修身大本」。在北洋政府的行政干預下，全國中小學部分地恢復了尊孔讀經。1915 年 1 月 12 日，《特定教育綱要》要求中小學以「尊孔尚孟」為教育宗旨，明確規定小學讀《論語》和《孟子》，中學讀《禮記》和《左氏春秋》，在大學校外獨立建立經學院，在各省、各處設立經學會。1916 年 9 月，國會召開憲法審議會，決定應否定孔教為國教案時，孔教派乘機向參眾兩院請願，再次要求定孔教為國教。在中央，一百多名議員組成「國教維持會」，大肆鼓吹定孔教為國教。在地方，則依靠地方軍閥實力支持，向國會施壓。

　　孔教會之所以如此急迫地要求國會定孔教為國教，除了他們想用孔子來重新樹立傳統倫理道德的威信來挽救民初社會的道德滑坡與社會秩序外，更為重要的是他們意識到傳統儒學在急劇的社會變革中，逐漸失去了號召人心的力量。特別是廢除科舉和新式教育的推廣，從根本上取消了儒學的正統地位。千百萬受新學教育的讀書人——即陳獨秀們所要啓蒙的「新青年」，再也不會把代表儒學的四書五經作為謀生和晉升的必讀書。那麼如何恢復曾經作為他們立身與治世之本的儒學在國家中的地位，就是孔教會所要完成的目標。從康有為以經文經學改造儒學為變法圖強尋求傳統的支持，對孔子的改造就在近代重新啓動，可以說，民初的孔教會活動把對孔子的復活運動推向了高潮。如果說皇權未倒的時候，儒學本身就是代表國家意識形態教化的正統，但是民國一建立，儒學作為代表整個國家文化的象徵地位已經不復存在，而教育領域又逐漸拋棄了儒家經典的正統地位。那麼孔教會能恢復儒學正統地位的途徑只有一條，就是通過新建共和國的國會，以民意的形式迫使代表國家的憲法重新確立儒學的正統地位，由此來發揮儒學的社會影響力。所以在孔教會不斷地向國會施壓、請立孔教為國教的同時，他們首先要重新定義中國這一國家到底意味著什麼。在前面的論述中，我們看到高一涵明確認定

---

〔註40〕張衛波：《民國初期尊孔思潮研究》，人民出版社，2006 年出版，頁 78。

國家是人爲了自己的目的而建立的保護自由權利的一個人造物。「國家爲事而非物，一事之起，必有其所以起之因。事客而所以起之因乃爲主，至於物則不然，一物之生長，其有所以生長之因乎？其生其長，乃因其自然，無所謂當然」。〔註41〕孔教會則認爲國家不是人造物，是高一涵所反對的自然生長物，國家彷彿如一個大樹，是在民族文化（孔教會認爲主要是儒家文化）的滋養下生長、發育、壯大的。因此他們不斷地用「國魂」、「國本」、「國性」等概念反覆論證國家作爲一個文化共同體的意義。如康有爲就以國魂爲概念論證孔子之道對立國的重要意義：

> 凡爲國者，必有以自立也，其自立之道，自其政治教化風俗，深入其人民之心，化成其神思，融洽其肌膚，鑄冶其群俗，久而固結。習而相忘，謂之國魂。國無大小久暫，苟捨此乎，國不能立，以弱以凶，以夭以折。人失魂乎，非狂則死；國失魂乎，非狂則亡。此立國之公理，未有能外之者也。〔註42〕

「國魂」既然如此重要，那麼代表「國魂」的孔子之道如果死亡，那麼也就意味著國家的滅亡，「諸君子無意於保中國則已也，諸君子而有意保中國，則不可不先保中國國魂也，中國之魂維何？孔子之教是也」。〔註43〕孔子之道不但是維繫國家生命的靈魂，也是發揮政教意義的國本，「孔教者，我中國所以立國之本也。我中國人所以相維相繫，歷數千年而不滅者，係惟孔教之故」。〔註44〕並且也是最能代表民族身份的國性所在，「中國之特別國性，所賴以結合二十二行省，五大民族於以成今日莊嚴之民國，以特立於五大洲之中，不若羅馬希臘波斯各天下之雲散烟消，泯滅具亡者，豈非恃孔子之教化爲之耶？」〔註45〕應該說孔教會對國家的理解並沒有超出顧炎武對「亡國」與「亡天下」所做的界定。在他們的心中，最能代表國家、凝聚認同力的因素不是這個國家的政治體制所發揮的職能如何，而是在其中所灌注的文化精神。當他們把以孔子爲代表的儒學推至如此之高的地位之後，他們得出國家

---

〔註41〕 高一涵：《國家非人生之目的》（一卷四號）。
〔註42〕 《中國顛危誤在全法歐美而盡棄國粹說》（1913年7月）《康有爲政論集》下冊，頁890。
〔註43〕 康有爲：《中國學會報題詞》（1913年2月11日）《康有爲政論集》下冊，頁797，798。
〔註44〕 陳煥章：《論廢棄孔教與政局之關係》，《民國經世文編》第39冊，頁38。
〔註45〕 嚴復：《讀經當積極提倡》（1913年），《嚴復集》第2冊，頁330。

滅亡並不可怕的結論，可怕的是代表「國魂」、「國本」、「國性」的孔子之道的死亡才意味著國家的真正滅亡。「孔教為吾國根本命脈之所存，其教義之入人也，深效力等於無形之憲法，其教旨之及人也，普勢力廣於學校之教育，故孔教與吾國為存亡，孔教存吾國萬無滅亡之理，孔教亡，吾國萬無生存之理。」〔註46〕「夫我孔子之教，中國國性所繫，環球推為文明冠，捨孔子莫定一尊，是故中國孔教存，斯國存，孔教亡，斯國亡。夫亡國亦常事，特未聞國亡而國粹與之俱亡者。若滅絕孔教，則真滅絕國性矣。」〔註47〕因此現實中的政治體制如何並不是他們關心的重點，而且孔子自身的學術思想也不是他們探討的核心，他們最為關心的是中國將要建立一個什麼樣性質的民族共同體——國家，在他們眼中，孔子只不過是他們完成這一歷史訴求的一個工具性人物。在這一點上，他們延續了從晚清開始的「中體西用」的思路，而且也和章太炎、劉師培等國粹派沒什麼區別。孔教會認為代表「國魂」、「國本」、「國性」、「國粹」只孔子一家，而國粹派則認為孔子只是代表「國魂」、「國本」、「國性」先秦諸子中的一家。也就說兩者所言的「國魂」、「國本」、「國性」只有廣狹不同，而無實質不同。但是新文化的倡導者則從根本上推翻了這一國家看法，在他們看來，國家只是人們為了保護自己的自由權利而製造的人造物，只是一個工具性的存在。因此孔教會和新文化倡導者就如何建立一個什麼樣的現代國家產生了難以彌合的分歧。

新文化倡導者認為極力強調和突出代表所謂「國魂」、「國性」的孔子之道，是容易將國家變成一個凌駕於個人之上的專制工具。因此他們要祛除附著在國家之上的所有神聖光環，將國家的職權限定在憲法所允許的範圍之內。高一涵批駁國家非人生之歸宿，國家只是人們在追求幸福之路上的一個輔助工具，「人生歸宿，既在於樂，國家者，以人生之歸宿為歸宿者也。」進一步高一涵將人的行為分為兩個層面：即無形的精神層面和有形的行為層面。認為國家職能負責有形的行為層面的協調，而不能涉及無形的精神層面：

> 凡人為之發見於外者，國家可加以制裁。至蘊於心意中之思想、情感、信仰，雖國家亦無如之何。以國家之權力，僅及於形式，而不能及於精神。國家可頒布一切制度，以獎勵人民之行為，不能及於

---

〔註46〕塵廠：《孔教救亡議》（1913年），《孔教十年大事》第1卷，頁26。
〔註47〕廖道傳：《請尊孔教為國教議》，《孔教會雜誌‧論說》1913年8月，第1卷第7號，頁17。

精神。國家可頒布一切制度，以獎勵人民之行爲，不能代人民自行、

自爲之；國家可以權力鼓舞文化、學術之動機，不能自行進展文化、

學術之事。〔註48〕

這種有形和無形的劃分，其根據就在於國家是以法律理性管理人民的機構，還是被作爲道德化的精神象徵。顯然在新文化倡導者看來，過分擡高孔子在國家中的位置，突出以「國魂」、「國性」的形式表現出來的孔子之道，容易引導國家走向以精神權威壓制個人自由的專制老路。「人類之所以形成國家者，乃以保安全長幸福，與增進道德之目的，殆不相關，故曰，國家者，形式的強制組織也，即國家強製作用職能爲形式上之干涉，而不能爲精神上之干涉」。「若法律者，微美雖不可定，而矩鑊則有可循。弱者得依託以爲安，即強者亦範圍而不過，蓋德治者，不恃法而恃人，人之性格不定，法之程限有常，故德治易流爲專制，而法治可企於平等也」。〔註49〕

顯然在新文化倡導者看來，相對於以作爲精神權威的人格化的國家，以法律理性運作的工具化的國家，給人更多的自由空間。由此引發出新文化倡導者和孔教會之爭背後的另一個核心問題：即如何在國家文化的建構中，開闢出一個富有生產性的文化空間的問題。新文化倡導者正是抓住這一點，在反覆闡述自己的現代國家理念的同時，表達了他們所理解的國家之下的文化空間。這一點陳獨秀表現的非常明顯，陳獨秀針對孔教問題，連續發表了《駁康有爲致總統總理書》、《憲法與孔教》、《孔子之道與現代生活》、《再論孔教問題》。在第一篇文章《駁康有爲致總統總理書》中，陳獨秀的批駁並不能擊中孔教會的要害，他以對西方宗教發展史的誤讀爲前提來駁斥立孔教爲國教的錯誤。認爲西方經過宗教改革，宗教地位在下降，教主權威被取消，宗教儀式被弱化，「教律宗風，以次替廢，唯一神教，但奉眞神，不信三位一體之說，斥教主靈僞迹爲惑世之誣言，謂教會之儀式爲可廢，此稍治宗教史者所知也。」「審是西洋宗教且已由隆而之殺。」並且隨著西方科學文明的發展，認爲在西方世界，宗教逐漸被科學所替代，「歐洲『無神論』之哲學，由來已久，多數科學家，皆指斥宗教之虛誕。」認爲西方宗教爲了解決宗教衝突，實行宗教信仰自由，如立孔教爲國教，適得其反，反而會引起宗教衝突的麻煩。這些誤讀並不足以構成對立孔教爲國教主張的有力反駁。但是在《憲法與孔

〔註48〕高一涵：《國家非人生之歸宿》，（一卷四號）。

〔註49〕光升：《中國國民性及弱點》（二卷六號）。

教》等後面的幾篇文章中，陳獨秀立足現代國家理念中的自由文化空間場域來批駁孔教會時，則抓住了問題的實質。認爲「蓋憲法者，全國人民權利之保證書也，決不可雜以優待一族一教一黨一派人之作用。」參照西方政教分離的建國歷史，陳獨秀意識到憲政國家所應該有什麼樣的文化空間。「蓋政教分途，已成公例，憲法乃係法律性質，全國從同，萬不能涉及宗教道德，使得人有出入依違之餘地」。〔註50〕在憲法所允許的自由文化空間中，不但孔子之道不能在憲法中定於一尊，就是新文化倡導者自己的文化信念也不能定於一尊：「憲法中不能規定以何人之道爲修身大本，固不擇孔子與盧梭也，豈獨反對民權共和之孔道，不能定入憲法以爲修身之大本。即提倡民權共和之學派，亦不能定入憲法以爲修身治大本。蓋法律與宗教教育，義務有畔，不可相亂也。」所以與其說陳獨秀等新文化倡導者在反孔教，不如說他們是在維護現代國家之下平等自由的文化空間。如果孔教不以獨尊的面目出現，而是以民間化的一家之學出現，新文化的倡導者們並不反對。「使孔教會僅以私人團體，立教於社會，國家固應予以與各教同等之自由，使僅以『孔學會』號召於國中，尤吾人所贊許。（西人於前代大哲，率有學會以祀之）」〔註51〕

　　因此與其說新文化倡導在「以西代中」的激進變革中中斷了傳統，不如說他們以西方憲政國家的發展歷史爲參照，開闢出了眞正復活傳統的全新的文化空間場域。他們和孔教會的論辯，就是要讓世人明白，「使國人知獨夫民賊利用孔子，實大悖孔子之精神，孔子宏願，誠欲統一學術，統一政治，不料爲獨夫民賊作百世之傀儡。」（易白沙：《孔子評議》）像儒學這樣因被國家過渡徵用而日趨政治化和僵硬化的文化思想，只有將其解放在一個眞正的自由文化空間中，孔子學說才能獲得煥發思想活力的歷史契機，因爲孔子學術只有像其曾經在先秦時代那樣，眞正以民間化的姿態，發揮了建構中國文化的作用，才會和每個個體的歷史訴求獲得精神的共鳴。這個時候的孔子，正如李大釗所言，就不是國家化的孔子，而是個人化的孔子：

　　惟取孔子之說以助益其自我之修養，俾孔子爲我之孔子可也。奉其自我以貢獻於孔子偶像之前，使其自我爲孔子之我不可也。使孔子爲青年之孔子可也，使青年盡爲孔子之青年不可也。……諸公不此之務，而惟日其偶像以錮青年之神智，關國民之思潮，孔子固有之精華，將無由以發揮光大之，而

〔註50〕陳獨秀：《再論孔教問題》（二卷五號）。
〔註51〕陳獨秀：《憲法與孔教》（二卷三號）。

清新活潑之新思潮，亦未濬啓其淵源。〔註52〕

在對這樣一種文化空間的維護中，他們希望為中國重建一種更具包容性的國家文化──國學。將孔學還原為歷史上眾多學派之一，從而將居於國家文化獨尊地位的孔學降格為眾多學派中的一派，那麼在新文化倡導者重構現代國家文化的思路中，孔學與傳統的「九家之學」、域外之學共同合成了國家文化的整體即所謂的「國學」，特別是他們將域外之學，納入到「國學」建構中的時候，賦予變革中國文化的重要意義，認為只有「以東方之古文明，與西土之新思想，行正式結婚禮，神州國學，規模愈宏。」而不像「閉戶時代之董仲舒，用強權手段，罷黜百家，獨尊儒術。」傳統國家文化的建構，「用牢籠手段，附會百家，歸宗孔氏，其悖於名實，摧沮學術之進化。」〔註53〕那麼現代國家文化的建構，就是賦予各派學術以平等地位，在各家的爭鳴中，以進化淘汰的方式實現現代文化的建構。即不是百家納入一家，而是百家合成一家。這才是真正意義上傳統的復活，也是真正現代意義上的國學建構。

在新文化倡導者與孔教會圍繞國家性質就現代文化空間場域的維護展開爭論的同時，進一步將孔教問題引入更為深入的層面。這就是在現代法治社會與傳統禮教社會的對照中，提出一個對中國社會轉型更為迫切的一個核心問題：在社會生活層面如何實現禮法分離。吳虞在《家族制度為專制主義之根據論》中，提出古代社會以禮教維繫社會穩定統一，而現代社會則是以法律來規範和管理社會，禮教必須從維繫人心的社會層面退出。無論是忠孝說，還是荀子的「三本」說，在個人的社會生活實踐中，傳統社會都是以源自親情倫理的「孝道」為核心，將家庭倫理道德在社會生活的各個層面延伸，「詳考孔氏之學說，既以孝為百行之本，故其立教莫不以孝為起點。」正是這種忠孝同構的社會，使得家族和家庭的禮教教化具有維繫社會穩定的法律效力。在忠孝同構的倫理建構中，家國不分，從而形成了「儒家以孝悌二字為二千年專制政治家族制度聯結之根幹，貫徹始終而不可動搖。」那麼要完成傳統的禮教社會向現代的法制社會的轉化，則必須斬斷家庭倫理向社會政治衍生的鏈條。將束縛在三綱五常倫理秩序之下的個體解放出來。因為在傳統禮教社會中，以倫理等級來形成一種身份政治，但是在現代法治社會中，

---

〔註52〕李大釗：《憲法與自由思想》，《李大釗文集》上冊，人民出版社1984年版，頁246～247。

〔註53〕易白沙：《孔子評議》（下）（二卷一號）。

則是個體之間在理性自覺下形成一種契約關係。道德不再負擔維繫社會秩序
的政治功能，道德只是個人生活中有關自由意志是否真誠的問題。顯然近代
中國要完成現代轉化，禮與法的分離就不僅僅是個人道德實踐的問題，更關
涉到整個中國社會體制的現代轉型問題，禮教退出社會生活的同時，如何用
法的精神來維繫個人的獨立自由與社會秩序的穩定，依然是中國要完成現代
轉化的重要歷史任務。

## 四

　　在《新青年》前期的國家文化建構中，如上所論，涉及國家現代意義的
闡釋、個人與國家的關係、現代政法意義上的個人主義、現代文化生產空間
的確立，以及個體在現實生活層面上完成禮法分離後的道德實踐與法律認
同。所有這些文化建構合成一種變革國家文化的整體性訴求，在這一整體訴
求中另一個更具根本性的變革開始浮出歷史水面，即國家文化表意系統的變
革。在整體性的國家文化視野中，從晚清開始的尋找新的表意系統的歷史努
力，在《新青年》中獲得了新的突破：即將語言文字的變革和文學書寫聯繫
起來。近代以來的語言文字變革在民初幾乎陷入的死胡同而難以產生推動歷
史發展的思想能量，根本的癥結所在，就是這種語言文字變革難以突破工具
意識，正是胡適和陳獨秀將文學書寫的變革和國家文化的建構結合起來，在
確立代表新的國家文化的表意系統——國語——的過程中，真正促發文學由
傳統向現代的轉化，從而引導了新文學的發生。

　　從晚清開始，作為國家文化象徵的表意系統——文言文系統，已經開始
受到人們的質疑。在西方的壓迫之下，人們逐漸認識到文言文的難懂難寫，
和口語長時間的分離造成文言文這一表意系統的封閉性，異質性的新文化很
難融入，這一表意系統顯然難以實現全民現代意識的普及。那麼如何找到一
種更為方便快捷的表意系統來改變這種狀況，實現教育普及、民智開通的目
的，成為很多變法圖強者思考和努力的重點。受傳教士以拼音化的方言來翻
譯《聖經》的啟發，人們試圖尋求一種能夠便捷讀寫的工具，將漢語拼音化，
以解決大多數人不識字的困境。從 1892 年盧戇章的中國第一份拼音方案《一
目了然初階》，到 1900 年王照的《官話合聲字母》，漢語拼音化越來越受到
人們的重視。漢語拼音化的目標是實現「言文合一」，強調為不識字的民眾
提供一套拼音化的讀寫工具。但在推行拼音化方案的時候，遇到一個更為棘

手的問題，就是如何解決方言的差異性問題，如果在特定的方言區域內實現了拼音化，但不同區域之間的人還是無法交流。所以緊接漢語拼音化問題而來另一個問題就是如何形成全國的「語言統一」。王照後來就提出一個以北方官話爲主體，作爲全國通行的語言，然後再將這種語言拼音化。但是語言統一在民國建立之前難以付諸實踐的，因爲語言統一問題涉及的是整個國家表意系統的轉換，滿清政府的「國語」是滿文而不是漢語，文言也只是意識形態的書寫象徵，所以漢語拼音化最終是無法實現「言文合一」，結果發展成爲對漢語注音的一種音標工具。而且漢語拼音化的倡導者一開設定的目標並不是要將文言這一表意系統取而代之，只是補充它的不足。當時倡導漢語拼音化最力的兩個人王照和勞乃宣，就說得很清楚，王照說「今余私製此字母，純爲多數愚稚便利之計，非敢用之於讀書臨文」，〔註 54〕而勞乃宣乾脆認爲推行漢語拼音化不但不危及文言的正統地位，並且是爲了更好的維護正統的文言表意系統，「非惟不足湮古學，而且可以羽翼古學、光輝古學、昌明古學。」〔註 55〕

但晚清的漢語拼音化運動卻爲民國建立之後的國語統一打下了基礎。1913 年召開的讀音統一會上，將章太炎爲漢語注音所設計的「紐文」、「韻文」略加改動，作爲審定字音的「記音字母」，同時以投票表決的方式，確定了幾千個漢字的標準讀音，爲國語統一先設定了國音。蔡元培 1916 年 10 月返國就任北大校長途中，與張一麟、吳稚輝、黎錦熙等發起成立「中華民國國語研究會」。當時在美國的胡適一聽到「國語研究會」的成立消息，馬上寫信要求加入。1917 年 2 月 18 日，中華民國國語研究會在政府支持並參與下在北京正式成立，推選已就任北大校長的蔡元培任會長，確定以「研究本國語言，選定標準，以備教育界之採用」爲該會宗旨。1917 年 12 月 11 日，由蔡元培主持，中華民國國語研究會與北大國文門研究所國語部舉行聯合會議，胡適、錢玄同、劉半農、沈尹默、朱希祖等到會，討論「國語一事所應分工合作之辦法」，決定「一切關於此問題之學術上之研究」歸北大進行，「國語研究會及教育部之國語編纂處則惟辦理一切關於國語教育所急須進行之諸事」。〔註 56〕1919 年，教育部又有「國語統一籌備會」的成立，會員

〔註 54〕 王照：《〈官話合聲字母〉原序》，《清末文字改革文集》，頁 33。
〔註 55〕 勞乃宣：《江寧簡字半日學堂師範班開學說文》，《清末文字改革文集》，頁 34。
〔註 56〕 見 1917 年 12 月 13 日《北京大學日刊》。

主要來自國語研究會，要由研究進而實踐，《新青年》同人亦加盟，錢玄同曾兼任該會的常駐幹事。「統一會」成立後的第一次會議，胡適、錢玄同、劉半農等有《國語統一進行方法》的提案，此案迅速得到落實，1920年1月教育部頒令，凡國民學校低年級國文課教學統一運用國語（白話）。

從晚清拼音化運動到民初的對「國音」的制定，再到1918年教育部正式公佈注音字母，1920年改初等教育「國文科」爲「國語科」。一直在尋求一種能統一全國方言、且有爲全民共同接受的讀音標準和語言規範的「國語」。但是從晚清到民初，這種國語運動並未和文學變革聯繫起來，只是工具層面的變革，「國語」的正統地位雖然以行政的手段獲得確立，但作爲代表整個國家文化的「國語」如何建構，當時大家並不明確。「『國語』的範本從何而來？白話儘管有一千多年的歷史，但歷代變遷，方言滲透，文體的慣性影響了語言表達的擴展；再加上近代以來社會轉型、新事物、新的表達需求不斷出現，根本就不敷使用。」〔註57〕正是看到「國語」建構的這一困境，胡適敏銳地意識到，要眞正完成整個國家文化表意系統的轉化，必須和他們所倡導的文學革命聯繫起來，通過新文學的創作實踐，才能眞正完成國家文化表意系統的轉換。正是在將政府尋求代表國家文化表意系統的努力與「新青年」的文學革命結合起來的過程中，才有黎錦熙所言的「『文學革命』與『國語統一』遂呈雙潮合一之觀」，「轟騰澎湃之勢不可遏」。〔註58〕新文學的倡導開始從文學本身的文學形式與文學精神的變革，上升到國家表意系統確立的正統地位。從而有了胡適所發表的《建設的文學革命論》，將他在《文學改良芻議》中的「八不主義」提煉概括爲「國語的文學，文學的國語」。

從晚清裘廷梁等人倡導白話文來開通明智，普及教育，到胡適確立白話文在中國文學中的正統地位，白話文學一直受到擁有一千多年歷史的正統文言文學的強大壓迫，認爲是引車賣漿者流的話，只能通行於民間，而難登國家上層文化的大雅之堂。要改變用白話所創作的新文學的社會地位，必須把這種新文學放置在國家文化建構的層面上，才能改變千年來人們已經固化了的文學觀。1930年代胡適在寫《中國新文學大系·理論建設集》的導言，曾這樣總結他將新文學的變革和國語運動聯繫起來的意義：「我們當時擡出『國

---

〔註57〕王風：《文學革命與國語運動之關係》，《文學語言與文章體式——從晚清到「五四」》，安徽教育出版社2006版，頁51。
〔註58〕黎錦熙：《國語運動史綱》卷2，商務印書館1935年版。

語的文學，文學的國語』的作戰口號，做到了兩件事：一是把當日那半死不活的國語運動救活了；一是把『白話文學』正名爲『國語文學』，也減少了一般人對於『俗語』『俚語』的厭惡輕視成見」。將新文學由「白話文學」改稱爲「國語文學」，表現出胡適敏銳的歷史洞察力。這一命名意味著新文學不止是文學自身的變革，而且整個新建立的民國國家文化的變革。胡適在他的《建設的文學革命論》中，就是參照歐洲民族文學的興起在建構現代民族國家的歷史中所發揮的重要意義來爲新文學正名。他參照意大利新文學的發展史，將拉丁文比作中國的文言文，「在意大利提倡用白話文代拉丁文，眞正和在中國提倡用白話代漢文，有同樣的艱難。」認爲正是但丁等人的偉大文學作品，才建構了意大利的「國語」。那麼中國的白話新文學創作同樣也是建構「國語」的必經之路。一旦把新文學放置到改變整個國家文化表意系統的變革中，新文學的地位和意義就不一樣了，這時候對新文學的倡導，就不僅僅像他在《文學改良芻議》中所說「八不主義」那樣，只局限在文學表達規範和審美價值轉換的層面上，新文學作爲「國語」的代表，本身就是一種全新的國家文化的體現。胡適認定要確立「國語」非得有新文學的創作實踐不可：「國語不是單靠幾位語言學的專門家就能造得成的；也不是單靠幾本國語教科書和幾部國語字典就能成的。若要造國語，先須造國語的文學。有了國語的文學，自然有國語。」〔註59〕繼 1920 年教育部規定低年級國文課教學統一運用國語之後，1923 年，初高中國文課也改爲「國語科」，而魯迅的《故鄉》也進入了中學教材。正如王風所言「以周氏兄弟的作品爲代表的新的書寫語言已經成爲雅文學而非俗文學的文學語言」，「這一事實既意味著一個新的文學傳統的建立，同時也意味著一個新的書寫語言體制的產生」。〔註60〕

由此我們可以看到，《新青年》倡導的新文學承擔著兩個重要使命：一是這種文學必須表達個性化的思想情感，另一個是在個性化的文學書寫中形成統一的國語。因此新文學既是個人自由意志和情感的表達，也是現代民族國家統一的象徵。但新文學以國語所體現出的國家文化的統一性和文言所代表的統一性不同，文言文的統一性體現在語言文字所代表的民族文化的獨特

---

〔註59〕 胡適：《建設的文學革命論》，《中國新文學大系·建設理論集》（影印本），頁130，上海文藝出版社 2003 年版。

〔註60〕 王風：《文學革命與國語運動之關係》，《文學語言與文章體式——從晚清到「五四」》，安徽教育出版社 2006 版，頁 69。

性，如章太炎所言：「蓋小學者，國故之本，王教之端，上以推校先典，下以宜民便俗」，〔註61〕而白話新文學所代表的統一性則不是文化性的認同，而是理性意義上的國家認同，即國家作爲一個政治統一體，所體現的理性意義在於將每個個體的自由權利、情感意志等個人性的東西共同融合到統一的政治共同體中，顯然這種統一不是一種固定文化模式所能完成的，是在新文學的創作流變中，語言經過文學化的提純和加工，逐漸形成一種風格性和文化性統一的語言。那麼胡適們所預想的文學，就不是簡單意義的表情達意，同樣也承擔著民族國家重建的使命。在他們看來，文學是激發和肯定人們感性存在的最好方式，而且文學也能通過藝術的創造性，將這些分散、個體化的感性存在，提升和統一爲一個國家現存文化的代表，並重新將個體統一在以國語爲代表的國家認同之中。即如胡適在 1926 年所言：

> 當然我們希望將來我們能做到全國的人都能認識一種公同的音標文字。但在這個我們的國家疆土被分割侵佔的時候，……我們必須充分利用「國語、漢字、國語文這三樣東西」來做聯絡整個民族的感情思想的工具。這三件其實只是「用漢字寫國語的國語文」一件東西。這確是今日聯絡全國南北東西和海內海外的中國民族的唯一工具。〔註62〕

在以新文學的創作實踐所完成的現代國家文化認同的「國語」這一新的表意系統中，和傳統文言表意系統最大的不同，就是胡適由文字的「死活」上升到文學的「死活」的不同。舊的文言表意系統之所以是死的，就是因爲這一表意系統嚴重脫離了口語的發展流變而形成一種維繫傳統國家文化的封閉性。傳統文言系統是以漢字的穩定性和統一性來解決方言的差異性和分散性的，以文言文爲代表漢語書寫系統在維繫秦始皇所設定的「書同文」的大一統國家文化的建構中發揮著非常重要的作用。但新文學的表意系統徹底改變了這種文言的封閉性，不但個體化的生命體驗能夠自由表達，而且新白話本身面對活潑的口語、古典語彙、及西方的歐化語言一併保持著足夠的開放性，即傅斯年在《怎樣做白話文》一文中對活人「口語」和翻譯中歐化語言的藉重，在《文言合一草議》中新白話融會古典語彙的強調。以這樣的思路所建

---

〔註61〕章太炎：《小學略說》，《國故論衡》，上海古籍出版社 2003 年，頁 10。
〔註62〕胡適：《國語與漢字——復周作人書》，《胡適學術文集·語言文字研究》，
　　　　頁 330，329，中華書局 1993。

構的國語表意系統，和高一涵、光升、陳獨秀等人所建構的國家文化在精神上是相匹配的，這時候新文學就是後來周作人所言的「人的文學」，而不是某種固定文化模式和審美範式的體現，從而使各種個人化的文學表達方式成為可能，為中國文學的發展設定更為開闊的表意空間。

正是有了這樣兩種表意系統的對照，才延伸出陳獨秀在《文學革命論》所強調的國民性批判的新文學主題的確立。在陳獨秀看來，其所概括的「貴族文學」、「古典文學」和「山林文學」，「此種文學，蓋與吾阿諛誇張虛偽迂闊之國民性，互為因果。」文學在陳獨秀看來是人性、國民性的反映。有什麼樣的人性與國民性，就有什麼樣的文學，要研究人性、國民性，必自文學始。可以說這樣一種文學觀是有很大的革命性和現代性，文學開始脫離固定文化價值體系和表意系統的束縛，不再僅僅局限在古典文學所承擔的教化使命而側重它的道德屬性，即所謂的「文以載道」，高度規範化的審美範式開始被徹底打破。新文學在開放的表意系統中確立個體感性生存的正當性，並以表達個人心聲的文學語言突破傳統文化對個體的束縛。正是基於這種對傳統表意系統尋求突破的強烈渴求中，以徹底擺脫傳統表意系統對人性的束縛，才有了錢玄同更為激進的主張──「廢漢文」而以「世界語」代之。陳獨秀在回答錢玄同這一觀點時，進一步把「國語」與「國家」、「民族」、「家族」、「婚姻」等觀念捆在一起，視為「野蠻時代狹隘之偏見所遺留」，提出「廢國語」可「先廢漢文，且存漢語，而改用羅馬字母書之」。〔註63〕在這看似激進的主張背後，其實包含傳統文學以及體現這一文化的表意系統對新文學初創者所形成的巨大歷史壓力，他們不僅將傳統的表意系統作為批判和反駁的對象，同時也將這一表意系統背後的國民性作為反思和批判的對象。因此才有新文學的開山之作──魯迅的《狂人日記》──對家族制度和封建倫理道德「吃人」的全新表達。《狂人日記》以複雜的敘述設計，以新的表意系統將個體內心的幻覺和心理錯位非常準確地表達出來。在小說結尾強烈呼喚的「救救孩子」的歷史訴求中，包含將個體從傳統的家國同構的政教倫理體系和表意系統中徹底解放出來的歷史寓言，從而真正拉開了新文學重建整個現代國家文化的歷史序幕。

應該說《新青年》國家文化的建構是一種知識分子文化，他們和當時的

---

〔註63〕《新青年》4卷4號。

國家權利保持著距離，雖然他們的文章極富政論色彩，但從文化身份上講他們和上一代康有爲、梁啓超們不同，他們不是在國家的權利中心來指導或謀劃整個國家文化的方針和走向，他們身上更多地以知識和思想的獨立性體現出一種自由主義色彩。特別是高一涵的國家文化的建構思想資源多取自英美，上自霍布斯、洛克、亞當·斯密，下自邊沁、約翰·密爾和斯賓塞。所以和學界一般認爲《新青年》受法國文化影響並不一致，特別是後來胡適的加入，讓《新青年》的整體文化品格更加具有英美的經驗主義的理性色彩。在現代憲政理念之下對國家的現代意義、個人主義的法治內涵、現代文化空間的規約性等涉及現代文學發展的根本性問題有了堅實的學理基礎，也更加經得起歷史的檢驗，誠如李新宇先生在探討高一涵的國家理念時所言：「在他的思想主張中，時時可以看到『社會契約論』的影響，但他對『社會契約論』的闡釋和論證卻主要基於英國 19 世紀的功利主義思想，而不是 18 世紀法國的『天賦人權』觀念。他把『自由』、『民主』、『個人』放到自由主義的國家政治理論中論說，表達了一系列比較準確的見解，比如，『個人主義主要是一個政治法律概念，而非一個單純的道德倫理概念』、『自由是受到法律保障的權利』、民主既要貫徹『多數原則』，又要注意保護『少數人的權利』、『違反社會公意的專斷意志不能稱爲『法律』』都不止來自法國傳統，而是更多地源自英美傳統，與文學界那些望文生義的個人主義和自由主義主張更是大不相同。公道地說，在當時的新文化陣營中，沒有幾個人對於現代國家的性質、個人與國家的關係、國家的權限、自由、民主、人權等這一系列問題有系統而全面的見解。從這個意義上說，是高一涵的文章爲《新青年》集團彌補了諸多不足，也使新文化運動具有了堅實的學理基礎，而且留下了更經得起時間檢驗的價值。」〔註64〕

〔註64〕李新宇：《高一涵與五四新文化運動的國家理念》，湘潭大學學報（哲學社會科學版），2009 年 5 月，第 33 第 3 期。

# 民國峻法下新聞、文學「亞自由」成因證析

符　平*

　　1912 至 1949 年段的民國新聞與文學已凝固爲一段歷史，很多人都想從這半塵封的文字載料中探求原眞「最有效的解讀便是在研究範式上尋找突破」〔註 1〕。多元化研究是還原眞實續寫新聞文學正史的有效途徑。國民黨執政時期，管束報刊雜誌出版發行所出臺的政策法令，可謂雜多而峻刻。與統治者意願相悖的是，民眾決裂舊文化之勢、多派別之間的政治、軍事對峙爭鬥，客觀上爲這一時期的文學留下一片自由耕耘綠地，社會多圍內反智與反反智的博弈中，總會有一縷縷文字芳香從疲軟政體疏管的一塊塊新聞文學園地中溢出。

## 峻法咒箍鬆緊相間，難羈自由文字洪流

　　新聞、文學的健康發展首先必須要有一個自由表達思想的空間。翻開舊中國漫長的封建歷史可知，具有排他性的專制統治者尤爲恐懼民眾自由的言論，所奉行的是「民可使由之，不可使知之，」的專制謀略。然而，文字獄沒有鎖住所有的心靈釋放，倔強者往往以鮮血和頭顱爲支付，在印證獨裁專橫殘暴的同時，喚起「沉睡」中奴性的人們，使他們認識到：對專制的沉默，就是幫他殺人，最終也會殺向自己這一眞理。

　　秉持封建政制的民國當政者，自然要控制自由言論對專權的妨礙，一直以來，阻遏、封殺文字言論自由的各式各樣峻法層出不窮。

＊　符平，任職於雲南省紅河日報社。
〔註 1〕韓晗《尋找失踪的民國雜誌》，頁 4，華中科技大學出版社 2012 年 4 月。

辛亥革命後，進步人士大力推崇「民主」，且呈現出裂變式張力。然而，習慣勢力不會讓其「泛濫」且急匆匆設攔。1912 年 3 月 2 日，南京臨時政府內務部就快速頒布了《民國暫行報律》，要與報界「約法三章」：指令「出版者，發行人編輯人員姓名須向本部呈明註冊；流言煽惑關於共和國體，污毀個人名譽者要提起訴訟，得酌量科罪」等等。封殺言論自由的條律立即遭到新聞界普遍反對。中國報界俱進會和上海《申報》、《新聞報》、《時報》等十多家報紙均表示抵制。孫中山得知此事後，下令撤銷了《民國暫行報律》，並指出：「案言論自由，各國憲法所重……未經參議院決自無法律之效力……由於以孫中山先生為首的革命派積極貫徹新聞自由、言論自由的原則，新聞工作者的社會地位較清末有了極大的提高。並擔負起了『監督政府』、『指導國民』的『天職』，報上不但可以批評政府官員，甚至可以點名罵總統。獨立各省成立的政權機關也都在所頒布的綱領性法規中列入了言論自由、出版自由的條文。」〔註2〕客觀上為新聞自由文學發展提供了土壤和條件。

「四一二政變」後，為鞏固權臺，國民黨組成了一個從中央到地方的新聞文學審查網絡。根據「以黨治報」的方針和新聞文學統制思想，頒布了一系列有關新聞出版的法律、條例，並根據這些法律、條例建立起新聞檢查制度和各種新聞文學書刊檢查統制機構，使峻法層層加碼，矛頭主指共產黨也包括其他黨派和民間團體，要對言論實行全面控制。

民國十七年（1928 年）五月十四日，《著作權法》公佈並同日執行；民國十八年頒發了《取締銷售共產書籍辦法》審查機制全面啓動；「各地宣傳部查察各書店之書籍按周報告；通令各級黨部轉知本地黨員隨時隨地留心各書店書攤，發現共產書之即報告當地高級黨部，並予以查處。」〔註3〕

民國十九年十二月十六日，《出版法》44 條公佈並同日執行。這些法律條文為其新聞及書刊出版套上了咒箍。時隔 31 天，國民黨就在上海動了手，左翼青年作家柔石、胡也頻、殷夫等五青年在上海龍華警備司令部被秘密虐殺。此事引起全社會嘩然，繼而激發全國新聞及文學界的聲討，全國多家報紙和雜誌發出指責評論，其中魯迅也發表了《中國無產階級革命文學和前驅的血》，痛斥這些「黑暗的動物」的「卑劣的凶暴」，號召同志們一定要以「不斷的鬥爭」來「記念我們的死者」。

---

〔註 2〕《炎黃春秋》2004 年第 4 期，鄭連根《孫中山主動接受新聞監督》。

〔註 3〕《雲南地方志》第四卷《民國法律彙編》，頁 1065，雲南人民出版社 1982 年
　　　6 月。

1933 年後，國民黨開始推行旨在事前預防的新聞檢查制度，將抵制傷及民國政權的言論文章控制在出版之前。「國民黨中央執行委員會先後出臺了《新聞檢查標準》、《檢查新聞辦法大綱》、《重要都市新聞檢查辦法》……」。根據這些法律條文，國民黨當局先後在上海、北平、天津、漢口等重要都市設立了新聞檢查所，「由當地政、黨、軍三方機關派員組成，所有報刊均須絕對遵循國民黨的主義與政策，服從國民黨中央及地方黨部的審查。〔註4〕」

「據國民黨政治學校在 1940 年 12 月編印的《新聞事業法令穢編》統計，抗日戰爭前後約有 40 多個新聞出版法令……而標有『審查／檢查』字樣的則有 16 個。1946 年，蔣介石集團借登記問題報刊：重慶市被查禁 20 家，北平查封 77 家，昆明查封 46 家。」〔註5〕

抗戰勝利後，中國轉為和平建設時期，按說一切舊的新聞檢查制度當該廢止。但國民黨政府還以國家處於非常時期為由，繼續實施戰時的新聞統制政策。此舉遭到來自新聞界乃至全國人民的反對。1945 年 8、9 月間，國統區人民為了爭取新聞文學出版自由，發起了聲勢浩大的「拒檢運動」。迫於壓力，9 月 22 日，國民黨中央第十次常務會通過了廢止新聞出版檢查制度的決定與辦法。國民黨實則不想放下對言論的控制，終因應接「解放戰爭」無暇顧及。

在 1927～1949 年南京國民政府統治期期，國民黨政府建立了一整套嚴峻完備的新聞檢查制度，這在過去的歷史中從未出現過。在峻法執行過程中，一些進步人士遭到國民黨政權的迫害：1930 年「左聯」五青年遭殺害；「報業資本家史量才執辦《申報》，因宣傳革命思想，1934 年被特務暗殺」〔註6〕。

殘暴地封殺言論和鎮壓進步作者遭到全社會的反抗。特別是受殃及的新聞文學界人員警覺反彈成為最大的力量，多年來，他們在反專制暴力、反言論控制，維護報刊文學言論自由取得了眾多勝利。大大遏制了民國政府封殺言論的惡行。

如「1932 年江蘇鎮江《江聲日報》辦報人劉煜生開創的副刊《鐵犁》，常刊刊用披露政府官員貪腐、參與販賣鴉片等文章，後因一篇《時代不是時代》一文抨擊時政，江蘇省政府主席顧祝同下令逮捕劉煜生，查封了《江聲日報》，

---

〔註4〕《雲南地方志》第四卷《民國法律彙偏》，頁 1066、1067，雲南人民出版社 1982 年 6 月。

〔註5〕蕭燕雄《我國近現代新聞法規的變遷》原載香港《二十一世紀》1998 年 6 月號。

〔註6〕《縱橫》2004 第 9 期，馬雅虹《動盪年代的申報‧自由談》。

後污爲通共對其槍斃。此事激起全國新聞界的反對和聲討。全國較有名氣的《申報》、《新聞報》、《生活周刊》等多家報刊發表多篇文章於以聲討。在輿論壓力省政政不得不予以更正」〔註7〕。

又如「1943 年 2 月 1 日，記者張高峰在《大公報》上發表了反映河南饑荒的長篇通訊《豫災實錄》，揭示了『今日的河南已有成千上萬人正以樹皮與野草維持那可憐的生命慘境……還揭露了當局向災民徵兵徵糧等人禍……當天晚上，《大公報》被國民黨新聞檢查所限令停刊 3 天，張高峰被豫西警備司令部以『共黨嫌疑』逮捕。全國大多報社立即合力抗議，在新聞媒體及一些政治派別的持續『聲討』中，半年後張得以釋放，抗議獲得勝利」〔註8〕。

類似的例子很多，在民國時期的報刊雜誌中，隨處可見抵制批駁管束言論自由的文章。在地方政府中，除國民黨黨部內「忠於黨國」者外，其他政府官員和職員的政治傾向早已出現中立觀望之勢。隨著民國政府大廈將傾，其態度更爲顯見，對封殺言論的認識已默然於「負罪」的感覺。

地方自治是民國政府議會制結構之一，自治起到了權力分散作用，各省自主制定的政策法律條文與中央存在大量的衝突，這在客觀上同樣削弱了民國政府控制言論的力量。如《鄂州軍政府臨時約法》中就明確規定：「人民自由言論著作刊行並集會結社」；四川軍政府在《獨立協定》中也寫進了「巡警不得干涉報館」的規定。〔註9〕這些地方法律就與國民黨中央頒發的出版法相牴觸。

自 1928 年後，國民政府控制言論自由出臺的眾多法律條文可謂嚴細峻酷。但是，這些違背民心的審查條例一開始就遇到一些政治派別的抵制和反對；還有報業雜誌從業人士、撰稿人及讀者的抗爭；政府內部人員敷衍塞責、良知人士的掩護和民心的背離等因素。由此，除個別地方或時段外，整個新聞出版檢查格局基本處於時緊時鬆，走過場、雷大雨點小，內部互相扯皮等各種散亂狀態之中。

在國民黨統治時期，時鬆時緊的言論管束沒有擋住報業文學的發展，文人有了思想相對自由馳騁的空間。特別是在 1912 年至 1926 年的 14 年間，「孫中山先生堅持貫徹言論出版自由的政策，促進了中國新聞文學事業的快速發展，培養造就了一大批才華橫溢昂揚向上的文學英才和報人」〔註10〕。

---

〔註 7〕《炎黃春秋》2005 第 1 期，劉曉滇、劉小清《「江聲日報」事件與記者節》。
〔註 8〕王鵬《縱橫》2004 第 2 期《豫災報導與〈大公報〉停刊》。
〔註 9〕《炎黃春秋》2004 年第 4 期，鄭連根《孫中山主動接受新聞監督》。
〔註 10〕《炎黃春秋》2004 年第 4 期，鄭連根《孫中山主動接受新聞監督》。

　　花草的漫生，須有相應的土壤和氣候，上述民國時期雖有峻法但疏於執行的社會環境，使當時的新聞文學贏得了一塊塊生存的空間。其間，文人爲獲取思想自由的抗爭，新聞報刊雜誌自身以不同方式策略挺舉文字言論自由、巧應封堵，擴張著自由的影響力和作用力，使各類社會改革主張，學術探討以及不同風格體式內容的文學在可生中向前發展。

　　正是民國期間報刊雜誌出版發行的相對自由，使全國報刊雜誌創辦風起雲涌。僅從雲南來說，「自 1911 年《滇南公報》出版後相繼出版的報紙就達 68 種，各類教科書和一般圖書的書店、書局，據不完全統計就有 340 家，雲南各機關學校團體出版了近千種圖書」〔註11〕。早在「1912 年，全國報紙已增加到 500 多家，總銷量達 4200 多萬份，創下了歷史新高」〔註12〕。報刊雜誌數量的遞增，反過來又助推了宣傳民主自由思想力量的擴大。

## 多派政治力量博弈消減律束效應爲新聞文學留下自由空間

　　民國時期鉗制文字言論自由，以統一思想爲目的的周密無隙的峻法可謂空前，然而，其思想主張與執政者大相徑庭的言論以及被視爲非「正統」非「合法」的各種文體的文學作品仍風靡於報刊雜誌等出版物上，這是何故呢？

　　多黨派相互制約是其原因之一。在「帝制時期，正統的觀點認爲，黨派和小集團對政府工作是有害的，而且其本身也是邪惡的。這種觀點主要集中在『黨』（黨）字上。當清朝推翻時，黨禁也被解除，被壓制了數個世紀組織政黨和社團的熱情，頃刻之間噴涌而出。民國剛建立的頭數月裏，一下就出現了幾十個政治團體，在名譽上都是要通過代議制，爲取得政權而進行競爭」〔註 13〕。當最後一個皇帝——溥儀退出宮殿後，一時間中國大地各類政治團體蜂擁建立，黨派成爲重組政權的強勢。自 1911 年以來，社會基礎結構十分複雜，國家處於多黨林立軍閥勢力割據狀態，相互之間的政治需求及私利交換形成錯綜混亂的局面。其興國圖策，改變現實社會的各種主義，紛紛以文字方式表達著各自的願望和思想。就是自稱與政治毫無干係的工商聯組織，其實也常將「民主、自由」掛於口頭。他們中無論以報紙雜誌登文，還是其

---

〔註11〕《雲南省志‧報業志》，頁 2、3，雲南人民出版社，1982 年 2 月。

〔註12〕《炎黃春秋》2004 年第 4 期，鄭連根《孫中山主動接受新聞監督》。

〔註13〕費正清〔美〕《劍橋中華民國史》上卷，頁 208，中國社會科學出版社 1994 年 1 月。

他表達方式對社會政體、某派別及個人提出看法或評判，都會引起另一相同主張派別的附和，還同時激起另一主張看法不一的黨派及個人的反駁參與，當然，其中不乏貶斥、譏諷、誹謗之劣詞，但卻充滿活氣、活力，撰文自由平等度可謂空前，讓春秋時代的百家爭鳴也難望其項背。

民國時期多黨政治模式有許多特點，黨、會、社團名目繁多，分化組合多變，其中跨黨派組織現象突出，驟生驟滅後另立門戶者十分常見。除國民黨、共產黨兩大黨外，有重大影響力的還有「中華民主自由黨、進步黨、中國青年黨、民主派、致公黨、中國工農民主黨、中國民主同盟、以及 1945 年後成立的九三學社、中國民主促進會、中國民主建國會、中國民主社會黨」等 30 多個派別均林立於那個時期。

「國民黨內也有眾多派系。一類屬政治派別，如山西派、改組派、汪派、再造會、政學會。另一類屬地方軍事實力派，如馮系、桂系、閻系、西南地方實力派，（龍雲、楊森、劉湘等）就連蔣介石嫡系內也有黃埔派、軍統派、ＣＣ派、蔣太子系、夫人派、美英派等。據悉，自民國初年以來，全國出現的各類大大小小，持續時間長短不一的政治派別有 300 多個。國民黨內這些派系即有對國民黨中央的從屬關係的橫向矛盾和掣肘，但系內的矛盾是局部及短暫的。但各政治派別與國民黨中央之間的縱向矛盾鬥爭則是普遍長期的，有時甚至是劇烈的衝突。」〔註14〕當時的報紙對軍伐間複雜的爭鬥多有披露：如民國七年三月二十日《中華新報》耦庚的時評：「張作霖之兵入關，或曰段其瑞有以昭之，將利用以復辟耶？抑用以植勞耶？二者必居一於此矣。利用復辟，則段將亡民國也；利用以植勞，則段將倒馮氏也。助紂為虐，人以跋扈將軍目張，我則謂傀儡而已。嗚呼，吾於張也不足責，而段惡這昭昭，固法所不容也，除段烏可緩。」〔註15〕文章分析揭示了段琪瑞與代總統馮國璋明爭暗鬥；段欲聯張倒馮，張作霖明知被利用，但卻藉此壯大自己的勢力而帶兵入關等相互利用的複雜而齷齪的政治目的。

國民黨內最具影響力的當數 CC 系、政學系和黃埔系。但他們之間時常發生權利及私利的爭奪。

---

〔註14〕《黨史縱橫》2007 年第 9 期，胡楊《民國時國民黨主要派系的政治角逐》，頁 1。

〔註15〕民國七年三月二十日《中華新報》「時評」耦庚《張作霖之兵入關》（雲南省圖書館存檔膠片）。

對蔣介石集團具有一定彈勒力及制約力的黨外派系當數與蔣一直對抗的西山會議派；提倡「打倒盜竊黨權、政權的蔣介石」的改組派；為推動國共合作，爭取和平與民主的民主派等。他們成為從側面掣肘國民黨專權的相應作用。

最讓國民黨政權集團頭疼的是切中肯綮的軍事鬥爭。辛亥革命後就發生了多次軍伐混戰。國民政府於 1925 年 7 月 1 日在廣州成立後發起了反奉戰爭；1926 年至 1928 年間國民政府發動了「北伐戰爭」；1927 年「四一二」政變後，8 月 1 日，共產黨在南昌打響了武裝鬥爭第一槍。緊接著是 9 月 9 日的湖南「秋收起義」及 12 月 11 日的「廣州起義」。

1928 年北伐戰爭剛結束，1929 年初，因蔣裁軍引起桂系軍閥李宗仁、白崇禧為首的不滿而發生『蔣桂戰爭』，雙方投入兵員近兩百萬；緊接著是 1930 年的蔣介石與閻錫山、馮玉祥之間的「中原大戰」，雙方投入兵力也是上百萬。1930 年 10 月至 1934 年初，蔣介石發動了對共產黨中央革命根據地五次圍剿，其規模一次比一次大，調兵一次比一次多，從第一次的 10 萬到第五次 100 萬。1936 年 12 月 12 日，楊虎誠和張學良發動的「西安事變」更讓蔣尷尬萬分。

在這些軍伐混戰及國共軍事對抗期間，川黔滇幾股軍伐勢力手中的槍炮一直冒著硝烟。1917 年至 1933 年中，軍伐劉存厚、羅佩軍、熊克武、劉湘、楊森、鄧錫侯、陳國棟、李家鈺、黃隱、羅澤洲、劉文輝、田頌堯等相互之間的地盤軍權爭奪戰幾乎天天在打。〔註16〕

八年抗日戰爭剛結束，緊接著又是國共兩黨談判破裂後的「解放戰爭」。

綜上簡述，國民政府 38 年歷史中，中央和地方實力派的關係一直處於爭權奪利的軍事鬥爭之中。當執政集團對地方勢力構成威脅時，他們中的一部分就會冒險一搏，以求獲取更大的實力或生存空間。在這時期內，地方實力派的反蔣活動也從沒消停過。共產黨領導的紅軍羽翼漸豐更是讓蔣惶恐。雙方的軍事對決規模也在逐步擴大。各類戰爭一直沒有中斷，在很多戰爭中，民國政府均處於不利被動局面。如第一次反奉；前四次江西剿共；西安事變的窘迫；抗日戰爭中幾大戰役損兵折將並敗退；解放戰爭中三大戰役失利後節節敗北等等。各派政治力量的博弈、各軍事力量的鬥爭，從時間、精力、物力上阻滯了國民政府對自由言論文字的封鎖。

---

〔註16〕參考，近代中國研究 http://jds.cass.cn/金以林《從反叛到瓦解——石友三 1931 年反蔣失敗的個案考察》。

除政治派鬥和軍事對決外，來自交通、製造、金融、商貿等重要行業的罷工；提倡科學、民主、自由、反封建、反獨裁統治的學潮」；以及疏理調整內部意見紛爭等等，已讓執掌政權的蔣介石集團時常處於焦頭爛額境地。日本入侵後，八年艱難抗戰更使得國民政府控制言論力不從心。相比較而言，筆杆子文人含沙射影、借古諷今，針貶時弊，甚至揭秘政謀的文字表述已顯得無足輕重，也無暇顧及。由是，那些文學派別、社團、報刊雜誌社，都以自己的意圖和主張，撰寫刊發著各種各樣名目繁多的文章。多派政治軍事博弈使執政者疏於對文人文字的勒束和審察，爲民國新聞文學留下了一片發展的綠洲。

俗話說「秀才造反十年難成」。魯迅當年也說過：「一首詩嚇不跑孫傳芳，一炮就把孫傳芳轟跑了」。民國時期的執政者自然諳熟這個道理，在內憂外患，軍事鬥爭緊迫的當下，當政者已將言論危及政權的擔憂居於其次。這被迫性地言論疏管並放開，使文學這塊園地雖偶有狂風暴雨肆虐，但仍能倔強生長。

當我們釐清民國時期各派政治派別及各派軍事力量對抗脈絡，大部分文學社團、報刊雜誌所登內容整體結構，以及他們相互之間關係後，已清楚地看到那個時期作爲意識形態載體的新聞文學，在這些政治、軍事派系相互抗衡，對峙又相互利用中所呈現的言論自由度。承擔社會輿論媒介的新聞文學，自然能在這夾縫空隙中求得相應的發展空間。約翰・密爾（英）在《論自由》中說：「人類應當有自由去形成意見，並且無保留地發表意見。」〔註17〕筆者認爲民國時期的新聞、文學，在很多時候已經做到了。

## 「新文化運動」爲新聞文學亞自由形成作好鋪墊

當文字練達至精確性和藝術性表述思想的功能時。「自由表述」成爲歷代文人的渴求。民國時期的「新文化運動」就是「自由表述」激情的一次總噴發；是一場以弘揚民主、科學，批判封建專制統治，傳播馬克思主義，爭取社會制度根本轉型的一場文學革命與思想革命交織並進的偉大運動；它以洪波狂浪之勢沖決著封建文化的堤壩。該運動不僅爲斬開舊文化羅網，打破陳腐學說囹圄，應用白話寫作開闢了道路，還爲國民的言論自由訴求起到了催化作用，其變革意識滲透到文學的方方面面。

---

〔註17〕約翰・密爾〔英〕《論自由》，頁 65，商務印書館 2006 年 4 月。

　　不可忽略的是，清代後期資產階級「啓蒙」及「改良」主張，爲民國時期的新文化運動作好了鋪墊。清代中葉的思想家龔自珍就應用《春秋》公羊學派「變」的觀點，發展的觀點，在「尊史」的口號下，對腐朽的現實政治社會，作全面的批判。他在「九州生氣恃風雷，萬馬齊暗究可哀」的詩句中就有他氣貫長虹的變革欲望和廣開言路的思想和主張，並爲後人所倡導。

　　那時，西方進步的民主思想、科學、學術及文學作品奔涌般進入中國，推動了晚清改良運動的興起，也爲後來的新文化運動吹響了號角。1890～1894年出任英國外交使臣的薛福成，因受日本佔領琉球的刺激撰寫了論述改良的著作，他認爲，「當今一個重要的轉折點，是中國和蠻夷不相往來的時代已經結束，各國之間的互相交往的時代已經到來」〔註18〕。他在《籌洋芻議》中「彼其所以變，非好變也，時勢爲之也」的闡述，就強調了改革是時代要求的必然。

　　1900 年清政府改革教育，鼓勵派外留學，其後，如詹天祐、嚴復、辜鴻銘等一大批人才被送往國外，很多人成爲改造那個時代的精英。其中，留學英國回來的嚴復將中西政制的不同理念介紹給國人。他在《論世變之亟》中說：「嘗中西事理，其最不同而斷乎不可合者，莫大於中人好古而忽今，西人之力今以勝古；中之人以一治一亂，一盛一衰爲天行人事之自然（現稱之爲波浪式發展），西之人以日進無疆，既盛不可復衰，既治不可復亂，爲學術政化之極則。」〔註19〕在《論世變之亟》一文中，他還將西方的人權、自由第一個介紹到中國來：「夫自由一言，眞中國歷古聖之所深畏，而從未嘗云以教者也。彼西人之言曰：唯天生民各具賦畀，得自由者乃全受，故人人各得自由，國國各得自由，第務令母相侵損而已。侵人自由者，斯爲逆天理，賊人道。其殺人傷人及盜蝕人財物，皆侵人自由之極致也，故侵人自由，雖國君不能，而其刑禁章條，要皆爲此設耳。」〔註20〕這些振聾發聵的論說讓國人激動不已。《天演論》中「物競天擇、適者生存」的進化法，則讓國人發出了「自強」的呼喊。翻譯家林紓、魏翰等則將西方大量的文學作品及學術論文引入中國：亞里士多德、黑格爾以及莎士比亞、巴爾扎克等眾多思想家、文

〔註18〕〔美〕費正清《劍橋中華民國史》上卷，頁 319，中國社會科學出版社 1994年 1 月。
〔註19〕百度，嚴復《論世變之亟》第 2 自然段。
〔註20〕百度，嚴復《論世變之亟》第 4 自然段。

學家作品讓國人大開眼界。

西方新政治思想的浸入，自我改良的主張，讓人們進一步認清了為專制統制服務的儒家文化思想是阻擋社會進步的最大障礙。以梁啓超、夏曾佑、譚嗣同、黃遵憲等提出的「詩界革命」就倡導自由抒情；黃遵憲提出「我手寫我口，古豈能拘牽？」的現實主義觀點，以及後人熟悉的康有為、梁啓超二人的散文，都具有改良主義特徵。

應該承認，改良主義為「解放思想，革除帝制、提倡民主」的「百日維新」、作好了前期準備；為「辛亥革命」打下了一定基礎。

雖然，變法維新只達百日，辛亥革命成果被袁世凱篡奪。但專制外套內的肌體已弱不禁風，皇權陳網已被撕裂，袁世凱掀起尊孔復古逆流，讓先進知識分子更清醒地認識到：必須進行思想革命才能真正救國，只有新文學才能更自由地表達新思想並讓更多的國民所接受。

北大大量聘請國外留學歸來的學子任教，為中國教育學科多元化，倡導思想解放注進了全新汁液，民主自由的訴求張力空前。

在「五四運動」之前，倡導「科學、民主、自由」的大旗已公開揚出，以陳獨秀、李大釗、魯迅、胡適等主導，提出了「民主、科學，反對專制，愚昧和迷信；提倡新道德，反對舊道德；提倡新文學，反對舊文學「口號，」掀起了聲勢浩大的「新文化運動」。眾多主義、思潮、流派，一下子涌出在這片腐朽沉悶的莽原：達爾文的「進化論」，伏爾泰的「自由平等」學說，盧梭的「人民主權學說」，孟德斯鳩的「立法、行政、司法、三種權利分開學說」等進步哲學思想紛紛進入中國，激勵了眾多文人學習研討參與，知識界人士躍然首嘗寫作自由。當時，各政治組織、文學社團及大專院校大多都創辦起其附屬的報刊或雜誌，社會上還涌現出以商業為目的各類報紙雜誌。那些申言推動社會前進的主義、思想；各種文藝思潮、文學體式、流派的作品讓人目不暇接，更激發了當時的知識分子說文評政，激揚文采，抒情祖意的情懷。「德」、「賽」兩先生推動了新文化運動的拓展，新文化又承載著德、賽先生深入人心。當時新文化的風有點亂，出現因主義、主張分歧，行文風格不一的論爭，其中不乏偏狹、怨懟、譏諷、反詰、揭瑕論短的硝烟，但讓廣大讀者感到，那火藥味也帶著自由平等的甜香。獲取民主、自由，舊中國涅槃成為國人的主流認知。

新文化運動為「五四運動」打下了基礎並取得勝利……「五四」之後，文

化界「新聞文學自由」主張已形成定勢，退之、反之亦難可能。「周作人 1922年提出『自由』是『文藝的生命』；1936 年沈從文提出自由是『創作的基本信條』。「文學自由」主張貫穿了這個時期文壇，活躍始終。此外還有美學家朱光潛，從理論的角度，通過文藝心理學的剖析，提出了創作自由的正當和必然。他認爲，文藝『彼此可以各是其所是，但不必強旁人是己之所是。』」〔註21〕

那時的文章中「自由」二字高頻率出現，爭取民主自由、鏟除專制暴政的檄文力透紙背。言論自由成爲報刊雜誌的主流。如上海《申報》還開闢了《自由談》欄目，其內容「『牢牢站定進步和現代的立足點，』注重『描寫實際生活之文字』，大量刊發魯迅、矛盾的文章。魯迅抨擊時政的雜文一時成爲《自由談》欄目的一面旗幟，他先後在該報發表文章 128 篇。這時期《自由談》成爲進步文人馳騁思想的園地，出現了百家爭鳴……」〔註22〕

又如在國民黨二大期間辦起的南京《大同報》，「它以潑辣、大膽、深刻、活潑的風格爲大眾所歡迎。報社對採訪、編輯作了原則規定：1，遵守報紙是人民的喉舌的宗旨；2，盡量揭發社會的黑暗；3，堅決反對內戰……6，同情中下層人民的痛苦。此後《大同報》令人耳目一新。」〔註23〕

那時敢於直言時弊的大有人在。如「1929 年抗州舉辦西湖博覽會，時任教育館館長劉大白，在展廳門口留下一副著名對聯：『辦教育的經費，沒有來路；受教育的人才，沒有出路。』據說當時蔣介石看了很生氣，有人要劉大白加以修改，劉不肯，後來此聯一直掛到西湖博覽會結束。這等抨擊時政的強聲，獨裁性格的蔣介石氣憤後沒有管。」〔註 24〕諷刺挖苦時政的對聯再如四川成都劉師亮，春節在家門上貼出一副「民國萬稅。天下太貧」〔註 25〕的對聯也未曾有事。

新文化運動帶動涌現的刊物，所出爐的眾多具有時代民主自由色彩的優秀作品不再列舉。

關於大家熟知的新文化運動主力——左翼（前期）作家與梁實秋、徐志

---

〔註21〕張潔宇《從文士到文人：新文學下的蛋》於 2009/5/2　20 發佈在凱迪社區貓眼看人。

〔註22〕《縱橫》2004，第 9 期，馬雅虹《動盪年代的申報‧自由談》。

〔註23〕《縱橫》2004 第 9 期，謝道武《民國期間的大同報》。

〔註24〕《雜文選刊》2012 年 7 月上旬版，李莊，《兩浙鴻爪》。

〔註25〕《雜文月刊》2012 年 10 月下，轟作平《劉師亮：「待老子一個個罵將過來」》。

摩「革命文學」與「文學革命」的論爭；左聯內部魯迅、胡風、馮雪峰等人與周揚、夏衍等人關於「大眾文學」與「國防文學」的論爭；內部瞿秋白等人與外部胡秋原、蘇汶關於「自由人」及「第三種人」問題的論爭；魯迅與梁實秋關於「文學有無階級性」等論爭，這裏都不再贅述。但值得關注並欣喜的是，爭論自始至終均彰顯出參與者均獲有民主自由平等的權利，聚合著知識、文采、學術及不同興國思想爭鳴的光輝。〔註26〕

總而言之，新文化運動是繼清代中後期「啓蒙」理想以來一次破砸腐朽綱常倫理之軛，沖決險惡專制羅網的維度最大的文化命運突圍，讓衰退萎弱的民族心靈蕩起自由新生活的希望漣漪。除白話文形成並普及外，儒家文化價值正被民主、自由思想所否定，其作用豈止是引領文學革命、促進民主、自由進程可囊括。

## 特殊層面力量的諭約

在政治風雲多變的二十世紀，作爲一個政體，不可能獨立存在於一個地區，更何況被迫參與到第二次世界大戰中的國民政府概莫能外。作爲第二次世界大戰的亞洲主戰場國家，民國已將一半日軍力量拖在中國並形成長期難分勝負的僵持狀態，爲太平洋戰場的盟軍贏得了反攻的條件。由此，「羅斯福總統力主中國應補承認爲四大強國之一，並應廢除長達一個世紀之久的『不平等條約』。克服了英國的重重疑慮，這兩項工作於 1943 年完成，美國的長遠目標是幫助一個『團結，民主和友好』的中國成爲戰後亞洲穩定的中心。」羅斯福指派的中國特別代表「赫爾利還自信他能說服蔣介石接受中共加入多黨政府，他多次把中共比作美國的共和黨——二者都是反對黨，都要在尋求在國家政治生活中起更大的作用。」後來赫爾利還對延安作了出乎民國政府意料的一次訪問，向延安投去了反法西斯軍事合作的橄欖枝。這些國際政治主張勸諭，對蔣介石擠壓共產黨政治軍事力量，封殺言論已起到相當的抑製作用。〔註27〕

抗日戰爭時期的民國已融合在國際大環境中，蔣介石執政集團在對內政

---

〔註26〕 〔美〕費正清、費維愷《劍橋中華民國史》下，第九章，頁 416～485，中國社會科學出版社 1994 年 1 月。

〔註27〕 〔美〕費正清、費維愷《劍橋中華民國史》下，頁 710～713，中國社會科學出版社，1994 年 1 月。

治態度上趨於緩和，控制出版言論事務當然也就順延爲次。

民國時期之所以被國人稱做半殖民地國家，是歷史上《南京條約》、《辛丑條約》等條約中「條約港口」、「條約口岸」之作俑。在「約開口岸」中，「租界」、「僑民居留地」在北京、天津、上海、長沙等大城市均有自制自管的特權。與之配套的教堂、學校、醫院、商號、洋行等遍及當地。1913 年，外國在中國所設領事館共 114 個。到 1921 年，外國居民達 240769 人，在中國中央和地方政府中的雇員達 2000 人。其中海關 1300 人、外交 500 多人。

爲外居民服務、報導中外要事的外文報紙很多時候都突破民國政府對「評政」的控制。當時，單上海就有《學林西報》、《上海泰晤士報》、《中法新報》等英、法、德、日七家報紙。很多重要消息都能在這些報上讀到。〔註28〕

另外，民國具有社會精英議政參政的政體制度，很多社會名流在政府中有相當的話語權，是一股不可小覷的力量。如宋慶齡、孫科、蔡元培、何香凝、胡適、柳亞子、黃炎培、章伯鈞等人都是民主思想的倡導者，自然會對民國政府施加影響。立法院院長孫科在 1944 年春嚴厲地批評政府的專制，他指責國民黨已經採取了「一種統治階層的態度和習慣，不與人民接觸。對政府的批評受到徹底的壓制，以致『人民不敢也不能講話』。他警告說，國民黨中國正在竭力仿傚他的敵人——納粹德國。」〔註29〕這些嚴厲批評具有相應的約束力。

另外，那些來自西方民主國家的「友邦」人士也會加於一些旁諫和勸諭，這多少阻遏了國民政府在控制言論自由執法中的過分。這裏不再贅述。

## 專制頹勢「軟骨」文風乃自由光斑

人們在具體的環境特別是政治環境中的言論是有一定區別而且各不相同。因爲「在一個時段中，人的自由是相對的，人的語言行動，都會受環境的左右和自我意識支配，是綜合判斷後的選擇反映，存在著一定的規則性和恒常性」〔註30〕。

---

〔註28〕費正清《劍橋中華民國史》上卷，頁 126～159，中國社會科學出版社 1994 年 1 月。

〔註29〕費正清、費維愷〔美〕《劍橋中華民國史》下，第十一章，頁 604，中國社會科學出版社 1994 年 1 月。

〔註30〕大衛・休謨〔英〕《人性論》，頁 282、283，中國社會科學出版社 2009 年 12

中國兩千年的文化走向一直以帝王意志爲主導。自漢武帝以來，「儒術」成了強制推行以皇帝個人意志代表國家意志專制文化的洗腦術，並受到統治者及扶掖者的「獨尊」。文字獄則是「罷黜百家」推行專制文化的重要手段。弄筆者只有「想」的自由，沒有怎麼「寫」的權利，就連「諫」不得體也是死罪。歷史以來「學而優則仕」中的「優」，其實質也多是「頌才」。由此，一代代中國文人對文字獄的殘酷刻骨銘心，大多數文人從骨子裏就將「頌世」放在首位，「小心」二字嵌進骨髓，多數「明白人」練就了幽潛韜晦的文風，幕賓式及「學而優則仕」的生存方式成爲幾乎所有讀書人的首選。

民國時期接二連三的控制文字言論自由的「新聞報刊雜誌出版法令及封禁左傾刊物，剿殺言論「出格」的「白色恐怖」，在文化人心中自然投進了恐懼陰影。雖容納「異端」的土壤還依稀有存，有氣質的文人也會「繞樹三匝」，取之退避自是常態，現代人應更能理解其中深意。20個世紀以來的奴化迫受浸淫也會感染性遺傳，在社會轉型，「主義」駁雜的民國年間，大多數文人都糾結在希望與疑惑、責他和自省的刺痛之中，那些突兀顯露的科學派、國粹派、啓蒙派、革命派、務實派，和穿插其間的民族主義、世界主義、無政府主義、現實主義，普羅主義，有多少人能全部看穿悟透？

儘管百日維新，辛亥革命、新文化運動帶來文學百花齊放的歷史機遇。然而，民國文人不可能完全走出專制文化的陰影，在啓蒙開智和峻法血腥攪和中，自然存有讓人扼腕的頹廢及刻意的避讓。當時的知識分子處於否定之否定、正反揣度、跟風易主，無所適從的複雜心態環境之中，就連魯迅那樣的「清醒者」也難免出現仿徨。

梁實秋何嘗不是一個有血有性的文人，當時不乏「罵文」、「諷喻」「怒吼」之文，然而，事實說的他卻極力將《雅舍小品》推給大眾。那些竹下賞月，燈紅酒綠、贊妖嗅美的文章的確幽雅得讓人渾忘了是魏晉還是明清。但也許這正是他面對當時峻法酷律的無奈心態，更不想做狷介之士。由此，當時很多文筆不得不在風花雪月中漫遊，徐志摩也不乏這種心緒……

作爲每一個自然人，都各有各的生活方式，在民國時期那種複雜多變的政治環境中，文人不可能不講點現實而苛求每一個文人都「橫眉冷對千夫指」。即使像左翼文學五青年被血腥鎮壓的情況不常見，並已遭全國遣責，但歷代文字獄所釀就的恐懼不可能在通曉歷史的文人學者心中陡然淡化，爲求

月。

生存，不得不表述隱晦。魯迅說：人必活著，愛才有所附麗。在這裏，筆者轉換一下：人必活著，文章才寫得出來。林語堂「不咬喂飯的手」的表白也許就是出自懼怕血雨腥風撲面的無奈自詡，姑且提倡「幽默、閒適、性靈。林語堂辯解說：幽默本是人生的一部分，所以一國文化到了相當的程度，必有幽默的文字出現。他希望通過幽默達到心靈的調整，以至與當時社會保持一定混同，他從創辦《論語》起就提出『以提倡幽默爲目標』。由此，林 1927年到上海創辦了《幽默》。一些文人對此則視爲怯懦。」〔註31〕這些觀點十分適合陶淵明類的舊傳統文人、現代幕賓文人及「鴛鴦蝴蝶派」文人不「傷弓損弦」、不惹麻煩、自保平安的心態。

專制的殘虐和歷史的弔詭就是如此讓民國時期的文人仿徨，使部份文學作者成爲權者的幕僚食客，有的甚至充當權力的幫凶。好在很多文人在良知人性的驅駛下，在多個政治集團博弈的夾縫中，荒於疏管的盲區內仍寫出一些閃現時代自由思想之光及新鮮藝味的文章來。

當然，當權力無限放大的政體仍在運作時，一些文人多會屈從於權力並靠攏權勢，即使明知虎旁頌虎極具風險也會在所不辭。而有骨氣，敢於面對現實的文人，其生存和成長就顯得十分艱難和逼仄。由是，在有「硬骨」的同時，還需有不爲生存所困的最低限度物質基礎。至少其作品出來須找得到刊登的平臺並有相應的報酬。少了這些基本的條件因素，就是魯迅這樣的「硬骨頭」恐怕也難於撐持。他在《幸福家庭》、《傷逝》中就有爲撰稿人生存擔憂的情懷：子君和娟生情感的衝突乃至分離，與當時文人的作品能否刊登及稿費收入有很大關係。涓生走的是一段反封建婚姻終因經濟窘迫雖新卻短的路途。細讀《傷逝》，生活困窘是子君毅然與涓生分手的主要原因，當時，「子君寫給《自由之友》的總編輯已經有三封信，這才得到回信，信封裏只有兩張書券：兩角的和三角的。我卻單是催，就用了九分的郵票，一天的飢餓，又都白挨給於己一無所得的空虛了。」〔註32〕撰稿人當時的生存處境可見一斑。

魯迅的很多文章都充滿了曲折隱晦？其原因當然是與歷史以來來自統治層峻酷的法律所慮。

頗具多面說辭的鴛鴦蝴蝶派文學也具有民主之風。「鴛鴦蝴蝶派代表作家包天笑談及他的創作宗旨是「提倡新政制，保守舊道德。」〔註33〕如《斷鴻

---

〔註31〕本自然段參考，百度，黃榮才《林語堂和魯迅》。
〔註32〕《魯訊精典全集》小說《傷逝》南昌，百花洲文藝出版社2011年1月。
〔註33〕百度百科，璧如霜、徐子承《鴛鴦蝴蝶派》。

零雁記》、《玉梨魂》等作品，是對下層男女真愛坎坷的悲憫，體現的仍然是浪漫自由之氣，所掀起的多是文風之爭波瀾，但未遭政府政治性撻伐，且很多知名文人曾加入其中。「並贏得多數普通市民讀者。其文章使用白話文，題材多樣，流傳較廣，單行本發行數量可觀，也可被認為比較成功的商業文學。」〔註34〕因與傳統道德，一些人的文學價值觀相左，體裁內容與當時革命文學、抗戰文學的主流有悖而遭其貶責罷了。但它仍是言論管束語境中的一類自由文學支系，文章源源不斷刊出，同樣體現了當時文字言論的自由。

綜論所述，在民國時期的文學語境中，其表達內容無論是閒適幽雅、風花雪月，隱晦曲折，還是傷感沉吟、或帶有軟骨的低唱，凡明白文人都有接納肯定的可能，它必竟是百花齊放，多元共生的生態型文學特徵，更遑論在那個新舊交替複雜多變的時代。只提倡什麼，杜絕什麼，在文學上是說不通的。在這裏，筆者認為，它們閃現的是自由文學的光斑，算得上是現代文學園中不可遮掩更不能遺棄的幾朵淡色之花。

## 結　論

「真理是思想體系的首要價值。一種理論無論它多麼精緻和簡潔，只要它不真實就必須加以拒絕或修正。」〔註35〕以原本事實為依據，客觀理性地論證分析，是準確判斷民國新聞文學現狀生成主要原因的前提。

民國時期，可算是春夏秋冬「氣候」同時出現並一月幾變的時代，回顧縱觀新聞文學留痕全景，報刊、文學門類之多，內容涉及之廣之深，歷史以來未曾有過，什麼「現實主義文學、民族主義文學、民主社會主義文學、國防文學、大眾文學、平民文學、普羅文學；還有什麼象徵主義、未來主義、鴛鴦蝴蝶派、超現實主義、存在主義、意識流等流派，以及學術研究、文學評論等彙聚於世，很多雜誌均泛著獨闢風采、鈎沉探隱、特色各異的魅力。那一篇篇混雜著古今語氣，中外風潮，雅俗拼擠的文章總透著自由的墨香，是過去我國文學史上最為閃光的一個時段。它猶如黎明時撕破朦朧雲彩擠出的一縷縷霞輝，讓後代人感知它的溫潤，領悟當時文人汲取自然陽光的真諦。

一個只有統治者一種聲音，而民眾沉默不語的社會，其實是一個死了的社會。那麼，出現對國家政體、制度、文化、文學等進行研討、爭論、批判、

---

〔註34〕維基百科，自由的百科全書《鴛鴦蝴蝶派》。

〔註35〕〔美〕約翰·羅爾斯《正義論》第一章，頁17，京華出版社2000年10月。

甚或爭吵、謾罵倒可反證出那是一個活起來的社會，彰顯的是寶貴的「自由」，雖有迷惘、仿徨、自賤、否定摻雜其中。

翻開發黃的民國報紙雜誌，你從中可以看到民國社會政治、經濟、文學等變化發展原貌，錯綜複雜的社會事態記錄讓你目不暇接，那些當時當地近期發生的突出事件都可找到，即使恥於面對的政治劣斑也可在一些字段中尋出，新聞中沒有「通稿」之說。在民國期間，文學反映的「歷史小姑娘」並未面目全非。儘管政府以血腥之眼審視文字，但很多人仍能在斷續剿殺的寧靜時段，敝帚自珍在文學原本的真意裏，不在意來自多角度的諷喻、貶損，甚至恐嚇，更不在意那些名繮利索的誘惑綁縛，仍然利用報刊雜誌圖書等載體，以天然純正的「墨汁」記敘著眼前發生的事情。

文字具有真實記錄歷史及其他方式不可替代的功用。事實證明，在述人說事記錄歷史這方面，民國時期的新聞文學已經做到。我們可以從當時出版物中找到那個時期無論是政治演變還是軍事衝突以及所發生的大大小小事件，然而，它的前提必須是文字言論的自由。如 1945 年抗戰勝利後國人盼來了國共兩黨成立聯合政府的談判，但最終破裂。周煦良在《新語》中發出了知識分子對談判結果的憂憤：「國共兩黨經過兩個月長時期的會談，除掉成立一些表面的妥協外，對國是並沒有達到具體結果，終於各自行動，而以兵刃相見了。這表示人民的願望已無足重輕，我們這些人等於遺棄掉；還有什麼話說！」〔註36〕這有損「光輝」的嚴責其終未遭厄，這當然不是個例。

專制和民主歷來就是兩個互相排斥難於相容的抽象力量，暴力專制輪迴的歷史是不能稱其為歷史的。馬克思對此有精闢的闡釋：「印度社會根本沒有歷史，至少是沒有為人所知的歷史。我們通常所說的它的歷史，不過是一個接一個的征服者的歷史，這些征服者就在這個一無抵抗，二無變化的社會的消極基礎上建立了他們的帝國。」〔註37〕正是多個政治派別的對抗分野，民國時期留下了較完整的文字記錄的歷史，而報刊雜誌圖書成為重要載體。在政治派別對抗中，共產黨是一支最強大的力量。在引領人民群眾爭取民主自由，反對一黨獨裁，提倡建立共和體制的主張，得到全國人民的擁護和支持，所領導的革命知識分子從輿論上對國民黨封殺言論自由給予有力的否定和抵制。其軍隊在軍事上給予國民黨沉重打擊。對掣肘蔣介石集團控制言論自由

〔註36〕 韓晗《尋找失去的民國雜誌》，頁21，華中科技大學出版社 2012 年 4 月。
〔註37〕《馬克思恩格斯選集》二卷，頁 69，人民出版社 2006 年 3 月。

起到了至關重要的作用。

充分事實證明，民國時段是一個諸多政治力量對抗的時段。政治對抗性言論表述本身就需要自由並體現了的自由，政治言論的自由必然帶來其他言論的自由。從民國錯綜複雜的政治演變狀態下的文字記錄，從當時社會各種文學產品所載內容證明：民國時期峻法控管下的新聞文學是——亞自由新聞文學。

新聞文學亞自由生成其實質就是從量變到質變的轉化。量變就是來自民眾追求民主自由的新思想漸成難能阻擋的潮流；政治派別掣肘、軍事對抗削力；以及外部制約的持恒增溢。質變就是從開頭的謀求嚴管下的全面控制到難管、疏管、管不了的遞退。

辛亥革命後中國已徹底告別皇權，摒棄專制講求民主大勢所趨。民國時期出現新聞文學亞自由並非偶然，它是社會世界觀主流推動的使然。不是具有專制性格的蔣介石本人的意願，更不是主導，而是當時民國專制政制的破落，來自社會各種力量的抗爭；使握權者雖有峻法則無暇顧及，從而促成了統治者不情願的社會半民主狀態，民國新聞文學正是在這樣的環境中展示著自身「亞自由」煥發出來的風采。

# 民國憲政和法制下的
# 左翼文學與右翼文學〔註1〕

張武軍*

近百年來，中國現代文學研究界從未停止過關於文學史闡述框架的思考，一個又一個曾經新穎且充滿活力的概念提了出來又不斷被修正，如新文學、現代文學、百年中國文學、20世紀文學、現代中國文學等等。每一次新的「命名」，都爲我們的研究提供了新的圖景，新的活力，可是「新」、「百年」、「20世紀」、「現代」等語詞在激活學術研究的同時，也帶給了我們新的困惑，在祛魅的同時，也帶來了新的遮蔽。直至今天，學界仍然不斷尋求新的概念範疇，新的「敘史」框架，重寫文學史的動力和努力從未止息過。

值得注意的是，近些年來「民國文學」這一概念和闡述框架受到了越來越多學者的青睞，成爲時下一個學術熱點。張福貴較早提出「從意義概念返回時間概念」，用「中國民國文學」取代「現代文學」，用「中華人民共和國文學」取代「當代文學」〔註2〕，丁帆提出以1912年中華民國成立作爲「新舊文學的

* 張武軍（1977～），陝西大荔人，西南大學文學院副教授，碩士導師，主要從事抗戰文學和文化研究。

〔註 1〕 本文係2012年度國家社會科學基金項目「西部文化與中國抗戰文化的關係研究」階段性成果，項目編號：12XZW021，項目主持人，張武軍；係重慶2010年度重大哲學社會科學招標項目「多元文化與渝派文化」研究階段性成果，項目編號2010CQZDZ03，項目主持人，張武軍；係2011年度教育部人文社會科學研究項目「西南地域文化和中國抗戰文學關係研究」階段性成果，項目編號：11YJC751121，項目主持人，張武軍。

〔註 2〕 張福貴：《從意義概念返回到時間概念——關於中國現代文學的命名問題》，香港《文學世紀》2003年4期；《從「現代文學」到「民國文學」——再談中國現代文學的命名問題》，《文藝爭鳴》2011年13期。

分水嶺」，有助於我們正視「被中國現代文學史遺忘和遮蔽的七年（1912～1919）」，丁帆不僅提出了民國文學的概念問題，還進一步探討了「民國文學風範」。〔註3〕湯溢澤指責「『新文學』對其他文本的粗暴排斥，呼喚『民國文學史』的產生」。〔註4〕王學東清理和分析了「民國文學」的理論維度，指出了民國文學史對中國文學的「三重還原」。〔註5〕除此之外，還有不少學者都論及了民國文學的「命名」意義。

很顯然，大多數研究者對「民國文學」意義的發掘目前還主要集中在歷史命名的辯證上，對「民國文學」深層價值的勘探，對「民國文學」這一闡述框架如何落實到具體的文學史實和作家作品評價上，仍稍顯匱乏。在一系列探討民國文學意義的論述中，李怡提出的「民國文學機制」，秦弓的「民國史視角」，特別值得我們重視。他們二人不僅提出了民國文學作為「敘史」框架的整體意義，也用各自的「民國文學機制」或「民國史視角」來闡釋具體的文學史實和文學現象，分析和評判具體的作家作品。例如李怡用民國機制闡釋「五四」的意義〔註6〕，來分析「大後方文學的真實形態」〔註7〕，來評論張道藩《我們所需要的文藝政策》中「含混的『政策』與矛盾的『需要』」。〔註8〕秦弓用民國史視角來重新看待魯迅在民族危機時刻的姿態〔註9〕，用民國史視角來重新分析現代文學中辛亥革命書寫，來重新評價抗戰中的民族主義文學和正面戰場文學〔註10〕。

李怡所說的民國機制是指文學文化生存發展過程中的體制因素，具體說

---

〔註3〕 丁帆：《新舊文學的分水嶺——尋找被中國現代文學史遺忘和遮蔽的七年》，《江蘇社會科學》，2011 年第 6 期；《給新文學史重新斷代的理由——關於「民國文學」構想及其它的幾點補充意見》，《中國現代文學研究叢刊》2011 年 3 期；《「民國文學風範」的再思考》，《文藝爭鳴》2011 年 13 期。

〔註4〕 湯溢澤：《以「民國文學史」替代「新文學」史考》，《湖南社會科學》2010 年 1 期。

〔註5〕 王學東：《「民國文學」的理論維度及其文學史編寫》，《中國現代文學研究叢刊》2011 年 4 期。

〔註6〕 李怡：《「五四」與現代文學「民國機制」的形成》，《鄭州大學學報》2009 年 4 期。

〔註7〕 李怡：《「民國文學史框架」與「大後方文學」》，《重慶師範大學學報》2009 年 1 期。

〔註8〕 李怡：《含混的「政策」與矛盾的「需要」——從張道藩〈我們需要的文藝政策〉》，《中山大學學報》2010 年第 5 期。

〔註9〕 秦弓：《從民國的視角看魯迅》，《廣東社會科學》2006 年 4 期。

〔註10〕 秦弓：《現代文學的歷史還原與民國視角》，《湖南社會科學》2010 年 1 期。

來，文學生成的民國文化機制包括了「民國經濟機制」、「民國法律機制」、「民國教育機制」，以及由此影響的作家的「精神氣質與人文性格」等。〔註11〕在一系列影響文學發展的民國機制中，憲政原則和法律制度是一個極其重要的層面。憲政和法制不僅是中華民國的立國之本，也規範制約著民國社會中的每個人，制約和規範著作家們寫作和風格的形成。

　　探討民國憲政法制與左翼文學和右翼文學的關係，一個基本前提就是回到民國歷史文化語境。在我們建國後由政治統攝的文學史描述中，左翼文學和右翼文學標準是含混的。例如左翼文學倡導初期，魯迅是作為被批判的對象，是反革命作家，最右翼的稱號法西斯也用在了魯迅身上。「左聯」解散時，不同意左聯草率解散的魯迅被左聯裏的黨團作家批評為「左傾」的關門主義。抗戰後和建國後，國統區和淪陷區的作家包括共產黨人和左翼作家，都被認為是犯了右傾論錯誤。50 年代，胡風等人被視為最右的反革命派，儘管胡風實際上「左的可愛」。再往後，馮雪峰等被視為反黨的極右份子受到清算。1958年反右，越來越多的文藝工作者開始遭殃。「文革」期間，之前還是批判別人右的周揚等人，也被批判為在 30 年代執行右傾投降路線。由此可見，在我們的政治革命史框架中，左和右的標準總是隨著政治鬥爭形勢而不斷變化，要真正勘察左翼文學和右翼文學的發生、發展以及他們之間的對抗，就必須在一個大的整體的民國歷史框架下展開。

　　當然，要闡述清楚左翼文學和右翼文學，僅僅回到民國歷史文化語境中是不夠的，我們還需要回到民國憲政法制框架中去，正視憲政法制的作用。

　　首先，左翼革命文學的起源和捍衛中華民國的憲政法制相關。

　　有關左翼文學的發生和探源，學界已經有比較顯著的成果。〔註12〕具體說來，有兩種比較代表性的觀點，第一種觀點認為革命文學起源於 1920 年代的大革命，認為鄧中夏、沈澤民等共產黨人較早開始了革命文學的提倡。把革命文學的提倡追溯到早期共產黨人，顯然是要構造無產階級革命文學的「革

〔註11〕李怡：《從歷史命名的辯證到文化機制的發掘》，《文藝爭鳴》2011 年 13 期，
　　　　另見李怡《民國機制：中國現代文學的一種闡釋框架》，《廣東社會科學》
　　　　2010 年 6 期。

〔註12〕有關左翼文學的發生和探源，可參考程凱：《「革命文學」歷史譜系的構造
　　　　與爭奪》，《中國現代文學研究叢刊》2005 年第 1 期，頁 46～62；陳紅旗：
　　　　《中國左翼文學的發生》，吉林大學博士論文，導師為陳方競，cnki 編號為
　　　　2005.109222；艾曉明：《中國左翼文學思潮探源》，長沙：湖南文藝出版社
　　　　1991 年。

命」正統性。但事實上，鄧中夏、沈澤民以及後來的茅盾等人倡導革命文學時的「革命」並不是無產階級性質的革命，而且當時倡導革命和革命文學的不僅有共產黨人，還有國民黨人和其他派別的作家。很顯然，這個時期如火如荼引發社會普遍關注的革命是孫中山和國民黨領導的「國民革命」。那麼這場「國民革命」的本質究竟是什麼？在中華民國業已成立之後，孫中山仍然不斷打出「革命」的旗幟，其目的究竟何爲？如果要用一個關鍵詞來界定這個「革命」和性質和目的，那就是「護法」。所謂護法，就是指維護《中華民國臨時約法》，打倒踐踏和廢止臨時約法的袁世凱和其後的北洋軍閥。孫中山也把自己南下組織的政府稱之爲護法軍政府，孫中山病逝後，蔣介石繼續進行了「衛法復統」的北伐。護衛臨時約法，恢復國民會議，重建共和政府，再行民主憲政法統，統一中華民國，這就是孫中山的國民革命理念，也是後來北伐戰爭的目標。

正是在這樣的護法的國民革命中，才生發出了革命文學的需求。我們只需翻閱當時的報刊和書籍，也就不難發現，護法的革命和革命文學是多麼的受歡迎和受追捧。1920年代之後《新青年》季刊，《中國青年》周刊，《洪水》雜誌，上海《民國日報》的副刊《覺悟》，廣州《民國日報》的副刊《學彙》等是倡導革命文學的主要陣地。尤其是《民國日報》的《覺悟》副刊，大量倡導革命文學，其中就轉載或發表了了包括鄧中夏、沈澤民等共產黨人有關革命文學的論述。《民國日報》是國民黨機關報，其創辦宗旨就是反袁護法，「護法」也是該報長期宣傳的一個目標。《廣州民國日報》是國民黨在廣州的機關報，它所開闢的《學彙》副刊著手建設廣州的革命文學，並轉載上海《民國日報・覺悟》上的一些倡導革命文學的文章，如沈澤民的《文學與革命的文學》在上海發表幾天後就被《學彙》轉載〔註13〕。在《廣州民國日報》的推動下，革命文學得到廣州文學界的響應，同時國民黨人不斷地邀請知名作家來到廣州，推動廣州革命文學的發展。如郭沫若、郁達夫等創造社干將以及魯迅等人就是在「護法」的國民革命理念吸引下，被邀請到廣州，並介入到革命文學的積極倡導中。郭沫若、郁達夫和魯迅等人發表了大量提倡革命文學的文章，作了不少關於革命文學的講演。在大量倡導革命文學的文章中，其理論資源多種多樣。有人從俄蘇革命文學尋找理論依據，如瞿秋白的

---

〔註13〕澤民：《文學與革命的文學》，上海《民國日報・覺悟》，1924年11月6日，11月14日開始轉載於廣州《民國日報・學彙》。

《赤俄新文藝時代的第一燕》，也有從法國大革命中找到啓示，如郭沫若的《文學與革命》，也有從英國浪漫主義那裏發現共鳴，如沈雁冰（茅盾）的《拜倫百週年紀念》，也有從階級論立場來談論，如沈澤民的《文學與革命的文學》、郁達夫的《文學上的階級鬥爭》等。〔註14〕不論倡導革命文學的理論資源多麼迥異，可只要一具體到革命文學中的國內「革命」，都無一例外指向護法的國民革命，包括早期提倡革命文學的共產黨人也認可「革命」就是國民革命。如郭沫若在《文學與革命》中稱革命是對外「打倒帝國主義」，對內「打倒軍閥」的「國民革命」，「國民革命」是郭沫若這篇文章中一個關鍵詞〔註15〕；早期共產黨人沈澤民在《文學與革命的文學》中指出倡導革命文學的「都是承認中國非國民革命不可的人」〔註16〕；陳伯達在《洪水》雜誌上發表的文章題目就是《努力國民革命中的重要工作》，鄭伯奇在《創造周報》上發表文章題目就是《國民文學論》。

因此，我們說左翼革命文學的發生正是基於對民國法制尤其是憲法的維護，對民國憲政法統的恢復。

其次，1928年後，左翼革命文學取得迅猛發展，仍和民國法制有著密切的關係。關於左翼革命文學的發生，不少研究者和文學史把上線定在 1928年。的確，在革命文學的歷史譜系中，1928年是個很特別的年份，這一年被認爲是正統的無產階級革命文學的興起。一些後期創造社成員如李初梨、成仿吾等人強調 1928 年後的革命性質應該是無產階級性質的革命，革命的目標是推翻剛建立的南京國民政府政權。當創造社成員在不斷推演無產階級革命文學的理論話語時，卻不可避免地陷入一種悖論。這就是近些年來不少學者所注意到的，1928 年革命文學興起時，中國革命恰恰處在低谷，「『革命文學』的爭論，呼籲『文學』轉向『革命』，但事實上作爲『大革命』失敗的產物，卻是『革命』轉向『文學』的一種形式」。〔註17〕

無產階級革命現實和革命文學的理論話語之間反決定的悖論關係，用革

---

〔註14〕上述論文見丁丁編輯的《革命文學論》，上海泰東圖書局，1927 年 1 月初版，1930 年 2 月第 5 版。

〔註15〕郭沫若：《革命與文學》，見丁丁編輯的《革命文學論》，上海泰東圖書局，1927 年 1 月初版，1930 年 2 月第 5 版，頁 82～97。

〔註16〕澤民：《文學與革命的文學》，上海《民國日報·覺悟》，1924 年 11 月 6 日。

〔註17〕陳建華：《革命與形式——茅盾早期小說的現代性展開》，上海：復旦大學出版社 2007 年 8 月，頁 171。

命文學倡導者的馬克思主義話語很難闡述清楚。然而，我們從民國法制和言論出版保障的關係角度出發，也許我們會對革命文學在革命低谷時期的爆發有一個更為合理的解釋。

中華民國南京政權建立後，宣布結束軍政，進入國民黨一黨託管的訓政時期。不論是「以黨建國」的軍政，還是「以黨治國」的訓政，所透射出國民黨一黨集權專制的傾向已經非常明顯，但另一方面，由於國民黨政府內部的派系分裂以及一些信奉憲政理念的革命先賢的存在，更由於秉承民國共和法統原則的廣大知識分子群體的存在，國民黨政府不斷被督促著向憲政的方向前行。在國民黨宣布進入一黨訓政的同時，國民黨內部也有對獨裁專制的警惕。為了限制黨治和集權，1928 年，在孫科、胡漢民等人的建議下，國民黨實施「五權制」。行政、立法、司法、考試、監察五權分立制，這是孫中山民主憲政的制度設計，也是他「護法」革命的主要目標。原本在憲政時期實施的五權憲法制度在訓政時期啓動，足以說明國民黨至少考慮到民主的分權和制衡原則。

在 20 世紀 30 年代，隨著內憂外患的加劇，在知識分子界發生了「獨裁和民主」之爭，關於這場論爭學界已有較多關注，本文無意在此細談，但是這場論爭可有助於我們洞悉民國憲政和言論出版自由的命題。參加論爭有主張獨裁的蔣廷黻、錢端升、丁文江等人，有反獨裁主民主的胡適、張奚若等人，毫無疑問他們都是當時社會上有名望的知識分子，不是著名教授就是資深編輯，或者是著名社會活動家。這些人也大都留學歐美，受過民主法制的長期薰陶，因此他們提出的獨裁主張我們不能簡單歸因於民主素養的匱乏。在自由主義的丁文江等人看來，中國政府應向德意那樣需要獨裁專制加強國力，這就說明之前中華民國並非是完全的獨裁政體，正說明了民國憲政機制的有效。在胡適等民主派看來，國民政府不夠民主有獨裁傾向，如果說訓政時期的國民政府是一黨專制，卻允許人們有反對這種獨裁專制的自由，這也不正說明了中華民國憲政機制的有效。總之，民主和獨裁可以自由討論，「獨立評論」〔註18〕，這本身就是民主憲政的體現。

正如民主和獨裁的討論折射出民國憲政和法律機制的有效性。30 年代前後，左翼文學和右翼文學的興起和相互交鋒同樣得益於民國憲政和法制。由

---

〔註18〕「民主和獨裁」的討論主要在《東方雜誌》和《獨立評論》兩個雜誌上展開，而《獨立評論》強調不依靠任何黨派，獨立自由的評論。

於國民黨政府在軍事方面的壓制，武裝革命陷入低谷這是不爭的事實。革命文學的提出正是由於革命之路被堵死，從而轉向文學。大革命期間，火熱的革命激情已經徹底點燃，青年們嚮往革命、追隨革命成為潮流和風尚。在眞正的革命期間，用魯迅的話來說，「大家忙著革命，沒有閒空談文學了」，由於國共的分裂和國民黨日趨保守，革命運動戛然而止。革命的行動比較艱難，革命文學就成為革命青年們的僅有的慰藉和選擇。而事實上，正由於革命先賢和廣大知識分子所爭取到的民國憲政機制的存在，革命文學的倡導也獲得較大的自由。正是在廣大革命青年的期待下，在民國憲政和法律言論自由的保障下，共產黨人提出的無產階級革命文學反而蓬勃興起。除了革命文學的口號引發巨大關注之外，左翼作家實際上控制了大量的刊物，較為著名的有創造社的《洪水》、《創造月刊》、《新思潮》、《文化批判》，太陽社的《太陽月刊》、《我們月刊》、《引擎》、《拓荒者》，左聯成立後創辦的《萌芽》、《前哨》、《文學導報》、《文學》、《十字街頭》、《光明》、《文學界》等。這些刊物吸引了大量作家尤其是青年作家的投稿，如夏志清所說，「一如所料，當時有一大批態度左傾，渴望發表作品的青年作家，他們除了投靠左聯出版的這許多雜誌之外，別無他途，因此左聯就能夠駕馭他們。一九三二年以後，左傾思想更為盛行。」〔註19〕

革命文學的興盛，不僅僅是因為革命行動受挫後革命者們無奈的選擇，也漸漸成為左翼作家們主動認可的抗爭手段。創造社被公認為是倡導無產階級革命文學的正統，他們也曾主動利用資產階級的民國法律為自己保駕護航。一九二八年六月十五日上海劉世芳律師代表創造社及創造社出版部在上海《新聞報》上刊出啓事：「本社純係新文藝的集合，本出版部亦純係發行文藝書報的機關；與任何政治團體從未發生任何關係……在此青天白日旗下，文藝團體當無觸法之虞，此吾人從事文藝事業之同志所極端相信者……此後如有誣毀本社及本出版部者，決依法起訴，以受法律之正當保障……此後如有毀壞該社名譽者，本律師當依法盡保障之責。」〔註 20〕這種利用資產階級法律卻自詡為無產階級革命文學的正統，並任意污他人為反革命的做法，曾多次受到魯迅譏諷。但創造社的策略無疑是成功的，強調自己的「純文藝」特徵，這也說明了，民國的憲政和法律機制為左翼革命文學的發生發展提供

〔註19〕夏志清：《中國現代小說史》《香港中文大學出版社》2001 年，頁 104。
〔註20〕《啓事》，上海《新聞報》，1928 年 6 月 15 日。

了必要的保障。事實上，常常譏諷創造社聘請律師的魯迅曾也利用法律和北洋軍閥時期的教育部打官司，並獲勝，後來，魯迅也運用法律武器狀告書店老闆李小峰，討要稿費。

利用民國法律對文學的保障，左翼作家和左聯黨團也常常有意把政治鬥爭轉向文藝鬥爭，「左聯五烈士」就是最典型的事例。今天越來越多的材料和研究證明，「左聯五烈士」並不是一個單純的文藝事件，而是一個複雜的政治事件。包括左聯五烈士在內的一些黨內同志，因為他們反對米夫和王明路線而被扣上右傾帽子，並被王明等人出賣給國民黨，由此慘遭殺害。這就是著名的「東方旅社事件」和「龍華屠殺」，這一系列事件的主要針對對象不是左翼文藝界人士，而是黨內當時的主要反對派領袖何孟雄等人。〔註21〕「屠殺」發生後，共產黨的活動受到沉重打擊，為了揭露國民黨的凶殘屠殺，也為了扭轉形勢，振奮士氣，在馮雪峰等人的多方奔走下，以左聯文藝界人士身份作為一個突破口，來揭露國民黨屠殺共產黨的罪行，來悼念被屠殺的烈士。馮雪峰通過《文藝新聞》報導了左聯成員李偉森、柔石、胡也頻、殷夫、馮鏗被槍殺的事實，並強調了他們因文學而犧牲，此後由於魯迅和國際上知名作家高爾基、法捷耶夫、巴比塞等介入，成為世界文學領域中一個重大文藝事件。國民黨遭受到了國內外各界輿論的強烈譴責，國民黨陷入前所未有的輿論被動。事實上，以文藝作為突破口紀念左聯五烈士和抗議國民黨人的屠殺幾乎沒有遭到太多限制，不僅有《前哨》的公開專號，魯迅也在此之後寫下一系列大家都熟識的文章，就連沈從文也曾寫了《記胡也頻》，並公開在《上海時報》連載，一如他後來在《國聞周報》公開發表的《記丁玲女士》一樣，《記胡也頻》也後來由光華書局在 1932 年公開出版，此外自由主義文人蕭乾在他主編的《英文簡報》中也作了胡也頻專號。由此可見，「左聯五烈士」原本這一共產黨內的政治鬥爭，被公開定位為中國無產階級革命文藝運動的前驅者，而民國的憲政和法律機制也為此提供了可能。此外，在左聯作家們因政治身份而身陷囹圄時，強調其文藝家的身份，並利用法律武器往往會轉危為安，例如史良為艾蕪和任白戈辯護並保釋成功，策略就是一口咬定當事人

〔註21〕 有關「左聯五烈士」的詳細史迹參加趙歌東《雕像是怎樣塑成的——「左聯五烈士」史迹綜述》，《文史哲》2009 年 1 期。另外根據黨史材料公佈，當時具體出賣何孟雄等人的是時任中共組織部長的康生，不僅提供了會議時間、地點還有參會人員的身份以及入黨後的活動，參見王錫堂《與黨內「左」傾錯誤拼死抗爭的何孟雄》，《黨史縱覽》2010 年第 5 期。

只是文藝家。著名共產黨領導人陳獨秀被捕後，檢察官以「危害民國」及「叛國罪」向法院控告，章士釗的公開辯護書也是強調其思想宣傳和言論出版自由的無罪。章士釗更是聲稱，國民黨和國民政府都不能不等同於國家，民國非國民黨一黨之國，「本國某一黨派推翻某一黨派的政權取而代之，不得謂之『亡國』」，章士釗這樣闡述他和知識分子心目中的民國，「民國者何？民主共和國之謂也，亦別於君主專制國之稱，……其內容無他，即力爭憲法上集會、結社、言論、出版、信仰之自由權利」。〔註22〕

　　在民國的憲政和法律機制中，左翼文學成為主潮，倒是站在政府立場的右翼文學反而理不直氣不壯。「一些心懸黨國利益，積極鼓吹三民主義文學的黨內人士更是滿腹辛酸，倍感委屈。曾在『大道』上發表長篇大文《何謂三民主義文學》的周佛吸，在給王平陵的信中大吐口水，說自己『曾以研究之所得，商之於研究文藝的朋友們，收穫到的卻是些譏笑和輕侮』，自研究三民主義文學以來，所收到的這種譏笑和輕侮，『真是不能以車載斗量』。」〔註23〕文藝界對三民主義的反感，源於他們思想自由的要求。不僅左翼人士反對以三民主義作思想鉗制，中間派文人同樣反應強烈。在三民主義文學出爐後，梁實秋、胡適等人都寄予了辛辣的嘲諷和抨擊。而這背後，同樣有一個憲政和法律的背景。1933 年，在中華民國憲法草案起草委員會會長孫科的受益下，副委員長著名法律家吳經熊以個人名義發表了《吳經熊氏憲法草案初稿擬稿》，因為憲法第一條明令「中華民國為三民主義民主共和國」，引發強烈爭議，大家都反對三民主義這一國民黨派的主義作為民主共和國的限制，因而抗議之聲強烈，孫科和吳經熊不得不著文答辯解釋。1936 年「五五憲草」公佈後，因第一條仍未改動，再次引發各方強烈批評和反對，最後國民黨政府不得不做出讓步。三民主義在憲政和法律上都很難被通過，我們就不難理解三民主義的文藝為何受到各界牴觸。在抗戰時期，當張道藩提出以三民主義文藝作為「我們需要的文藝政策」時，又再一次遭受到梁實秋等人的激烈批駁，而張道藩則是小心翼翼的解釋，含糊其辭的轉折退讓，這再次證明文學民國機制的有效性。〔註24〕

〔註22〕《章士釗律師為陳獨秀的辯護詞》，《申報》，1933 年 5 月 4 日。
〔註23〕倪偉：《「民族想像」與國家統制》，上海教育出版社，2003 年，頁 10。
〔註24〕李怡：《含混的「政策」與矛盾的「需要」——從張道藩〈我們需要的文藝政策〉》，《中山大學學報》2010 年第 5 期。

　　歸因民國的憲政和法制，左翼革命文學反而理直氣壯，而右翼文學則多受人譏諷。這也是世界各個憲政國家的共同現象，知識分子大都以左翼爲榮，而以靠近政府的右翼立場爲恥。得益於民國卻批判民國，這正是知識分子價值和品格的體現，這也是民國法律機制之於文學的有效性體現。

　　最後，重返民國歷史文化語境，評價左翼文學和右翼文學，我們需要堅守法制的框架。

　　在不少左翼作家筆下，民國的司法是黑暗的，是帝國主義和國內統治者、權貴們行凶作惡的保護傘。沙汀有一部很有名的小說《法律外的航線》，描繪了帝國主義凌駕中國法律之上，殘害百姓的事實，沙汀並以這篇小說題目作爲自己小說集的總名稱，樂鵬舉發表在《洪水》半月刊上有篇小說，題目是《文明人的法律》，描述英國士兵強奸中國婦女而法庭宣判其無罪，許欽文《該死的紅丸犯》描繪了執法者執法犯法的事實。陽翰笙 1928 年創作的《女囚》更有意味，共產黨員岳錦成質問刑逼審訊他的軍法官，「什麼是刑法？我犯了你們什麼法？」並以法律上對政治犯的權益保護質問軍法官，而軍法官則回到「我不懂什麼法不法」。此外，中間派作家老舍的《我這一輩子》、《駱駝祥子》、《月牙兒》中，主人公都充滿著對民國黑暗法律的不信任和詛咒。

　　事實上，諸多左翼作家對民國法律黑暗的揭示，在批判民國法律「正義性」欠缺的背後，作家們希冀通過自己的書寫來對正義進行補充。「補充」意味著應該堅守一個法制的框架，並把正義作爲最終的追求目標，而並非是簡單的以暴易暴。可是在左翼文學和右翼文學的對抗中，都出現了過度渲染暴力的傾向，魯迅對此曾有深深地擔憂和激烈的批判。

　　早在大革命時期，魯迅就對吳稚輝倡導的革命文學中的「打打、殺殺、血血」、「打打打、殺殺殺、革革革、命命命」的強烈不滿和批判。革命和革命文學的目的都是爲了弱勢群體，爲了給他們公平和正義，而並非張揚暴力。在左聯的機關刊物《文學月報》1 卷 4 號上曾發表有芸生的詩歌《漢奸的供狀》，詩中有「你這漢奸——眞是混賬——當心，你的腦袋一下就會變做剖開的西瓜」，魯迅對此強烈不滿，曾專門寫了著名的《辱罵和恐嚇絕不是戰鬥》，在文章中他寫道，「我想。無產者的革命，乃是爲了自己的解放和消滅階級，並非因爲要殺人，即使是正面的敵人，倘不死於戰場，就有大眾的裁判，決不是一個詩人所能提筆判定生死的。」魯迅提到「大眾的裁判」明顯包含了法律審判的意味，其實，魯迅言辭文風很是激烈，對國民黨政府也從未抱有任何幻想，但魯迅對民主共和制度下的法律機制仍抱有期待，魯迅

加入「中國民權保障同盟」並擔任主要職務就是明證，而「民權」顯然是法制詞彙。但是左翼革命文學中，語言的暴力和對暴力的訴諸比比皆是。周靈均在《太陽月刊》中的詩歌《渡河》寫道，「我彷彿已在戰場中呼喊：殺殺殺！我要把鮮紅的血液污遍了革命旆兒。」馮憲章的《匪徒的吶喊》更是吶喊道，「粉碎富人的洋樓！焚燒富人的園丘！……殺盡廠主與地主！」就連魯迅所稱頌的殷夫也有大量渲染暴力的詩句，「我們要敲碎資本家的頭顱，踢破地主爺的胖肚，你們悲泣吧，戰慄吧」！（《我們是青年的布爾塞維克》）「我們要把敵人殺得乾淨，管他媽的帝國主義國民黨，管他媽的取消主義改組派，豪紳軍閥，半個也不剩！」（《五一歌》）

此外，大量的左翼革命小說中更是充滿著對暴力的痴迷和崇拜，如蔣光慈的《咆哮了的土地》、《少年漂泊者》、《衝出雲圍的月亮》，洪深的《五奎橋》，吳組緗的《樊家鋪子》等等，在這些作品中，暴力尤其是群體性的暴力完全被納入到「革命正義」的敘述框架，而法制原則和法律正義則完全被忽略。這種語言上的暴力和主題上的暴力在建國後被發揮到極致，影響了幾代中國人的思維模式和行為方式，對中國社會和文化都造成了極大的傷害，這是我們今天不得不反思的一個重點。

另外一方面，右翼文學中也有不少訴諸暴力，鼓勵暴力消滅無產階級革命運動的作品。如朱大心《劃清了陣線》所鼓動的，和「馬克思的養子們」，「刀對刀，劍對劍」。雷盛的詩歌《前衝》中同樣充滿煽動性的文字，「向前衝，消滅俄蘇毒藥的迷蒙」。右翼文學中成就最大的莫過於黃震遐《黃人之血》，這篇作品中亦有大量對暴力的推崇，以及武力解決「赤禍」的創作目的。這些同樣都是非常惡劣的傾向。

## 結　論

要真正闡述左翼文學和右翼文學和價值，它們如何發生和發展的，首要的前提是回到民國的歷史文化語境中。其次是正視左翼文學、右翼文學尤其是前者和民國法制的關係。把左翼革命文學的上線定在 1920 年代初，我們就可發現，革命的背景和主體都是護法的國民革命。把左翼文學的上線或者說它的繁榮定在 1928 年大革命失敗後，我們就可發現，其原因就是得益於民國憲政和法制的保障。最後，我們要站在民國法律的框架下評判左翼文學和右翼文學，對雙方都存有的暴力傾向應有所反思。

# 政治權力場域與中國左翼
# 「自由撰稿人」作家

張　霞<sup>*</sup>

## 一

　　中國現代文學的產生與發展，從始至終都負載著中國人民建構現代民族國家的理想訴求。在現代文學 30 餘年的歷史中，文學與政治的關係總是難解難分，政治權力場域成爲影響和制約文學發展的重要力量。民國時期的政治權力場域一直處於風雲變幻之中。從北洋政府時期的政權頻繁更迭，到 20 年代後期開始的國共兩黨的朝野對立，再到日僞政府的出現，直至最後共產黨的勝利和建國，各種政治勢力之間的較量此起彼伏，從未停止。正如布迪厄所說：「權力場是各種因素和機制之間的力量關係空間，這些因素和機制的共同點是擁有在不同場（尤其是經濟場或文化場）中占據統治地位的必要資本。權力場是不同權力（或各種資本）的持有者之間的鬥爭場所」〔註1〕。在政治權力場域的多元結構中，獲得統治地位的權力結構始終和其他權力結構處於對抗和競爭的關係之中。對於前者來說，如果不能有效地掌握和行使國家權力，就很容易被其他權力結構顛覆。在阿爾都塞看來，國家權力的實施可以通過兩種方式並在兩種國家機器中進行：一種是強制性和鎮壓性國家機器，

---

\* 　張霞（1976～），女，四川邛崍人，西華師範大學文學院副教授，博士，主要從事中國現當代文學研究。

〔註 1〕 〔法〕皮埃爾‧布迪厄：《藝術的法則：文學場的生成和結構》，劉輝譯，中央編譯出版社，2001 年，頁 263～264。

另一種則是意識形態國家機器。前者包括政府、行政機構、警察、法庭和監獄等等，它們通過暴力或強制方式發揮其功能。後者包括宗教、教育、家庭、法律、政治、工會、傳媒（出版、廣播、電視等）以及諸多文化方面（如文學、藝術、體育等）的意識形態國家機器，後者統統以意識形態方式發揮作用〔註2〕。文學作為意識形態國家機器的一種形式，關係到國家權力的維護問題，因而無可避免地要受到政治權利場域的影響和限制。為了掌控文學這一意識形態國家機器，作為政治權力場域中長時期的主導力量的國民黨當局，主要是依靠強制性的國家機器，即通過政府文化管理機構制定相關的政策法規，來約束和規範文學的生產和流通。

1914 年，袁世凱政府頒布《出版法》，對出版自由和言論自由嚴加控制。袁世凱政府倒臺後，國內軍閥混戰、政權更迭頻仍，統治階級對思想言論的控制相對鬆懈。這時的政治權力場域對文學的干預較少，現代文學因此在第一個十年中獲得了相對自由的發展空間。國民黨統治時期，政府頻頻出臺政策法規並成立專門機構干預圖書雜誌的出版發行，文學的生長空間逐步惡化。1928 年，國民政府頒布《著作權法》。1930 年頒布《出版法》，加強了對文化出版的登記、審查和限制，並規定了嚴厲的處罰措施。1932 年，國民黨中央執行委員會增訂 1929 年國民黨中央宣傳部制定的《宣傳品審查條例》為《宣傳品審查標準》，把宣傳分為「適當的宣傳」、「謬誤的宣傳」、「反動的宣傳」，其中把「宣傳共產主義及鼓動階級鬥爭者」、「宣傳無政府主義、國家主義、及其他主義，而有危害黨國之言論者」，詆毀國民黨的「主義政綱，政策，及決議」和「淆亂人心」等等都被視作「反動的宣傳」。對這類宣傳要「查禁查封或究辦之」〔註3〕。1934 年又出臺《修正圖書雜誌審查辦法》。1938 年 7 月制定《抗戰期間圖書雜誌審查標準》，同年 10 月在重慶成立中央圖書雜誌審查委員會，專門負責審查管制全國的圖書、雜誌、演劇、電影，並指導和考覈地方的圖書雜誌審查委員會。1940 年頒布新的《戰時圖書雜誌審查辦法》，1944 年又頒布《戰時出版品審查辦法及禁載標準》，1947 年還有《出版法修正草案》出臺。在圖書雜誌的審查方面，國民黨設置了嚴格的程序。如報紙上的電訊和稿件由新聞審查處審查，圖書雜誌類的稿件，由圖書雜誌審查處審查，劇本則要由戲劇審查委員會和圖書雜誌審查處共同審查。這些審

〔註 2〕 孟登迎：《意識形態國家機器》，《外國文學》2004 年第 1 期。
〔註 3〕 張之華：《中國新聞事業史文選》，中國人民大學出版社，1999 年，頁 524。

查機構都直屬國民黨中央宣傳部，在各省市都有分處或分會〔註4〕。除了制定政策法規、設置層層審查機構外，國民黨當局還直接動用警察、偵探等強制性國家機器推行文藝上的白色恐怖，打擊破壞左翼文藝運動，抓捕甚至殺害他們認爲反動的作家、報人。

　　菲舍爾・科勒克指出：「無一社會制度允許充分的藝術自由。每個社會制度都要求作家嚴守一定的界限，比如，爲了保護青少年、憲法、人權而繩趨尺步。然而，社會制度限制自由更主要的是通過以下途徑：期待、希望和歡迎某一類創作，排斥鄙視另一類創作。這樣，每個社會制度就──經常無意識、無計劃地──運用書報檢查手段，決定性地干預作家的工作。甚至文學獎也能起到類似的作用。」〔註5〕的確，對出版發行的嚴厲控制，對圖書雜誌的嚴格檢查，是統治者加強輿論監督、控制社會輿論最爲有效的辦法，其根本目標是統一思想、排除異端，從而實現意識形態國家機器對國家政權的維護和鞏固。儘管國民黨政府出臺的各種政策法規在一定程度上保障了創作、出版的有序和有法可依，但同時也給現代作家的創作、發表和出版造成了極大的阻礙。尤其是書報檢查制度，「它與統治、國家權力之間存在著因果聯繫，能夠阻礙或改變創作」〔註6〕，它讓許多作家的作品要麼被刪，要麼被勒令修改，要麼被禁止出版，對作家的創作、讀者的閱讀以及信息的流通都構成了極大的制約。如沈從文的小說《長河》，由於「作品的忠實，便不免多觸忌諱」而遭遇了坎坷的出版經歷，「作品最先在香港發表，即被刪節了一部分，致前後始終不一致。去年重寫分章發表時，又有部分篇章不能刊載。到預備在桂林印行正式送審時，且被檢查處認爲思想不妥，全部扣留。幸得朋友爲輾轉交涉，徑送重慶復審，重加刪節，方能發還付印。」〔註7〕儘管飽受書報檢查之苦，沈從文在抱怨之後仍能理性地指出：「國家既在戰爭中，出版物備個管理制度，個人實無可非難。因爲這個制度若運用得法，不特能消極地限止不良作品出版，還可望進一步鼓勵優秀作品產生，制度有

---

〔註4〕光未然：《蔣介石絞殺新聞出版事業的眞相》，張靜廬編《中國現代出版史料》，丙編，中華書局，1956年，頁92。

〔註5〕〔德〕菲舍爾・科勒克：《文學社會學》，張英進、於沛編《現當代西方文藝社會學探索》，海峽文藝出版社，1987年，頁38。

〔註6〕〔德〕菲舍爾・科勒克：《文學社會學》，張英進、於沛編《現當代西方文藝社會學探索》，海峽文藝出版社，1987年，頁37。

〔註7〕沈從文：《〈長河〉題記》，見劉洪濤編《沈從文批評文集》，珠海出版社，1998年，頁252。

益於國家，情形顯明。」〔註 8〕但是，事實證明，國民黨對書報檢查制度的運用並不「得法」，既沒有起到積極的導向作用，也沒能限制那些不良作品的出版。書報檢查僅僅是國民黨當局消滅異己、實行文化專制、維護其政黨政權和利益的工具。據統計，1929 年至 1936 年，國民黨政府共查禁社會科學類書刊 676 種，去掉重複統計的，共 662 種，查禁理由主要是宣傳共產主義、鼓吹革命、諷刺政府〔註 9〕。而在同一時期內，被國民黨當局先後查禁的文學作品有 309 種，其中最多的是左翼作家的作品，如蔣光慈的作品 12 部，幾乎包括他出版的全部小說；魯迅的作品 8 部（包括翻譯）；郭沫若的作品 11 部〔註 10〕。

儘管採取了方方面面的文禁措施，但總體上看，國民黨政權對文學這一意識形態國家機器的利用很不成功，共產黨領導的左翼文藝運動的勃興和國民黨推行的「民族主義文藝」的失敗，就是很好的例證。

## 二

國家機器之外，在朝在野的政黨之間的權力爭奪，同樣構成政治權力場域制約文學創作的重要方面。在 30、40 年代的政治權力場域中，共產黨領導的工農政權作為一股強勁的政治力量，與當權的國民黨一直處於對抗之中。由於文學具有意識形態國家機器的性質，「朝野都有人只想利用作家來爭奪政權鞏固政權」〔註 11〕，作家就成為雙方爭奪的一個重點。共產黨對作家積極爭取，國民黨卻對作家實行暴力專制。在這樣的政治權力場域關係中，左翼作家尤其是有左翼傾向的「自由撰稿人」作家受到的制約就更為嚴重。

1930 年初，「中國左翼作家聯盟」的成立，以及魯迅、郁達夫、茅盾、郭沫若等眾多著名作家的支持，中國左翼文學在 30 年代迎來了蓬勃發展的時期。儘管沒有合法的權力資本，缺乏經濟資本的支撐且飽受政府當局壓制，左翼文學卻憑著其反叛與革命的激情，對很多初登文壇、嚮往革命的文學青

---

〔註 8〕 沈從文：《〈長河〉題記》，見劉洪濤編《沈從文批評文集》，珠海出版社，1998年，頁 252。

〔註 9〕 《國民黨反動派查禁六百七十六種社會科學書刊目錄》，張靜廬編《中國現代出版史料》，乙編，中華書局，1955 年，頁 205～254。

〔註 10〕 王本朝：《中國現代文學制度研究》，重慶西南師範大學出版社，2002 年，頁 119～120。

〔註 11〕 沈從文：《再談差不多》，見劉洪濤編《沈從文批評文集》，珠海出版社，1998年，頁 42。

年構成了強大的吸引力，很多青年作家都在 30 年代初加入了左聯。左聯是中國左翼文學運動的核心機構，它雖然在組織上受共產黨的領導，在經濟上卻並沒有相應的經費來源，其日常經費主要來自成名作家的捐助。如魯迅每月捐助左聯 20 元，茅盾每月捐助左聯 15 元。在每月定額的 20 元之外，魯迅有時還要給予左聯一些額外的資助。左聯的刊物大多維持不久，除了政府當局的壓制，也與經費有限有極大關係。胡風曾這樣描述左聯的辦刊情況，「照例是，誰弄到了一點錢，也不過一、兩百元的數目，想出刊物，發表他們自己的，不能或不願在大刊物上發表的作品」，「這種刊物總是出過一兩期，錢完了，刊物也被禁止了。」〔註 12〕左聯的經濟運作狀況說明，這個組織並不能爲加入其中的作家提供經濟上的支持。已經成名的左翼作家尚能偶爾謀得其他收入〔註 13〕，但這類收入不一定能長久維持；那些初登文壇的左翼青年作家，如柔石、胡也頻、丁玲、艾蕪、葉紫、關露、戴平萬等人，大多都來自社會底層，沒有固定的職業和穩定的收入，生活極其貧困，賣文爲生就成了他們唯一的生存方式。因此，可以說，無論名氣大小，寫作都曾經是大多數左翼作家謀生的主要手段。也就是說，左聯存在期間，大多數左翼作家都曾經有過賣文爲生的經歷，曾經是「自由撰稿人」作家。

　　左翼「自由撰稿人」作家賣文爲生的寫作環境極爲艱難，不僅受到文化生產場域的制約，而且還要受到國民黨當局的殘酷壓制。30 年代，國民黨政府的一系列文禁措施主要就是爲了打壓左翼文藝運動，「書店一出左翼作者的東西，便逮捕店主或經理」〔註 14〕。作爲政治權力場域中占主導性地位的政治力量，國民黨當局禁燬書籍、查封報刊書局、刪改送檢文章，動用各種行政手段來控制文化生產場域，壓制、破壞左翼作家的創作，甚至直接以殘酷的暴力手段逮捕、暗殺左翼作家。因爲有左翼傾向，作品被檢查和被禁的可能性就越大，如魯迅所說：「禁期刊，禁書籍，不但內容略有革命性的，而且

---

〔註12〕胡風：《胡風回憶錄》，人民文學出版社，1997 年，頁 50、51。

〔註13〕1933 年 7 月，田漢、陽翰生開始擔任上海藝華影業公司總顧問，月薪 200 元左右。1932 年夏天，鄭伯奇、錢杏邨、夏衍開始擔任上海明星影片公司的編劇顧問，每月有車馬費 50 元。不久後，夏衍、周揚又擔任藝華影業公司的編劇顧問，每月車馬費 30 元。見陳明遠《文化人與錢》，百花文藝出版社，2001 年，頁 114、116。1933 年至 1934 年 10 月，胡風曾擔任中山文化教育館《時事類編》半月刊的日文翻譯，只上半天班，月薪 100 元。見胡風《胡風回憶錄》，人民文學出版社，1997 年，頁 26。

〔註14〕魯迅：《320911 致曹靖華》，《魯迅全集》，第 12 卷，人民文學出版社，2005 年，頁 327。

連書面用紅字的，作者是俄國的……也都在禁止之列。」〔註 15〕而作爲「自由撰稿人」作家，面臨著生活的壓力，要賣文爲生，就必須要讓作品得到發表和出版的機會。在這種情況下，左翼「自由撰稿人」作家只能想盡辦法去應付政府機構的書報檢查。「既要革命，又要吃飯，逼得大家開動腦筋，對抗敵人的文化『圍剿』，於是有各種辦法想了出來：化名寫文章；紛紛出版新刊物；探討學術問題；展開大眾語、拉丁化問題的討論；再就是翻譯介紹外國文學。」〔註 16〕這印證了布迪厄的判斷，即「藝術家和作家的許多行爲和表現（比如他們對『老百姓』和『資產者』的矛盾態度）只有參照權力場才能得到解釋，在權力場內部文學場（等等）自身占據了被統治地位。」〔註 17〕茅盾上面那段話也最能說明，政治權力場域中的統治力量對文學這一意識形態國家機器的掌控和干預，是如何地制約著左翼「自由撰稿人」作家寫作的內容和方向。

除了占主導地位的國民黨權力結構外，政治權力場域中的其他權力結構同樣是制約左翼「自由撰稿人」作家創作的重要因素。在生存空間極其逼窄的情況下，左翼「自由撰稿人」作家還要接受來自共產黨方面的權力與組織的規訓。眾所周知，左聯的實際領導權主要是把持在錢杏邨、周揚等黨員作家的手裏。他們直接把共產黨革命的群眾運動模式移植到左聯這一文學組織中來，對左翼「自由撰稿人」作家的創作和生活進行直接的干預。要求他們在寫作上不僅要遵循馬克思主義的文藝理論，表現無產階級的革命鬥爭，而且還要表達革命必勝的理想，用以鼓舞現實革命運動。在創作之外，左聯還要求左翼「自由撰稿人」作家參加集體性的政治活動，如參加遊行示威、飛行集會，粘貼標語、散發傳單等等，以此來張揚他們的政治身份。1932 年 3 月，左聯秘書處印發了《和劇聯及社聯競賽工作的合同》，其中第八條要求左聯盟員至少得動員到全體 2/3 參加示威，每次散發宣言 1000 份。而是否參加這類集體活動以及在活動中的表現如何，成爲左聯考查盟員和準備加入聯盟的積極分子的一項重要的指標〔註 18〕。左翼的黨員領導者所貫徹的共產黨方面

〔註15〕魯迅：《黑暗中國的文藝界的現狀》，《魯迅全集》，第 4 卷，人民文學出版社，2005 年，頁 293。

〔註16〕〔中〕茅盾：《我走過的道路》，人民文學出版社，1984 年，頁 235。

〔註17〕〔法〕皮埃爾·布迪厄：《藝術的法則：文學場的生成和結構》，劉輝譯，中央編譯出版社，2001 年，頁 248。

〔註18〕曹清華：《左聯組織框架中的左翼作家身份》，《深圳大學學報》第 23 卷第 2

的權力與組織的規訓，不僅讓左翼作家失去了從容創作的可能，而且還直接把手無縛雞之力的他們推到了風口浪尖上，使他們隨時都面臨著被捕和死亡的危險。對於這種陣營內部的權力干預，很多左翼「自由撰稿人」作家都不以爲然。如茅盾就經常不參加所謂的飛行集會，而蔣光慈甚至還因此鬧到宣布退黨。蔣光慈的挑戰政治權威給他帶來了嚴酷的政治打擊，不僅作品遭到批判，還被開除了黨籍。抗戰後，有不少左翼「自由撰稿人」作家投奔延安，延安工農革命政權在接納了他們的同時，也規定了他們的寫作界限。而延安實行的供給制的分配方式，則直接終結了這些作家賣文爲生的生涯，進而改變了他們以往的言說方式。同樣，日僞政府作爲抗戰時期政治權力結構中的一元，其文化統治對於身處其中的左翼「自由撰稿人」作家，也有極大的影響。40 年代，左翼「自由撰稿人」作家或者韜光養晦，或者離開上海，與日僞政權統治上海時只允許文學作品粉飾太平也有極大的關係。這些文學現象無一例外地證實了布迪厄關於文學場和權力場之間的關係的判斷：「文化生產場在權力場中占據的是一個被統治的地位：……藝術家和作家，或更籠統地說，知識分子其實是統治階級中被統治的一部分。他們擁有權力，並且由於佔有文化資本而被授予某種特權，他們中的一些人甚至佔有大量的文化資本，大到足以對文化資本施加權力，就這方面而言，他們具有統治性；但作家和藝術家相對於那些擁有政治和經濟權力的人來說又是被統治者。」〔註 19〕

## 三

　　政治權利場對文化生產場的控制，讓左翼「自由撰稿人」作家在應對的過程中逐漸分化。一些左翼「自由撰稿人」作家放棄左翼的政治文化理念，在政治權力場的壓制之下轉而尋求市場利益的最大化。這種投機性的人物，在每一次運動中都會出現。就像五四時期新文化運動中的投機者「只不過是拿談新文化運動當作職業，自己並不信仰，更不用說身體力行了」〔註 20〕一樣，這些投機者打著左翼作家的旗號，把作品打上左翼的商標以增加賣點，

　　　　期，2006 年 3 月。
〔註19〕〔法〕皮埃爾·布迪厄：《文化資本與社會煉金術——布迪厄訪談錄》，包亞明譯，上海人民出版社，1997 年，頁 86。
〔註20〕《新人社·編者說明》，張允侯編《五四時期的社團》，第 3 卷，生活·讀書·新知三聯書店，1979 年，頁 208。

卻不見得真正信仰無產階級革命思想。他們的作品雖然染有時髦、先鋒的革命色彩，但這不過是吸引讀者的噱頭，他們的創作在本質上與大多數通俗小說作家的創作並無區別，都是一種純粹的商業化寫作。他們的投機革命運動和投機文學，自然逃不過其他真正信仰無產階級文學的左翼作家的犀利眼睛。比如，魯迅在左聯成立大會上的發言，就明確告誡左翼作家不要把文學當「敲門磚」，等功成名遂，即棄之不顧〔註21〕。柔石也曾指出有些革命青年「於文學，只說賣錢。一邊他們相信自己是天才，一邊又不肯去堅毅地做，只說將來是沒有人讀長篇小說與長篇詩的，我們不必再做；誰做，誰是呆子！……飯是要吃的，人不能餓死，我知道；但他們卻說『有跳舞熱』，『打小麻將』，聽來真不舒服！」〔註22〕這些革命作家抱著投機性的目的，要麼在獲得名利之後，便不知所踪；要麼一遇到壓迫，便顯露原形，走向革命的反面，成為統治者的爪牙和幫凶。如張資平、楊村人之流。由於其投機性，這類左翼「自由撰稿人」作家賣文為生的生涯一般都不長久，文學方面的成就也大多無足稱道。當然，真正以喚起民眾、改造中國為理想，支持無產階級革命運動的左翼「自由撰稿人」作家，在政治權力場域的壓制之下依然不改其本色。這些左翼「自由撰稿人」作家始終堅持啟蒙式的寫作，在以文學謀生的同時，又對文學的精神影響力寄予了厚望，把文學作為思想啟蒙、革命啟蒙的利器。無論對革命還是對文學，他們的態度都是嚴肅而真誠的，更難能可貴的是，他們在以文學謀生、以文學宣傳思想與革命的同時，能夠積極應對政治權力場域的限制，力爭保持現代知識分子的獨立人格和自由精神。

作為左聯的精神領袖和從事啟蒙式寫作的左翼「自由撰稿人」作家的代表，魯迅在應對政治權力場域的制約方面，就顯示了機智的鬥爭策略和不屈不撓的戰鬥精神。魯迅「自由談」雜文的成功，就是魯迅積極應對政治權力場域，在國民黨當局嚴密的文網控制之下，改變言說方式從而機智表達個人洞見的結果。

30年代，左翼文藝運動的勃興引起了政府當局的恐慌。國民黨政權為了維護、鞏固自己的統治，採取種種文禁措施，控制公民的言論自由。作為「自由撰稿人」作家，書報審查制度直接影響著魯迅的收入和生存。他在致日本

〔註21〕 魯迅：《對於左翼作家聯盟的意見》，《魯迅全集》，第4卷，人民文學出版社，
　　　　 2005年，頁242。
〔註22〕 趙帝江、姚錫佩編：《柔石日記》，山西教育出版社，1998年，頁107。

友人的信中說，「對文壇和出版界的壓迫，日益嚴重，什麼都禁止發行，⋯⋯
我的全部作品，不論新舊，全在禁止之列。當局的仁政，似乎要餓死我了事。
可是，我倒覺得不那麼容易死。」〔註23〕在 1934 年 2 月 24 日致曹靖華的信
中也談到，「上海靠筆墨很難生活，近日禁書至百九十餘種之多，⋯⋯但書局
已因此不敢印書，⋯⋯雜誌編輯也非常小心，輕易不收稿。」〔註 24〕面對國
民黨殘酷黑暗的文藝專政，魯迅仍然保持著清醒的理性。他反對赤膊上陣，
作無謂的犧牲，繼續堅持「韌」的戰鬥精神。為了應對政治權力場域的限制
和言論環境的不自由，魯迅積極尋找鑽網的法子，以突破文網的限制，盡可
能地獲取言說的空間。援引新聞材料入文、隱曲表達、經常更換筆名，是魯
迅應對文藝專政而改變寫作策略、獲得言說空間的主要方法。

　　魯迅喜歡以「抄新聞」的方式來進行社會寫實和時事批判。這既是為了
照顧報紙的風格需要，也是魯迅應對文學檢查的重要方法。他曾說：「從清朝
的文字獄以後，文人不敢做野史了，如果有誰能忘了三百年前的恐怖，只要
撮取報章，存其精英，就是一部不朽的大作。」〔註 25〕魯迅的「自由談」雜
文就稱得上是一部「撮取報章，存其精英」的不朽大作。既然當局設置了重
重的文網，那麼就只能拿報上的新聞材料來說事了。魯迅認為：「只要寫出實
情，即於中國有益，是非曲直，昭然具在，揭其障蔽，便是公道耳。」〔註26〕
援引新聞材料，更能「寫出實情」，從而「於中國有益」；進行評論，「揭其障
蔽」，也就更能呈現「是非曲直」，見出雜文的批評效力。面對政府當局對言
論自由的限制，魯迅以「抄新聞」的方式批評時政、成功「鑽網」，既及時地
表達了自己的洞見，又有效地拓展了自己的言論空間。

　　除了援引新聞材料外，魯迅的雜文在行文中還特別注重語言表達的隱
曲。在《南腔北調集》的「題記」中，魯迅說：「《語絲》早經停刊，沒有了
任意說話的地方，打雜的筆墨，是也得給各個編輯者設身處地地想一想的，

〔註23〕 魯迅：《331114 致山本初枝》，《魯迅全集》第 14 卷，北京：人民文學出版
　　　　社，2005 年，頁 270。
〔註24〕 魯迅：《340224 致曹靖華》，《魯迅全集》第 13 卷，北京：人民文學出版社，
　　　　2005 年，頁 30、31。
〔註25〕 魯迅：《再談保留》，《魯迅全集》第 5 卷，北京：人民文學出版社，2005 年，
　　　　頁 155。
〔註26〕 魯迅：《340125 致姚克》，《魯迅全集》第 13 卷，北京：人民文學出版社，2005
　　　　年，頁 17～18。

於是文章也就不能劃一不二，可說之處說一點，不能說之處便罷休。即使在電影上，不也有時看得見黑奴怒形於色的時候，一有同是黑奴而手裏拿著皮鞭的走過來，便趕緊低下頭去麼？我也毫不強橫。」〔註 27〕在應對政府當局的書報檢查方面，魯迅既要發表文章，又要替報刊和編輯考慮，因此，他「毫不強橫」，而是避其鋒芒，「可說之處說一點」，並著重在「怎麼寫」上下功夫，迂迴表達文章的意旨。1933 年 5 月 25 日，《自由談》編者迫於形勢，曾經刊出啓事，說，「這年頭，說話難，搖筆杆尤難」，「籲請海內文豪，從茲多談風月，少發牢騷」。對此，魯迅指出：「想從一個題目限制了作家，其實是不能夠的」，「『月白風清，如此良夜何？』好的，風雅之至，舉手贊成。但同是涉及風月的『月黑殺人夜，風高放火天』呢，這不明明是一聯古詩麼？」〔註 28〕在魯迅看來，想從題目或題材上來限製作家的言論指向，根本就不可能。任何材料，都可以拿來做思想的載體，其關鍵在於「怎麼寫」。魯迅收在《準風月談》中的雜文，談歷史、文化、典故、洋人、文人、生活現象、兒童教育，題目和題材可謂五花八門，似乎都不關中國的社會時政，但文章的意旨卻又無不與之息息相關。在藝術方面，比起《熱風》時期的哲理化和《華蓋集》時期的論辯色彩，這些文章明顯地更趨隱晦曲折。魯迅歷來就反對雜文太直白，認爲「猛烈的攻擊，只宜用散文如『雜感』之類，而造語還須曲折，否，即容易引起反感。」〔註 29〕運用隱曲的文筆寄託深沉的意蘊，是魯迅雜文常用的藝術表達方式。在嚴密的文網之下，魯迅的「自由談」雜文更是經常採用戲仿、拼貼、反語、借代、比喻、象徵、暗示、雙關等敘述策略和修辭方法，以曲折隱晦的方式來實現對社會時政的批判和揭露。這些雜文大量運用曲筆，既能有效地逃過文藝檢查官的眼睛，又能以「言外之音」的形式發人深省，給人以「言有盡而意無窮」的審美感受，從而具有了含而不露、委婉曲折的藝術風格，增強了作品的藝術感染力。

經常更換筆名，也是魯迅應付書報檢查的重要方法。魯迅一生共使用筆名 140 多個，1932 年至 1936 年間使用的筆名就達 80 多個〔註 30〕，其中尤其

〔註 27〕 魯迅：《南腔北調集·題記》，《魯迅全集》第 4 卷，北京：人民文學出版社，2005 年，頁 427。

〔註 28〕 魯迅：《準風月談·前記》，《魯迅全集》第 5 卷，北京：人民文學出版社，2005 年，頁 199。

〔註 29〕 魯迅：《250628 致許廣平》，《魯迅全集》第 11 卷，北京：人民文學出版社，2005 年，頁 500。

〔註 30〕 林賢治：《魯迅的最後十年》，上海：東方出版中心，2006 年，頁 75。

以投稿《自由談》期間使用的筆名最多。1933 年 5 月 25 日《自由談》的編者刊出了「多談風月，少發牢騷」的啟事以後，魯迅投稿所用的筆名就更有 20 個之多〔註31〕。在《準風月談‧後記》中，魯迅說，「這六十多篇雜文，是受了壓迫之後，從去年六月起，另用各種的筆名，障住了編輯先生和檢查老爺的眼睛，陸續在《自由談》上發表的。」〔註32〕魯迅非常理解報刊雜誌及其出版事宜，經常變換筆名，能分散書報檢查官的注意力，不給刊物和編輯招來麻煩，從而盡可能地獲得發表言論的空間。

　　魯迅積極應對政治權利場域的限制，不僅反抗強權的壓迫，而且還時時警惕政治權力場域中的各種勢力對作家獨立人格的侵蝕，難能可貴地保持著知識分子不懈的社會思考和精神探索。在上海的最後五年中，魯迅身處嚴酷的政治文化環境卻依然保持自己的獨立精神，以「橫站」的方式對付敵人和友軍射來的冷箭。他那些犀利潑辣的雜文和形式新穎、內涵深刻的歷史小說，以思想啟蒙和社會批判為己任，批判專制與不公，揭露一切的瞞和騙，不僅體現了一個作家的文學才華與社會擔當，還體現了一個經濟自主、精神獨立的「自由撰稿人」作家對知識分子自由精神和獨立人格的堅守。王富仁認為，左翼文學可以以魯迅、胡風、李初梨與郭沫若、周揚等四類人物為代表分為四個層次。不管他這種劃分是否合理，他指出魯迅之所以是左翼文學中的一個特殊的層次，原因在於魯迅一直是作為「一個獨立的知識分子」而「堅持著一種社會的批判」〔註33〕，可謂真知灼見。而作為左翼「自由撰稿人」作家，魯迅能夠以「一個獨立的知識分子」的身份和立場而實現其社會批判，與他應對政治權力場域的機智不無關係。

---

〔註31〕許廣平：《十年攜手共艱危──許廣平憶魯迅》，石家莊：河北教育出版社，2001 年，頁 151。
〔註32〕魯迅：《準風月談‧後記》，《魯迅全集》第 5 卷，北京：人民文學出版社，2005 年，頁 402。
〔註33〕王富仁：《關於左翼文學的幾個問題》，《中國現代文學研究叢刊》2002 年第 1 期。

# 大後方「軍紳」社會權力
# 制衡下的文學活動空間

袁少沖[*]

　　在抗戰時期的大後方，國民黨對於文藝運動的基本態度是引領與控制，為此制定了較爲嚴格的書報審查及相關法規，不過在現實的執行方面仍舊給文學活動給出了許多空場和縫隙，其中一個重要的原因就是在大後方這片「軍紳」社會的土壤之中，各種層面的政治權力彼此之間發生了各種各樣聯合與對抗，這種對抗削弱了國民黨政府對文藝的實際控制力。這樣的權力制衡大致有三個層面。第一層是國民黨中央內部意識形態方面的有鬆散、零亂的特點，這些特點不能夠使國民黨中央內部形成思想、觀念、意識、信仰上的統一，再加上中央內部派系之間的權力、利益爭奪，所以體現在具體的行爲中，就會產生各種各樣的不一致、不協調，甚至有時候發展到敵視、對抗的程度。另外一層則存在於國民黨中央與（國民黨）地方軍閥之間，他們的利害衝突、權力制衡也會產生較大的裂痕。第三層是在政府與社會之間，即社會中也有許多地方上有聲望、有影響的愛國、進步紳士也與政府的政策、做法不盡認同。這些多種勢力在力量對抗、制衡中形成的縫隙、裂痕，很有利於高舉「抗戰」、「救亡」、「民主」、「建國」等旗幟的文學運動的開展。對以上的這些特點的有效組織、合理運用可以爲文藝宣傳開闢許多可觀的活動空間，而在抗戰的大後方知識分子與中國共產黨聯合發起的文學運動，正是敏銳的洞察這些特殊形勢，靈活運用各種手段、策略，推動了廣泛的民眾宣傳。本文便是

---

* 袁少沖（1981～），河南洛陽人，山西運城學院講師，文學博士，主要從事中國現代文學與文化研究。

對大後方文藝運動開展最重要的三個省份——四川、廣西、雲南——所進行的考察。

## 一、四川的情形

早在 1937 年，戰火將要蔓延到上海市區的時候，各電影公司停業，上海的文藝工作者就在地下黨員於伶、陽翰笙領導下紛紛組成 13 個救亡演劇隊，撤離上海到內地或敵後作抗戰宣傳工作。有的演劇隊有 36 人之多，隊伍太大，缺乏旅費難以成行，政府當局不但不支持，反而聲明不准沿途募捐。此時，一位紳商夏雲瑚當時正準備回四川，由他傾囊相助，將隊伍帶到四川重慶去演抗戰戲，演劇隊改為「上海影人劇團」，方才撤回重慶。〔註1〕1941 年的「皖南事變」是重慶抗戰文藝運動的分水嶺，之前由於國共第二次合作，共同抗戰，輿論控制較緩和，再加上郭沫若掌握的政治部第三廳及其後的「文化工作委員」的領導，能夠進行一定的民眾宣傳，但「皖南事變」以後國民黨中央嚴密封鎖新聞、言論、文藝等活動，陪都的氣氛比較沉悶。為打破這一消極局面，許多文化人認為最好的辦法就是進行演劇，戲劇的影響大、效果好，但當時進步劇人大都分散在國民黨官辦的兩個電影廠，進步戲劇界尚且沒有自己的劇團，於是商定興辦「中華劇藝社」（中藝）。辦劇團又急需經費支持，當時的進步文化人大多窮困，經費上困難重重，最後商定湊一臺義演，以籌建中藝的經費。許幸之將他根據世界名著《茶花女》為藍本改編的話劇《天長地久》拿出來，由應雲衛擔任導演，白楊、項坤扮演劇中的主角，連教授陳仁炳也在劇中擔任了角色。不過，當時還有另一個問題，就是在當時中央控制很嚴的情勢下，上演又缺乏場地。幸虧重慶「精神堡壘」（現解放碑）附近的國泰大戲院經理夏雲瑚主動安排《天長地久》在國泰上演，解了燃眉之急。演出後立時轟動，場場客滿，經費問題解決後，「中華劇藝社」才在 1941 年 10 月 9 日正式成立。〔註2〕

中藝雖已成立，但重慶的情勢依舊險惡，既要爭取生存，又要繼續戰鬥，不能不籌謀對策，一個行之有效的辦法，就是利用反動派內部的複雜矛盾。

---

〔註1〕 吳茵：《影人劇團十姐妹》，《重慶文史資料選輯第 43 輯》，重慶：西南師範大學出版社，1995 年，頁 191。

〔註2〕 白揚《中華劇藝社二三事》，《重慶文史資料選輯第 24 輯》，中國人民政治協商會議四川省重慶市委員會文史資料研究委員會，1985 年，頁 189。

他們把每一次演出都找出一個募捐名義，將一部分前排座票包給募捐團體，票由他們去加價推銷，這種加了價的票名曰「榮譽券」，募捐團體就收得這種加價款作為捐款。所找的一些募捐團體，差不多都是在社會上有一定的背景和力量的人搞的，藉此，就還可以由他們協助劇社搞點外交，許多事由他們出面就減少我們的麻煩。儘管這種利用募捐名義的辦法，劇社實際上是受著一定的經濟剝削，但遭受這點剝削，卻能使演出順利進行。「中華劇藝社」在1942年和1943年上半年，就是採用這種募捐名義的戰術，在重慶先後又上演了石淩鶴的《戰鬥的女性》，於伶的《長夜行》，夏衍的《愁城記》和《第七號風球》（即《法西斯細菌》），吳祖光的《風雪夜歸人》，歐陽予倩的《忠王李秀成》，老舍的《面子問題》，陳白塵的《歲寒圖》和《石達開》等革命作家的劇本，對觀眾從不同角度給以進步影響。〔註3〕

　　抗戰時期的北碚在當地開明紳士盧作孚、盧子英兄弟的庇護下，氣氛較為民主，許多進步文化人和文化團體都在北碚開展過活動，時任北碚管理局局長的盧子英，擁護黨的統一戰線政策，對黨的工作表示同情與支持。正如有的人後來回憶的那樣，「在抗戰時期，眾多的進步文化人和進步學生（包括作家、科學家、學者、教授、政治活動家）在北碚居住，沒有發生過人員失蹤、受迫害的事。當時，昆明一度成為『民主搖籃』，而北碚也可稱為民主特區了」〔註4〕。首先是關於《新華日報》北碚發行站。1941年「皖南事變」發生，中共南方局決定擴大《新華日報》的發行面，在北碚建立《新華日報》發行站。先是由與盧子英有良好私人關係的郭沫若給盧去了一封親筆信，盧收到信後表示大力支持，只是自己作為國民黨地方行政長官不好直接出面，就交給他的得力助手，建設科長高孟先辦理，而更具體的工作高又找來他的弟弟高祥照去辦，如以他的個人名義租房子開書店，實際上是《新華日報》發行站。後來國民黨特務為組織發行站的工作，屢次找房東麻煩，迫使發行站搬了兩次家。為了避開這些干擾，高氏兄弟索性將房子買了下來，此後又轉移到天津路8號。發行站建成後，發行量多達2000多份，覆蓋了川東、川北大部地區，有力的宣傳了抗戰、救亡，擴大了影響。

---

〔註3〕張逸生、金淑之《回憶中華劇藝社》，《重慶文史資料第9輯》，中國人民政治協商會議四川省重慶市委員會文史資料研究委員會，1981年，頁133～134。
〔註4〕左明德：《懷念盧子英》，《重慶文史資料選輯第42輯》，重慶：西南師範大學出版社，1994年，頁102。

　　1942 年 4 月 27 日，盧子英打電話給陽翰笙，希望「中華劇藝社」能將《屈原》和《天國春秋》帶到北碚公演。當中藝社到北碚上演《天國春秋》的時候，剛演完第一幕即發生有人毆辱中華劇藝社負責人應雲衛，並將其抓進了憲共隊。幸好陽翰笙亦赴約來到了北碚，正在劇場，他一面主持繼續演劇，一面找到盧子英，立即派人與憲共方面交涉，不到一小時，應雲衛便安然回到了劇場。郭沫若大型歷史話劇《屈原》，定於 6 月下旬在北碚公演。盧子英為了保證把《屈原》演好，調動了大批士兵和工人，修整了民眾會堂、旅館、食店、大街、小巷粉劇一新。國民黨中央圖書雜誌審查委員會得知這個消息，忙派出一名特務，找到北碚民教館長劉忠義，提出不准《屈原》上演。劉忠義推說，這是管理局安排的，我無權取消，把特務頂了回去。後經盧子英安排，為了防止在演出時特務來搗亂，除明的暗的派有大量軍警維待秩序外，在戲臺前安置一把藤倚，演出時民教館長劉忠義親自坐在這裏，名曰監督演出，實是預防特務破壞。《屈原》在北碚連演五天，場場爆滿，盛況空前，非常順利。抗戰時期，盧子英在北碚團結各界人士，抗日救亡，建設峽區，民主氣氛濃郁，擾戰呼聲既高，地方建設也輝煌騰達。北碚吸引了大量的專家、學者，投身峽區，盧子英對這些文化人，是採取保護態度，有的還不時往來，這也激怒了國民黨當局，甚至千方百計，想置盧子英於死地。〔註5〕

　　抗戰大後方的文學運動一個突出的特點就是，它的讀者不再像戰前那樣局限於城市中的知識分子及小市民，而是從城市擴展到農村，從知識分子、小市民擴展到農民、工人、士兵，這種轉變才使得「抗戰」、「救亡」、「民主」等進步思想的有更大範圍的傳播，最終喚醒民眾，發動全民參與。地方上鄉村、小城鎮的文學運動也得到來自社會各界不同階層的幫助，而地方的重重矛盾也使得鬥爭經驗日漸豐富的文藝工作者可以靈活運用，這方面最有代表性的例子是「四川旅外劇人抗敵演劇隊」的經歷。該演劇隊 1937 年 10 月成立於武漢，它能夠回川演出便得益於四川軍閥劉湘。劇隊負責人吳雪與國民黨第七戰區司令長官劉湘的侍從室副官王少燕相識，與他談及有旅外劇隊回川的想法，王少燕是戲劇愛好者，表示支持，他們商量之後分頭活動，王籌辦經費，把從劉湘處得到的 400 元資助作為開辦費，吳則從電影股及其他處拉出周峰、陳光、方聲、李恩琪、田禽、張西蓮、李健、都士丁、黃憶年、

---

〔註 5〕以上關於盧子英的材料參見李萱華的《盧子英與北碚》和左明德的《懷念盧子英》兩文，來自《重慶文史資料選輯》第 42 輯。

張之湘，孫濤等人。這樣劇隊便組成了，由王少燕負責對外聯繫，吳雪主持隊務。之所以能將「四川旅外劇人」冠在隊名上，是為了表明一群在省外從事戲劇工作的川人組成的一個劇隊回來了，藉此增進同家鄉觀眾的情感聯繫而已，實則全隊只有五個四川人。不過有了這個名義便可求助於劉湘，既是抗日義舉，又有桑梓之誼，劉湘是樂意支持的。準備工作就緒之後，王少燕從四川省政府和省動員委員會弄到一個公函，內容大體是：旅外劇隊到各地進行抗日宣傳，希當地政府給予大力協助。有了這個東西，劇隊不僅有了合法地位，還有點像持一道鎮邪靈符，可以去嚇唬小鬼，各地的協助也省掉了許多麻煩。

　　旅外劇隊第一次下鄉流動演出時，由於經費仍舊緊張，而出發時只做了一條工裝褲，以後想再做一條便沒錢了，當劇隊從瀘縣搭輪船趕到重慶參加全國第一屆戲劇節時，卻連船票錢都拿不出來。幸虧納溪縣長陳攸序（四川人）慷慨解囊，為我們每人製了一條工裝褲，並贈一筆旅費，這才擺脫了我們的困境。到自貢演出之時，群眾熱情歡迎，當地救亡團體大力合作，但國民黨市黨部卻阻止我們開展工作，不讓演出。正當陷於困境時，一位名叫歐陽爾彬的老人得悉後便來住處看望我們，立即為我們安排好劇場，並負責售出全部戲票，特為我們召開與當地各界人士見面的座談會。此外，還設宴招待全隊隊員，離去時，他還以鹽業公會的名義送了我隊 400 塊錢。我們用這筆錢給每個隊員縫製了一件灰色夾大衣，餘款留作回成都進行整訓之用。歐陽老人早年曾跟隨孫中山先生鬧革命，是當地一位很有威望和地位的鹽商。他深為我們這群年輕人為抗日救國而奔忙的精神所感動。他說：看到你們，我覺得我們中國有希望了。

　　當劇隊第二次外出流動演劇的時候，政治氣氛明顯緊張了起來，蔣介石加強了地方的控制，準備破壞國共合作。旅外劇隊到遂寧演出時得到消息，劇隊抵達前一天晚上，遂寧專員與保安司令召開了緊急會議，布置破壞劇隊的工作：先由專員公署出面刁難，再讓某聯保主任領人鬧劇場，使戲演不下去，最後組織流氓在街頭或劇隊住地尋事挑釁，引起糾紛，造成藉口，以便解散或驅逐我們出境。劇隊成員經過多方接觸，瞭解到此地存在三種勢力：專員可能屬於蔣介石嫡系；縣長的背景不明，但與專員矛盾頗大；該地還有駐軍一個旅，為劉湘舊部，同蔣之嫡系有如水火。於是劇隊決定運用統一戰線的策略，利用矛盾，爭取地方勢力對抗日宣傳活動的支持。先由丁洪再去

會見縣長，縣長表示支持，並說可告訴專員，公演和票價是他同意的，如果再有什麼問題，就由他來應付。另外又派人去會那個旅長，他很高興，因為劇隊當初同劉湘有那麼一點關係，劉的舊部對劇隊也就很親近。特別是他在不斷受到中央勢力排擠時候，忽然看到劇隊的人去拜訪，倍感欣喜。他得知劇隊的境況困難後，表示一定大力支持。而對內則要求大家提高警惕，少外出，更不要單獨上街，使反動勢力無機可乘。首場公演，那位旅長很早來到劇場，還將帶來的一些弁兵布置在場內各處，場內空氣很緊張，只是觀眾沒察覺。開幕之前，那個聯保主任果真喝得醉醺醺的來了（當然不止一個人），幕剛要啓，他便站起來大叫大嚷。制止無效後，丁洪便走出幕前，向觀眾說明有人前來鬧事，企圖破壞抗日宣傳，請求觀眾支持我們。於是全場嘩然，群情激憤，一片斥責之聲沖向鬧事人。這時那位旅長喝令弁兵將這個帶頭肇事的傢夥架了出去，其他的人見此陣勢誰也不敢輕舉安動。一場風波遂平靜下來，演出照常進行。此後，我們一直到宣傳和演出計劃完成後才離開遂寧。〔註6〕

　　而中華劇藝社在離開陪都重慶後，也曾到地方巡迴演出，推進進步戲劇運動。他們有兩年的時間，活動在以成都為中心的川西一帶，先到內江、自流井、五通橋、瀘州、嘉定等地巡迴公演，第二年，定居在成都。劇社在成都沒有落腳的地方和演出場地，全賴地方進步力量的大力協助。在他們的支持下，租用了一個叫「三益公」的戲曲園子，稍加改造，作為固定演出場地。〔註7〕

## 二、廣西、雲南的情形

　　西南劇展是抗戰時期桂林文化城的代表性事件之一，它是大後方戲劇工作者們的一次大會師，也是對大後方進步演劇的大檢閱。劇展從 1944 年 2 月 15 日，到 5 月 19 日結束，歷時 3 月有餘，包括戲劇演出、戲劇資料展覽和戲劇工作者大會三個部分。

　　西南劇展總共演出 126 個劇目，絕大多數為進步戲劇，其中話劇 31 個、

〔註6〕 以上關於四川旅外劇人演劇隊的材料主要來自戴碧湘《憶四川旅外劇人抗敵演劇隊》一文，參見《抗戰時期西南的文化事業》，成都出版社，1990年版。

〔註7〕 張逸生、金淑之：《回憶中華劇藝社》，《重慶文史資料第9輯》，中國人民政治協商會議四川省重慶市委員會文史資料研究委員會，1981年，頁136。

桂劇 9 個、平劇 31 個、歌劇 1 個、話報劇 7 個、傀儡戲 5 個，還有民族歌舞、雜技、魔術等節目 35 個。演出團體有來自粵、桂、湘、贛四省的 30 多個單位，900 多名戲劇工作者參加，共演出 170 多場，觀眾達 10 萬多人次。戲劇資料展出 15 天，徵集到的文獻資料 375 件，照片 205 幀，統計圖表 56 種，舞臺模型 62 座，平劇臉譜 163 幅，作家原稿 25 件，舞臺設計圖 64 張，平劇及桂劇珍本 79 種等 1000 餘件。戲劇工作者大會為期 16 天，500 多人參會，有學術報告、經驗介紹、專題研究 31 次，通過各類提案 37 個。〔註 8〕西南劇展遠遠超出了單純的戲劇演出、討論藝術的範圍，使戲劇工作者擰成一股繩，以合法的身份向國民黨當局主張權利，改善抗戰戲劇的困境。大會通過了請求政府豁免戲劇公演娛樂專稅的提案；請求政府改善劇本出版和演出審查制度的提案；請求減免運輸費、旅費以減低劇團赴部隊、工廠、農村演出負擔的提案。西南劇展是中國現代戲劇史上空前的聚會，戲劇工作者在抗日戰爭極端艱難的環境下彙集桂林，檢閱各自辛勤耕耘、創作的成果，把瀕臨危機的抗戰戲劇復蘇過來，並推向一個新的階段。劇展通過交流總結，對戲劇工作者無論在思想上還是藝術創作上均有深刻教育意義。可以說，西南劇展的召開，既是對進步文化人和抗戰軍民的激勵和鼓舞，又是對國民黨文化專制主義和反動高壓政策的有力抗爭。它顯示了進步文化的力量，顯示了中國文化戰士，在抵禦外敵，保衛中國的文化的同時，又擔負著保衛文化的民主自由的重任。〔註 9〕

這次劇展的影響之大，正如美國著名戲劇評論家愛金生在《紐約時報》撰文介紹的那樣：

> 如此宏大規模之戲劇盛會，有史以來，自古羅馬時代曾經舉行外，尚屬僅見。中國處於極度艱困條件下，而戲劇工作者以百折不撓之努力，為保衛文化、擁護民主而戰，迭予法西斯侵略者以打擊，厥功至偉。此次聚中國西南八省戲劇工作者於一堂，檢討既往，共策將來，對當前國際反法西斯戰爭，實具有重大貢獻。〔註 10〕

規模如此宏大，影響深遠，傾向進步的西南劇展，如何能夠在當時舉辦是一

〔註 8〕 參見魏華齡《西南劇展的歷史意義》（《廣西社會科學》1987 年第 1 期）一文，頁 208～209，與《桂林抗戰文藝概觀》（李建平著，灕江出版社 1991 年版），頁 123～127。

〔註 9〕 李建平：《桂林抗戰文藝概觀》，桂林：灕江出版社，1991 年，頁 132。

〔註 10〕 轉引自 1944 年 5 月 17 日《大公報》〈桂林版〉消息）。

個重要問題。因為，當時蔣介石已經發起第三次反共高潮，國統區形勢複雜而殘酷，戲劇運動處於低潮期，如重慶雖於 1942 年掀起過戲劇運動的高潮，但 1944 年的戲劇節卻相當冷落、暗淡。〔註11〕在此情形下，只有充分利用國民黨（包括地方新軍閥）內部錯綜複雜的內部矛盾，採用聯合一部分以對抗另一部分的策略，即「利用矛盾，爭取多數，反對少數，各個擊破」才使得劇展獲得成功。當時領導西南劇展的文化人有夏衍、邵荃麟、田漢、周鋼鳴、司馬文森、歐陽予倩等，他們在大後方堅持戰鬥多年，經驗豐富。為了能夠使西南劇展獲得合法的身份，首先，由田漢親自出馬，多次登門拜訪李濟深商談劇展事宜，還通過民主人士張文、曾偉去做李濟深的工作。李濟深與蔣介石宿怨已久，在新桂系乃至國民黨中都有很高威望，且抗戰期間思想上日趨靠近民主，曾掩護過許多文化人和文藝活動，他對劇展表示支持，並樂意擔任劇展的第一名譽會長。其次田漢、歐陽予倩、瞿白音、熊佛西等出面請廣西省主席黃旭初擔任大會會長，黃旭初對蔣介石的對日妥協的政策心懷不滿，有抗日愛國的意願，於是他欣然答應〔註12〕。之後以黃（旭初）的名義，再邀請各戰區司令長官、省主席及國民黨中央政府有關部門的上層人物任名譽會長〔註13〕。其中有李宗仁、白崇禧、張發奎、陳誠、余漢謀、顧祝同、陳立夫、張治中、谷正綱、李漢魂、梁寒操等。另請一些省、市、戰區的實權人物任大會指導長，如黃樸心、潘公展、李任仁、劉士衡、蔣經國等。會議期間，還邀請國民黨軍政、文化界要人，如國民黨軍委會政治部長張治中，文化部長張道藩等到會「訓話」。〔註14〕採用以上策略之後，一來劇展獲得了「合法」的身份，可以大張旗鼓的開展工作；二來，邀請的都是國民黨中舉足輕重的黨、政、軍及文化界要員，劇展中的許多工作上的困難（如疏通關節等）可以請他們出面解決；三來，當時國內財政危機、通貨膨脹已比較嚴重，劇展開辦費用上又由這些上層人物進行了捐贈，一定程度上達到了「用他們的錢，演我們的戲，唱我們的歌」（周恩來語）的目的。

---

〔註11〕 李建平：《桂林抗戰文藝概觀》，桂林：灕江出版社，1991 年，頁 125。

〔註12〕 參見蔡定國《共產黨的領導是西南劇展的靈魂》一文，《廣西社會科學》1986 年第 3 期。

〔註13〕 參見周鋼鳴《桂林文化城的政治基礎及其盛況》一文，原載《學術論壇》1981 年第 2 期。

〔註14〕 楊益群、王斌、萬一知編：《桂林文化城概況》，南寧：廣西人民出版社，1986 年，頁 19。

　　其實，如此大張旗鼓的文藝活動畢竟是少數，更爲普遍的是眾多小規模的文學活動，它們也時常得到意想不到的來自各方面愛國人士的支持，在與當地反動勢力的對抗中艱難地獲取生存空間。如董長祿回想自己當年在大後方，用「相聲」這種傳統說唱藝術的方式進行抗戰宣傳。1941 年，在桂林七星岩露天書場演出時，曾被當地地頭蛇指使流氓在演出場外打架起鬨、投石塊，並進而勾結警察勒令他們停演。第二天，桂林《大公報》曾登出文章揭露了這一事件，譴責地痞流氓的卑鄙行爲，支持我們的演出。在仍被禁演的情況下，董長祿便拿著于右任的介紹信找到兩廣監察使劉侯武先生，劉看信後非常客氣地接待了他。董即將上述事件向劉申訴，並請他給予支持，幫助解決，劉侯武聽了之後非常氣憤，即令手下人查處此事。不久桂林警察局東江分局就在七星岩露天書場大樹上張貼了布告：「查小地梨、歐少久藝員，在此演唱『抗戰相聲』係宣傳抗日救國，觀看人等不得無故滋事。如有擾亂鬧事者一律嚴懲不貸……」（大意）從此演出再無人敢來搗亂了。〔註15〕

　　雲南昆明的情形也與此類似。如王旦東創辦的《農民救亡燈劇團》，在成立演出過程中都困難重重，也是依靠愛國紳士的幫助才得以走上救亡宣傳的道路。雲南民間的花燈，是農村春節期間文娛活動的項目，雖然花燈被紳士、太太們視爲傷風敗俗的下流事，但有貼近民眾，通俗易懂、幽默詼諧、（在民間）影響廣泛等優點。王旦東等人就想以花燈的藝術形式宣傳抗日救國，並擬定了「農民救亡燈劇團」的名稱，但多次向昆明市政府和國民黨市黨部申請立案，卻不被批准。後來，王旦東經過好友楊光浩、姚雨聲的介紹，結識了一個滇戲劇場的經理王漢聲，請他設法。他是個愛國的紳士，並兼任義務教育委員會主任，熱心戲劇，答應支持。五個月後，有了答覆，王漢聲認爲燈劇團在名義仍須掛在我們教育廳義務教育委員會名下，借著當時義務教育委員會活動很少的機會，向教育廳長龔自知要求，料想龔廳長定會答應。這樣，一來燈劇團有了合法的地位；二來有了經費的支持，即通過王漢聲在義務教育委員會的賬目上，在限定範圍內可以實報實銷。1938 年春節燈劇團正式成立以後，王漢聲還關心劇團排演情況，看了幾個劇都表示滿意。並且當年 2 月他看了《茶山配》（即《茶山殺敵》）之後，還高興地提筆寫下幾句話，「《茶山配》是一部很有意義的劇本，加以熱情的表演，新奇的布景，動聽的

---

〔註15〕董長祿：《我在後方巡迴演出「抗戰相聲」》，《抗戰時期西南文化事業》，成都：成都出版社，1990 年，頁 296。

曲調，通俗的道白，所以感人很深，賣座極盛，這種燈劇實在是深入民間最相宜的利器……」。〔註16〕

另外，雲南話劇事業的開拓者陳豫源，也是應雲南教育廳長龔自知的邀請，在 1936 年回到原籍雲南。當時，龔自知打破傳統偏見，在省藝術師範學校開設戲劇電影科，將戲劇從下九流的深淵推向崇高的教壇，聘請陳豫源為該科主任。陳豫源早年考入北平大學藝術學院戲劇系，受到進步戲劇前輩熊佛西的教導，畢業後曾教過兩年書，之後放棄都市中較優越的生活，到條件艱苦的河北定縣參加了晏陽初倡導的中華平民教育促進會，在熊佛西的領導下，和楊村彬一道研究農民戲劇實驗工作。面對當時中日日趨嚴峻的形勢，有獻身話劇事業和抗日宣傳的決心。受邀回滇後，培養了一大批青年戲劇工作者，領導他們先後 7 次實驗演出，起到了很好的宣傳效果。這些都離不開龔自知的幫助支持，在歡送滇軍 60 軍出征抗戰的演出中，省府主席龍雲還和龔自知親臨看戲，對演出頗為稱讚。〔註17〕

類似的情況還有很多，因此在戰時大後方的「軍紳」社會中，各種各樣、不同層次的「軍紳」勢力之間常常會在特定的情境下發生力量的對抗局面，這種權力的相互制衡使得文學活動的開展有可能獲得一定的空間，而隨著文人作家們鬥爭經驗的不斷增長，他們也越來越能夠利用這些特殊形勢與情境，使得大後方文學在較為嚴峻的外部環境中仍舊能不斷的開展。

〔註16〕 王旦東：《農民救亡燈劇團親歷記》，《抗戰時期西南的文化事業》，成都：成都出版社，1990 年，頁 283～285。

〔註17〕 王耕夫等：《抗戰八年雲南的戲劇運動》，《抗戰時期西南的文化事業》，成都：成都出版社，1990 年，頁 252～254。

# 第一編　著作權、出版法與文學發展

# 攪亂文壇的法律
## ——以《大清著作權律》爲中心

李直飛[*]

　　將文學放入到社會場域中進行考察，清末民初無疑是一個極富誘惑力的文學生態場。中國的科技、政治、法律、經濟、思想觀念、社會結構等都發生了「三千年未有之大變動」，在政治上，變法的呼聲四起，從洋務到辛亥，改革者們進行了多次試驗；在思想觀念上，封建大一統思想逐步破裂，西方思想的傳播日新月異；在印刷技術上，印刷技術的日益革新，使大眾傳媒的出現成爲可能，這些政治、思想觀念、印刷技術的變動對文學發展所起到的作用已經被深刻的意識到，也已經被深刻的討論過或者正在成爲討論的熱點，與這些顯而易見制約文學發展的因素相比，法律、經濟、社會結構的變遷等這些對文學的影響相對比較隱性的因素討論得是不夠充分的。在影響文學的這些隱性因素裏面，法律對文學的影響又是經常被忽略，這大概與中國傳統對法律的不重視有關。但在實際情況中，在具體的某種情形之下，法律對文學關係的規約又是顯而易見的。可以想見的是，中國近現代的法律體系是在從無到有的基礎上發展起來的，是在與傳統的中國古典法律出現了某種「斷裂」，借鑒了西方的法律精神建立起來的，在那個充滿了矛盾糾結的時代，法律體系建立的背景、建立的目的、最終的功用對傳統社會都是一種巨大的衝撞，這種衝撞是中國從舊的時代走向新的時代的陣痛，對其他方面的影響都有可能是革命性的。當時的法律與文學的關係正是這樣一種關係，儘管從表面上看來，與文學相關的法律並不多，也沒有出現一部專門針對文學

---
* 　李直飛，四川大學文學與新聞學院中國現當代文學專業 2010 級博士研究生。

的法律，即使是像《大清著作權律》這樣的法律，直接涉及到文學本體的內容也幾乎沒有，法律與文學的關係，更多的是一種外在的制度性的規約，但是正是這種制度性的規約，剛好給文學的發展帶來了革命性的變動。在清末民初一系列法律的建構規約下，文學從作者、讀者、傳播都發生了前所未有的變化。《大清著作權律》在促進現代知識分子的形成、規範文學市場秩序和將其放在中國現代性進程中探討法律與文學之間的關係，是其他方面的因素難以替代的。

## 一、現代知識分子形成中的《大清著作權律》

創刊於 1910 年 7 月的《小說月報》，在其創刊號上一開始就刊登了一則徵文通告，上面分門別類的寫出了所需稿件及相應報酬，儘管《小說月報》的這則稿酬條例不是中國最早出現的稿酬條例，但論述者在談及近代稿酬時，這則稿酬條例成為必須提及的例子。也許是因為該則稿酬條例出現在《小說月報》這樣影響力極大的雜誌上，顯得更為規範正式，該則稿酬條例往往也就成為中國正式建立起稿酬制度的標誌；更深層次的原因恐怕更在於就在《小說月報》刊登出這條稿酬條例 3 個月之後，1910 年 10 月《大清著作權律》頒布了，以國家法律的形式正式確認了作家出售作品獲取利潤的合法性。如果我們注意到當時文人賣文為生成為一種常見的現象及其晚清政府在草擬《大清著作權律》時的社會影響力，《小說月報》上刊登出稿酬條例正是在這種社會影響下出現的，那麼，從《大清著作權律》的法律頒布到《小說月報》刊登稿酬條例具體的實施，1910 年可算作是中國稿酬制度史上關鍵的一年。

《大清著作權律》旨在保護作者和出版者的利益，儘管存在著這樣那樣被後人詬病的不足，但從它的具體條文來看，比如第一條凡稱著作物而專有重制之利益者，日著作權；第五條著作權歸著作者終身有之；又著作者身故，得由其承繼人繼續至三十年〔註 1〕等，《大清著作權利》還是從形式上實現了保護作者和出版者權益不受侵害的這一基本功能。如果我們考慮到清末民初在《大清著作權律》保護之下形成的稿酬制度在中國是第一次，而《大清著作權律》是在清政府於 1905 年宣告停止科舉考試五年之後的 1910 年頒布的，這兩件事情的發生，都與當時的讀書人息息相關，甚至徹底改變了中國讀書

---

〔註 1〕周林、李明山《中國版權史研究文獻》中國方正出版社 1999 年 11 月版，頁 89。

人的地位，這種改變，首先是從作家經濟地位的變化開始。在從隋唐到清朝一千多年的時間裏，通過科舉取士這一途徑，中國古代作家多出於入仕者，這只要對中國古代作家稍作統計就知道，比如從大清成立到鴉片戰爭爆發期間出現的一百二十四位有影響力的作家中，進士出身的有五十二人，舉人出身的有十八人，僅這兩項就佔整個作家比例的近百分之六十〔註2〕。也就是說古代的作家他的首先身份是作爲入仕者出現，然後才是作家的身份。既然是入仕者，他們的經濟來源就主要是靠國家的俸祿供養。在古代，作家通過科舉考試成爲國家統治階層的一員之後，國家爲他們解決了經濟後顧之憂；而到了 1905 年科舉制度廢除之後，作家進入到國家政治層面的希望大減，國家也不再爲他們的經濟生活負全責。於是，作家生計面臨問題，讀書人的出路成爲了一個大問題。隨著報刊雜誌等大眾媒體的興起，成爲雜誌撰稿人或編輯謀取稿酬變成了科舉廢除生計出路無望的讀書人最好的去處之一。而《大清著作權律》的頒布，通過國家法律的形式宣告了讀書人賣文換取經濟收入的合法性，掃除了以往讀書人「恥於言利」的傳統。這樣，作家從古代依靠國家提供俸祿的士大夫轉變成了依靠出賣自己智力獲得經濟收入的知識分子，儘管這種經濟來源相對於由國家提供的俸祿而言顯得較少和沒有穩定性，並且對於深受傳統影響的作家來說顯得尤爲尷尬，如果從作家或者是出版者的角度來看，這些《大清著作權律》的法律條文保證他們賣文來獲取利潤無疑是對他們有利的，然而，這些法律條文如果我們放入到清末民初的歷史當中去看的時候，對作者或者是出版者是帶有一些苦澀意味的，一方面，他們在傳統的影響下認爲賣文爲生是可恥的，另一方面卻又不得不依靠賣文爲生，但對於當時走投無路的讀書人來說，能夠通過撰稿或編輯獲取稿酬這已經是較好的出路了。從這個意義上講，《大清著作權律》對現代作家是延續了古代科舉制度對於讀書人的部分經濟保障功能的。

中國古代的科舉取士制度不僅對維護統治的穩定性顯示出其作用來，而且更關乎讀書人個體的命運。除了經濟上豐厚的俸祿外，科舉制度對古代讀書人的影響主要集中在政治上的特殊身份。通過科舉制度入仕做官，不但使得讀書人通過國家供養免除了經濟之憂，而且使他們成爲統治階層中的一員，由一般人上升爲有特權階層的一員，享受政治和法律上規定的特權，這

---

〔註 2〕 欒梅健：《二十世紀中國文學發生論》，廣西師範大學出版社 2006 年 8 月版，頁 144。

也就不難理解為什麼古代讀書人那麼熱衷於考取科舉，甚至考取科舉成為了他們唯一的出路。古代讀書人通過科舉考試取得了政治身份，進而獲得國家提供的經濟利益，先有了政治身份，然後才有了權力和經濟利益，政治身份對於個體來說就顯得尤為重要，謀求政治身份也就成為了古代讀書人不斷追求的終極目標，而科舉制度剛好是使讀書人取得這種政治身份的一個合法途徑。在清末廢除科舉制度之後，這一合法途徑實際上是被堵塞了，士大夫政治身份就面臨著轉型。而《大清著作權律》的頒布，實際上已經是在國家層面確認了古代的士向包括作家在內的近現代知識分子的角色轉化。古代的讀書人通過了科舉考試入仕之後，享有的特權往往是普通老百姓難以企及的，儘管考取科舉的比重小之又小，但科舉制度畢竟讓讀書人在獲得政治身份上有了希望。科舉廢除之後，宣告了現代讀書人像古代讀書人那樣通過科舉考試入仕道路的堵塞，但又沒有為當時的讀書人指出一條切實可行的路來，不少人甚至還幻想著有朝一日科舉重新恢復。《大清著作權律》的頒布，徹底斷了他們的在這方面的幻想，《大清著作權律》一方面是保障作者和出版者的權利，另一方面也是對作家身份的一次確認，確認了包括作家在內的現代知識分子作為出賣自己的作品獲取經濟利益的身份，作家從古代的政治特權階層轉變成為了賣文獲取經濟收入的商人，「士農工商」，讀書人從四民之首變成了四民之末，失去了任何政治特權。這種身份差異極大的轉變對作家的影響無疑是巨大的，在傳統的中國裏，讀書人的理想按照儒家的模式是「修身齊家治國平天下」，是看不起商人的，而科舉的廢除，《大清著作權律》的施行，時局塑造了他們的商人身份。這樣就出現了在這一批「過渡」作家的身上，往往懷有某種守舊精神，堅守著傳統學而優則仕的觀念，雖然在從事著現代雜誌編輯或者是自由作家的工作，但一旦有機會，就會想辦法重走仕途的道路，從內心深處我們就看到了現代作家與政治的糾結。《大清著作權律》從這個意義上也是延續了科舉制度給予讀書人的部分政治身份上的功能。

如果我們再仔細考查的話，還可以發現《大清著作權律》對作家的影響，不僅僅是對科舉制度給予讀書人經濟、身份功能的延續或者說是改變，甚至從思想觀念的層面，我們也可以看出《大清著作權律》對科舉制度的功能延續。對與統治階級來說，統治階級通過科舉吸納讀書人參與進國家政治管理的層面，首先考慮到的科舉制度是作為維護政權穩定的一種工具或者是手段，要維護政權的穩定，思想的統一就成為了一種必然的要求。在中國古代，

儒家思想就成爲了科舉考試唯一需要遵循的思想，儒家經典成爲了科舉考試的教材，統治階級就通過科舉考試這一社會機制，讓所有的讀書人都納入到封建大一統的思想裏來。這種大一統的控制思想儘管隨著近代文明的不斷發展而逐漸走向崩潰，但生產這種大一統思想的機制直到科舉制度廢除才宣告形式上的消除。取代這種大一統思想的是近代以來逐漸形成的多元文化思潮的競爭與融合，而多元文化思潮形成的一個很重要的基礎就是人的覺醒，個體權利得到尊重。《大清著作權律》的頒布旨在保護作者對自己腦力勞動成果的擁有，就是個人權利得到承認的一種形式，這與近現代「私有財產神聖不可侵犯」的精神是一致的，與中國古代個人財產得不到保護是相背離的。

在中國古代大一統思想之下，個人權利無論是在道德倫理層面還是在法律層面都是被忽略的。在儒家文化占主導地位的傳統社會裏，個人只承擔義務，其權利幾乎被完全遮掩了。儒家提倡「孝」道，在這種「孝」道之下，個人的一切權利完全屬於家庭、宗族、家族，相對於子而言，父對子擁有著財產獨占權、人身支配權和婚姻決策權。在這樣的父權社會裏，子的財產擁有權是被剝奪了的。這種規定在儒家形成早期或許只是一種道德上的規範，並沒有成爲一種人人都必須遵守的行爲準則，但是儒法調和，以禮入法之後，這種規則便以法律的形式給予了實行。歷代的法律對於同居卑幼不得家長的許可而私自擅用家財，皆有刑事處分，按照所動用的價值而決定懲罰的輕重。在這種圍繞著儒家倫理的家國一體的嚴密控制之下，從禮法、制度及其現實可能性上，中國傳統中的私人財產擁有權的合法性都被取消了。這些所說的個人財產擁有權都是針對於物權所說的，在具體的物權所有權得不到保障的時候，其無形的人格、精神財產權更是被置之於法律與倫理之外。這種忽視個人權利的做法完全被納入到了儒家的封建大一統思想當中去，又通過科舉考試印入到每一個讀書人的思想中去，進而影響到社會全體成員。通過科舉考試和法律制度的實行，這種不尊重個人權利的大一統思想無論從觀念還是從實際實施都得到了充分保證，科舉制度也就成爲了強化這種思想的有力社會機制。

於是，我們就不難理解，儘管中國早在唐朝就出現了與版權相關的官府文告，注意到了盜版的危害，但一千多年來一直難以出現保護作者和出版者利益的版權相關法律。作家和出版者爲了保護自己的利益，只能向官府請求一紙行政告令，尋求官府庇護。而這種保護受制於長官意志和行政效力的發

揮，往往是不到位的。這就是爲什麼近代那麼多的版權糾紛中，成功維護自己利益的作家或是出版者並不多見。這種沒有主動權利意識和制度性保護規範的缺乏，導致了中國古代並不存在眞正的知識產權制度，中國歷史上存在的與書籍管制有關的法律，主要是爲了禁止思想的傳播，維護皇朝的統治秩序，而非爲了保護作者、發明者和出版者的私人財產權益。中國古代的出版者和作者也始終未能獨立出來，形成一股社會力量，作者對其創造物擁有受到法律保護而可與國家對抗的財產利益的觀念也沒有形成，於是，直到西方人侵之前，古代中國未曾想過需要制定一部所謂的著作權法律。〔註3〕

　　《大清著作權律》的頒布，無論是從觀念形式上還是在實際操作中，都與傳統形成了一定的背離。《大清著作權律》的出現本身就說明了國家對作家個體腦力勞動成果這種無形財產的承認，這與中國古代對個體財產權的漠視產生了根本的轉變。作家要求自己的作品得到認可，主動要求通過創作得到勞動報酬，反對盜版等侵權活動，顯示著個體的覺醒，對自己權利的追求，是傳統封建大一統控制思想的一種鬆動。這種個人對個體權利的追求，個體的覺醒在中國現代性的過程中是不可或缺的，隨著這種個體的覺醒才有了後來五四中提出的「人的解放」，對自己作品合法權益的保護與個人權利的追求，可謂是五四「人的解放」的萌芽。只有產生了這種個體「人的解放」，才眞正顯示出傳統的「士」向現代知識分子的轉變，而《大清著作權律》正是這種轉變的表現之一。從科舉制度維護封建大一統思想到《大清著作權律》預示著思想解放的到來，《大清著作權律》又一次延續了科舉制度的思想傳播功能。

　　在古代的「士」向現代知識分子轉化的過程中，從科舉制度到《大清著作權律》剛好形成了在經濟、政治身份及思想觀念上的某種延續，這種延續當然是僅指兩者在社會功能上發揮的作用相似而言的，《大清著作權律》對包括作家在內的現代知識分子所起到的社會作用與科舉制度對古代讀書人所起到的社會作用是異質性的，並且科舉制度這一穩定了封建社會長達千年的社會機制，其影響已經深入到了社會的方方面面，其功能不可能一下子就被其他機制所能替代，《大清著作權律》所延續的科舉制度的功能，僅僅是其功能中很小的一部分。正因爲《大清著作權律》對讀書人的作用不可能完全取代科舉制度的作用，成爲報刊雜誌編輯或撰稿人在經濟和政治上顯然不能跟官

〔註 3〕 馬曉莉：《中國古代版權保護考》，《法律文化研究》，2007 年第 10 期。

員入仕相比，而且報刊雜誌也不可能解決那麼多科舉制度遺留下來的讀書人，而清政府又沒有爲這群讀書人指明去處，於是，這群讀書人成爲了社會的流動人員，也正是成爲流動人員，使這些人的思想得以接受儒家之外的思想，從而爲成爲現代知識分子做了充分的準備。

正是《大清著作權律》潛在的社會功能，使得清末民初的作家能夠有了經濟獨立和政治身份獨立的可能性，進而形成了思想獨立，最終才完成了向現代知識分子轉型的過程。

## 二、現代文學市場形成中的《大清著作權律》

稿酬制度的建立，是作家由古代士大夫向現代知識分子轉變過程中的重要一步，它使作家的寫作不再因爲經濟關係而依附於貴族階層，文學有了擺脫政治控制的可能性，使中國文人眞正意識到了知識財產的經濟價值，但是文學在逐漸擺脫政治的依賴（其實文學一直也沒有完全擺脫對政治的依賴）之後，又面臨著陷入經濟的圈套，這就是現代文學市場的形成。如上文所說，《大清著作權律》的頒布實際上是對讀書人身份的一次確認，科舉制度的廢除將讀書人的進仕道路給予了不同程度的堵塞，將讀書人從古代的「士」變成了出賣作品獲取利潤的商人。由於稿酬制度的確立，現代文學市場產生了最重要的生產者；而現代傳媒技術的急速進展，使得消費文學的成本降低，文學消費出現了一個龐大的群體。在生產、傳播、消費的市場化鏈條中，文學市場已經具備了最基本的要素。

在將作家投放到現代文學市場中的時候，作爲商人的作家和出版者，在生產文學的時候，不得不去面對著整個文學市場，在逐漸培育成熟的文學市場中如何立足成爲了寫作者不得不去考慮的問題。於是，跟其他商品一樣，在生產文學商品時，作家的創作就得把潛在的讀者因素考慮進去。文學的寫作已經由過去的閱讀對象是某個目的明確的政治對象（帝王、貴族階層或是士大夫自己）變成了一個個面目逐漸模糊的無名讀者。這些眾多的無名讀者很大程度上關心的不是寫作者的政治身份或其他身份，而是其寫作風格是否合乎自己的閱讀口味。這一個個眾多讀者的閱讀口味成爲了作者和出版社賴於生存的生命線，在這種情況之下，作家寫作的動機就不完全是爲了獲取政治資本，而是爲了行銷市場，現代寫作者和出版者爲了贏取市場利潤，不得不去迎合讀者口味。在這種迎合寫作當中，對作者和出版商而言，他們之間

的競爭就是爭取讀者市場的競爭。這場愈演愈烈的競爭中，當一部作品深受讀者歡迎時，其他作者或出版商爲了不讓利益獨佔，往往會模仿跟進，甚至採取不顧一切的採取盜版等侵權行爲，這種行爲發展到一定程度的時候，必然帶來的是整個市場的無序競爭，如果沒有外在因素的強力約束，無疑只會演化成爲一種惡性循環。《大清著作權律》的出現，正是對這種市場無序競爭的一種規範。

晚清文學市場在發展之初，就一直處於盜版的威脅之中，因爲之前中國沒有一部專門保護作者和出版者的法律，遇到版權之爭，作者往往處於一種弱勢狀態，一度出現了「盜版有理」的情形。如果我們將《大清著作權律》與之前的版權保護措施相比較的話，我們更能看出《大清著作權律》在文學市場中形成的作用。《大清著作權律》頒布以前的版權保護，很大程度上是由官方向出版者提高特許文告，進行個別保護。比如《東都事略》記載的中國最早的版權保護例證：

眉山程舍人宅刊行，已申上司，不許覆板〔註4〕

例證中「已申上司」表明該官府文榜完全是根據當事人的「乞給」而發出，如果當事人不主動向官府求乞，該榜文是不會出現的，並且除此之外，當事人沒有其他途徑可以保護自己的利益。從這個例證中，我們無法尋找到現代觀念中所理解的「權利」，就是屬於「個人的正當利益」的觀念，也無法看出這是一個制度性的規範。而個人平等權利的覺醒，制度性規範的設立是一個市場成熟至關重要的因素。中國版權保護的官府特許時期一直持續到《大清著作權律》的頒布，《大清著作權律》最爲直接的功用就是保護了作者和出版者的權利不受侵害，使作者和出版者在起訴侵權的時候有法可依，而不是費勁的去尋求行政庇護。這種保護無疑對提高作者的寫作積極性和出版業的發展帶來極大的促進。而現實也的確如此，我們不難發現就在《大清著作權律》頒布的前後，中國報刊出版業的蓬勃發展，中國現代作家群體的初步形成。法律保障了作品從生產、傳播到消費之間的良性循環。這種發展勢頭一直持續到了民國以後，民國建立之初，仍然將《大清著作權律》作爲一種建設性的法律給予保留了下來，後來北洋政府於 1915 年和民國政府於 1928 年制定的著作權法都是對《大清著作權律》的繼承，在基本框架、主要內容和基本制度方面都沒有什麼實質性的變化。《大清著作權律》的頒布，也可以說是整

---

〔註 4〕周林、李明山《中國版權史研究文獻》中國方正出版社 1999 年 11 月版，頁 3。

個文化市場相互之間博弈的結果，需要這麼一部法律來規範整個市場秩序，同時又培育和促進了文學市場。

## 三、中國現代性進程中的《大清著作權律》

前面所述的《大清著作權律》在現代知識分子形成中所起到的作用與在現代文學市場形成中所起到的作用完全是功能性的分析，《大清著作權律》頒布的時候則是沒有想到會導致這些結果的。儘管晚清政府頒布《大清著作權律》的原因總是內因與外在壓力的相互勾連，而國內當時確實存在著一股呼籲爲著作權立法的聲音，但是當看到晚清的中國爲是否爲著作權立法而爭論不休的時候，我們顯然看到這是一個還沒有完全爲頒行著作權法做好準備的國度，晚清政府頒布《大清著作權律》的動力主要來自於歐美列強的壓力就顯而易見了。

早在《大清著作權律》頒布的前 200 年，歐美諸國已經實行了成熟的著作權制度，在歐美諸國開拓中國市場的過程中，顯然意識到了保護本國公民知識產權不被侵權的重要性。《辛丑條約》第 11 款爲外國出版商乃至外國政府敦促清廷對版權加以制度性保護提供了一個合法性的理由。條約列強希冀建立一個可以從事國際商務的環境，畢竟內地稅、管理礦業與合營企業法律以及相關知識產權法律的缺乏阻礙了他們進入中國四億人口的巨大市場。同時，列強宣布，如果清朝政府作出這種妥協，他們會同意清廷海關衙門重定關稅、再禁止鴉片，並且如果中國的立法與執法狀況得到保證的話，他們甚至樂意放棄治外法權。這一尊重中國主權與國家安全的承諾引起了清廷的興趣。於是，有關商務條約的談判就這樣在美、日等列強與清朝政府之間開始了。商約的內容涉及加稅免釐、通商口岸等問題，最令中國談判人員迷惑不解的是列強竟然對包括版權在內的知識產權問題表現出了極大的興趣與熱情。對版權保護要求最切的是美國和日本。美、中於 1902 年 6 月 27 日始進行了五次會談，其間，對版權的保護問題展開了激烈的爭論。無論如何，中美在《續議通商行船條約》第 11 款專列了有關保護版權的內容。爲了履行條約的條款，清政府開始考慮制定《大清著作權律》。〔註5〕

在這裏，《大清著作權律》的頒布顯然與構建民族國家產生了聯繫。實際

---

〔註 5〕 參見李雨峰：《槍口下的法律——近代中國版權法的產生》，載《北大法律評論》，第 6 卷第 1 輯，法律出版社 2005 年版。

上，中國的整個現代性進程都與民族國家的建立產生了勾連。作爲晚清「預備立憲」而頒布的一系列法律之一，《大清著作權律》的頒布無疑也是作爲國家近代性或者是現代性的象徵之一的。中國的悲劇或許正在於此，頒行的法律並不是從權利人的需求出發，甚至是專門針對個體的私法，將屬於私法領域的著作權法作爲國家推進近代化的工具來使用與其原來的目的產生了背離。這種背離所產生的後果就是著作權法的立法與大眾守法之間的某種不適應。儘管《大清著作權律》頒布之後，在很短的時間內，它就辦理了大量著作權註冊，比如商務印書館恐怕是《大清著作權律》最早一批受益者之一，到宣統三年，它已經爲所出版的數百種各類教科書進行了註冊，但我們卻很難發現以《大清著作權律》作爲判案依據的文學官司。這既與中國傳統重禮輕法的傳統有關，也與清政府在制定《大清著作權律》時的出發點有關。

　　《大清著作權律》裏面的內容，大部分條款都是屬于禁止性的，其實行的註冊制，實際上形成了一種書籍審查制度，《大清著作權律》裏面諸多的限制連同其他相關法律一道，對當時的思想自由形成了鉗制。這樣就形成了《大清著作權律》在保護作者、促進作品的創作與流通方面的功能給予減弱，實際上摻入了維護統治穩定的因素在裏面。著作權法原是隨著作者個體權利意識的增強、作者群地位的獨立以及經濟發展水平的提高等引起的社會結構的變動而逐漸完善的。由此，它產生了一個這樣的結果：正是著作權的保護促進了作品的創作與提高。而《大清著作權律》則剛好相反，由於忽略了法律在中國的信仰程度、民間對著作權法的需要程度、民間對著作權是否應當加以保護等實際情況，《大清著作權律》無法完成對個人權利的完全保護，也無法消除盜版，真正起到促進作品的創作與提高的作用，立法與守法二難相違。這無疑是晚清政府頒布的一系列法律的一個寫照，晚清政府所頒布的法律，幾乎所有的法律都是作爲建設近代化民族國家的工具而頒布的，甚至直到今天，頒布法律仍然是建設現代化國家的一個象徵，似乎頒布了這麼一個法律，就標誌著我們已經進入到了近代化、現代化了，而往往忽視了權利人的實際需要。出於一種功利主義目的，著作權法在中國現代化的焦慮中誕生了。但它將著作權保護最起碼的個體意識的難題留給了後人，或者恰當地說，它將個體權利意識得以生育的政體機制的改革工作留給了後人，從而注定了中國著作權秩序的任重道遠〔註6〕。

〔註6〕同上。

　　《大清著作權律》作爲一個個案，留給我們關於法律與文學的思考，在爲文學之類帶有思想性的資產進行立法的時候，什麼樣的尺度是合適的？特別是當外加的因素多重集中到文學身上的時候，立法如何兼顧到文學自身的發展？那麼，將《大清著作權律》放入到中國現代性的理路當中去，思考則才剛剛開始。

# 一部《大清著作權律》，一組近代本土文化生態的亂碼

錢曉宇[*]

  《大清著作權律》牽扯出來的問題是多維的，除了其對民國著作權法在修訂和確立上的影響外，表現出的維權意識模糊性，條款擬定高依附性等問題上，都值得細細推敲。種種矛盾現象就像一組亂碼揭示了近代中西文化交流的實景和清末民初知識界生態——本土文化發展的自主性缺失，文化交流不對等，以及對內、對外維護版權的標準不一等等。新世紀對中國第一部正式頒布的版權法《大清著作權律》進行回訪，對理解民國時期的知識界生存形態和維權意識的矛盾性有很重要的意義。

## 一、《大清著作權律》的誕生

  早在宋光宗紹熙年間（1190～1194），一百三十卷《東都事略》目錄後的長方牌記「眉山程舍人宅刊行，已申上司，不許覆板」[註1]就被視為最早的版權保護證據。明朝不少文獻著作出版後均附印記，如「翻刻千里必究」、「敢有翻刻必究」、「翻刻必究」、「如有翻刻，千里究治」等警告性文字，這也說明我國在著作版權的維護上早有起步，而且早過19世紀末才正式確立版權概念的歐洲諸國多年。不過這些記錄雖然可以提供早期維權意識的存在證據，但中國本土的版權法律條文卻一直空白，缺失是不爭的事實，至於維權成功

---

*  錢曉宇（1975～），女，湖南長沙人，文學博士，現為北京師範大學文學院在站博
  士後，華北科技學院文法系副教授，中國／國際郭沫若研究學會會員。
〔註 1〕周林等主編，《中國版權史研究文獻》，中國方正出版社，1999 年，頁 4。

的文獻案例更是少之又少。

　　歷經宋元明清，直至近代，中國版權意識的覺醒和法制化進程才正式進入了上升通道。晚清知識界重要人物，上海文明書局創辦人廉泉（惠卿），著名翻譯家嚴復都於 1902～1903 年間，向管學尚書大臣進言，呼喚立法保護著作者權益。嚴復懇切訴求：「顧著述譯纂之業最難，敝精勞神矣，而又非學足以窺其奧者不辦。乃至大家為書，大抵廢黜人事，竭二三十年之思索探討，而後成之。夫人類之精氣，不能常耗而無所復也。使耗矣，而奪其所以復之途，則其勢必立竭。版權者，所以復著書者之所前耗也。……是故國無版權之法者，其出書必希，往往而絕」。〔註2〕

　　嚴復他們向等同於國家教育部的陳詞正式開啓了近代知識分子呼喚立法保護作者權益的進程，在七年後的 1910 年，終於迎來《大清著作權律》的正式頒布。「《大清著作權律》共有 5 章、55 條。該法對於版權保護所應包括的事項，都規定得比較明確、全面、對立法宗旨、版權保護的對象、範圍、版權權利、保護期與繼承權、轉讓與抵押、版權限制、侵權與制裁、版權的管理等都作了細緻的規定。」〔註3〕雖然若從宋元時期算起，《大清著作權律》的問世可以說是以往七百多年的積纍結果。其實，真正促成它的問世，卻和外來影響密不可分，是西學東漸過程的明顯表徵，更是本土經濟與政治格局發生裂變的結果之一。

　　按朝代論，《大清著作權律》是一個命短的法令，因為一年後的 1911 年，辛亥革命爆發，清朝政權就被顛覆。不過《大清著作權律》在不知不覺中奠定了民國時期版權法的總面貌。袁世凱時期曾通告全國，只要不與民國國體相牴觸的前清法律都可以繼續沿用。因此《大清著作權律》得以保留。之後，像北洋軍閥時期 1915 年的《著作權法》和國民黨時期 1928 年頒布的《著作權法》都建立在它的基礎之上，增刪幅度都很小。民國 1928 年的《著作權法》也就是「增加了對唱片、電影這類作品的保護，其他內容變化不大」。〔註4〕

　　這些都間接說明《大清著作權律》在各方面均打下了較好的基礎。因為政治原因，建國後，廢除了國民黨時期的絕大部分法令，以致於 1949 年之後的版權保護在立法這個領域長時間處於真空狀態。因此可以說，《大清著作權

〔註 2〕　周林等主編，《中國版權史研究文獻》，中國方正出版社，1999 年，頁 47。
〔註 3〕　姚怡昕著，《中國版權制度變遷研究》，甘肅人民出版社，2000 年，頁 75。
〔註 4〕　姚怡昕著，《中國版權制度變遷研究》，甘肅人民出版社，2000 年，頁 75。

律》是百年中國知識界極具標誌性的存在。

到了新世紀的今天，2012 年 4 月上旬，中國流行音樂學會唱片工業委員會（唱工委）就我國最新著作權法修改草案的部分條款缺乏尊重和保護音樂創作者版權等硬傷，集體發出了抗議之聲，音樂人谷建芬的「我心已死」、劉歡的「滅頂之災」、宋柯對「金錢音樂」與「尊嚴音樂」之糾結再一次讓人們關注版權問題。文學、藝術界維權之聲此起彼伏，並未因為時代的變遷而銷聲匿迹。不管時代旋律如何，討論晚清至民國時期的著作權法，乃至現今的版權法修訂情況，都有必要將《大清著作權律》納入研究視野。

什麼是版權？版權意識又是什麼？若要深入瞭解近代以來正式頒布的版權律令，這是必須釐清的兩個概念。版權（copyright）既是一個法學的概念，也是一個經濟學的概念。「從法學角度講，版權是知識產權（Intel Lectual Property）的一個重要組成部分。現代意義上的版權，通常有狹義和廣義之分。狹義的版權是指文學、藝術和科學作品的作者依法享有的著作人身權和著作財產權。（包括發表權、署名權、修改權、保護作品完整權、使用權和獲得報酬權）。……從經濟學角度講，版權是一種產權，是文學、藝術和科學作品的知識資產的產權。……版權的特殊性還在於，它是一種與人身權有關的產權。」〔註5〕

可見，版權本身就是一個複義概念，它既有嚴肅的法律約束效應，也是對創作者精神、智力活動的基本尊重，更通過一定的經濟手段，盡量在無形的智力資源與可見的貨幣形式之間建立基本合理的實體等價關係。版權侵害與維護版權這個保持了數個世紀的魅力話題自然難免陷入無盡的糾葛之中，扯不清理還亂。

至於版權意識，雖然有上文涉及的宋元時期的最早版權意識記錄，但是在實際操作上，中國版權意識的建立是隨著經濟意識建立才得以實現的。有文獻記載，我國雖然是最早發明印刷和活字印刷的國家，但是因為當時的印刷成本很高，技術要求高，所以大部分著作的印行屬於私人行為，是不以盈利為目的純文化活動，以致於侵權等現象還是很少的。「近代以來，西方先進的印刷技術首先傳入上海，活字排版、石印等機器印刷速度快，成本低，使印刷成為有利可圖，甚至有巨利可圖的行業，上海逐漸成為中國印刷出版業的中心。與此同時，隨著盜版現象的不斷出現，制定著作權法或版權法也迫

---

〔註 5〕姚怡昕著，《中國版權制度變遷研究》，甘肅人民出版社，2000 年，頁 1～2。

在眉睫了。」〔註6〕

顯然，近代西方文明的大量輸入，由此引發的經濟結構變化、印刷技術進步，以及各類條款的模板示範作用，使得中國維權意識逐步加強，對版權法的呼喚也日益迫切，經過晚清政府的過渡，至民國時期，至少在法理上，中國版權法和維權意識均已基本成型。如果沒有以上外來因素的介入，可以預見，這一進程必將延後，人們對它的要求也不會如此迫切。

## 二、本土著作權律 Vs 國際版權同盟：亂碼的集中表現

然而，當清末民初知識分子終於為維護自身版權利益爭取到法律依據之時，卻出現了本土著作權律是否要加入國際版權同盟的爭論。兩者之間的拉扯正是《大清著作權律》醞釀成型並頒布執行過程中產生的連鎖效應。鑒於晚清政府已經在本土頒布了正式的版權保護法，加入國際版權同盟的問題就被提上議事日程，西方一些國家希望中國能夠儘快跟國際版權法接軌。不過，這個接軌並不如法令頒布那樣來得順理成章。

所謂國際版權同盟的前身就是「伯爾尼公約」。1886 年，在瑞士首都伯爾尼，十多個國家共同簽訂了一個國際版權公約——《伯爾尼保護文學和藝術作品公約》（簡稱《伯爾尼公約》）。這個公約於 1896 年 5 月 4 日在法國巴黎修訂補充，以後又陸續得到修訂，是世界上公認的國際版權保護公約之一。1902 年，此公約完整漢譯版傳入中國，還一度成為中國知識界要求頒布本土版權法的有力支撐資源。不過，輪到本土版權法是否加入國際版權聯盟時，國內知識界的態度出現了逆轉。

當時國內知識界、出版界以反對加入國際版權同盟的意見占主導。上海書業商會和商務印書館就堅決反對，並提出了一系列以保護本民族出版業利益為目的的理由。以商務印書館為例，作為中國歷史上時間最久、影響最大的出版社之一，它正是在「甲午戰後譯西書、倡新學的風氣影響下」，〔註7〕由夏瑞芳與妻兄鮑咸昌於 1897 年 2 月 11 日創辦的。

商務在教科書編寫出版，西方理論書籍翻譯等領域取得的成績無可匹敵。這正應驗了之前提及的，當年的出版現實。中西文化交流不對等狀態下，

---

〔註6〕薛理勇著，《舊上海租界史話》，上海社會科學院出版社，2002 年，頁 237。
〔註7〕閔杰著，《近代中國社會文化變遷錄》（第二卷），浙江人民出版社，1998年，頁 54。

要商務等書業集團心甘情願加入國際版權同盟的可能性實屬渺小。不過，一邊倒的反對已經不復存在了。《東方雜誌》在當年就支持加入國際版權同盟，不談民族利益保護，站在純粹的版權立場，叫板出版界權威。因此，法律條文與思想觀念的出入，本土知識團體之間的爭論並非簡單的是非問題。

1913 年，美國較早提出對中國加入國際版權同盟的希望。反對加入國際版權同盟的國人，站在本土利益的基礎上，反駁了美方的要求。他們提出的幾個反對理由倒是值得注意。

首先，反對方對於美國本身沒有加入國際版權同盟，卻要求中國加入的事實提出質疑，認爲這種雙重標準無疑是荒謬的。美國之所以不加入同盟，也是源於美國自知文化根基沒有歐洲本土深厚，文化交流不對等，加入版權同盟後會對美國不利。

第二條反對理由正是在前一條基礎上的展開。當年，「在中國，中學以上各學校教科書，現今尙需取材於外國著作物，何況中國近年以來，中學畢業的學生日益增多，能直接閱讀外文著作者也日益增多，對外國著作物的需求也日益增加。而外國著作物僅就圖書來說，價格又極其昂貴。」〔註8〕

在晚清乃至民國時期，中學教育中的外國著作物使用情況很普遍。教育界及知識界對西方著作的渴求程度相當高。僅在中學教育中，翻譯外國著作作爲教科書所佔的比重就很大。而晚清以降的很長一段時間，西方文化向中國的輸入勢不可擋，本土需求也不斷提升，這種倒灌的不對等態勢不可阻遏，填充著民國知識分子和接受新式教育的國人對西方文化的想像和認同。一旦加入國際版權同盟，就不能隨意翻譯出版西方各類書籍，給西學低成本傳入設置了障礙。

暫且不談教科書以其高頻使用率，從出版角度來說，擁有可觀的利潤空間，僅就知識界對於加入國際版權同盟的爭論，就能發現內外不一致的矛盾態度。美國對於歐洲，中國對於整個西方世界的文化交流態度等等現象不約而同地歸結到一個重大問題——文化輸出與輸入的不平衡。顯然，文化交流不對等必然導致所謂知識產權跨國保護的出發點和著眼點存在很大的飄移性。

要知道，《大清著作權律》在當時已經頒布並實施了。版權法就是爲了保護著作者權益的法律，本土知識界對保護著作權的呼聲與對加入國際版權同

---

〔註 8〕李明山主編，《中國近代版權史》，2003 年，河南大學出版社，頁 133。

盟的反感顯得很不協調。況且，此權律本身就是學習日本、德國、比利時、西班牙、美國、法國、英國、奧地利、匈牙利等國的版權制度，模仿的是西方發達國家版權體系，在不違反《大清律例》的原則下，按照西方標準，西化程度很高的一部法律。

這樣一部跟國際接軌比較完備的版權法，從內容和形式上顯示出明顯的國際接軌傾向，卻在加入國際版權同盟這一國際接軌動作上出現了猶豫甚至倒退，可見，此現象的身後恰恰牽涉到民族國家的文化利益、版權保護對象的局限性以及國際文化交流不對等性等複雜問題。

因此，成文法律條款的出現並不代表一切與之相關的問題都會水到渠成地被解決。換句話說，必須如實看待《大清著作權律》的影響力。一道法律的生成與運行不等於它所代表的法律內涵能真正被解讀並接受。不能因為它的劃時代意義，就過分擡高它的社會影響力。知識界在版權上對內對外不一致的態度，正是矛盾的表現。

況且，爭論不僅限於本土人士之間。早在 1899 年，日本就對中國的文化發展，包括版權法事宜表達過意見。日方在《論布版權制度於支那》一文中明確表示中國不應該過早加入國際同盟。不過日本的反對並非毫無私心地保護中華民族文化。在版權問題上，雖然其冠冕堂皇的理由是「凡文物進步尚弱之國，最不宜入萬國同盟。我日本於改正條約時，誤入此盟，實外交上一大失策也。」〔註9〕，要知道日本在中日續訂商約時，提出增加版權條款的要求，並希望能在兩國間建立版權同盟。表面上此舉是向中國傳授經驗，實則表現出日本居高臨下，在對華文化輸出上的心理優勢。

當然，不能絕對排除存在著某些無政治目的的日方友好態度，但是從根本上，日本希望通過文化輸入改變國人乃至國家機制的形態，以跟上他們的管理和統治理念，最終實現對中國的全方位滲透與控制。比如，「1903 年，美日兩國利用續修通商行船條約之機，強行要求在續修商約中加入版權保護條款……」，〔註10〕實則是中國是否加入國際版權同盟之爭的始作俑者。版權法的頒布與否、是否加入國際版權聯盟等焦點問題一律為其對華政策服務。

這是一個令人沮喪的事實，不過，也說明了清末民初的特殊時代，小到生活方式，大到國家施政立法都已經不是一個孤立的個案了，所涉頭緒甚廣。

〔註9〕李明山主編，《中國近代版權史》，2003 年，河南大學出版社，頁 88。
〔註10〕李明山主編，《中國近代版權史》，2003 年，河南大學出版社，頁 132。

不過，日方的《論布版權制度於支那》在當時還是受到以梁啓超爲代表的改良派的歡迎。倒是民國知識分子蔡元培先生比較冷靜地表示，他支持中國擁有自己的版權保護制度，但是反對日本與中國之間締結版權同盟。

以上問題之間既有獨立探討空間，又互爲因果，釐清亂碼的同時，清末民初的文化生態也就浮出水面了。新世紀，中西文化交流的問題依然存在，不對等仍然是一個揮之不去的事實，因此深入研討版權及相關理念，關注本土內部的版權保護和跨國版權保護問題，對今日中國文藝界仍有極大的啓示。

# 清末民初出版法的變遷與
# 社會幻想小說的想像空間

任冬梅[*]

　　清末民初之際，是中國面臨「千年未有之大變局」的時代。清末時期，在「歐風美雨」的侵襲下，大量新生事物從國外傳入中國，此時的中國經歷了一個「器物——制度——思想」的轉變過程。民國建立之後，不僅結束了中國幾千年封建王朝的統治，社會風貌發生了巨大的改變，而且政治經濟法律文化等各方面的變化共同作用於文學，使得民國時期的文學與清朝或者更早時候的中國傳統文學相比也發生了巨大的變化。這裏要著重探究的是一類筆者稱之爲「社會幻想小說」的小說與清末民初的出版法規之間的微妙關係。

## 一、誕生於清末時期的社會幻想小說

　　所謂「社會幻想小說」是一種與現實主義文學相對的理想型文學，小說著力於向讀者展示作者想像中的人類社會的樣子，主要是政治體制，還包括經濟狀況、科技水平、國際關係……其特點是小說故事發生的地點都不是現實社會，而是一個時間或空間上的「虛構之地」，但是我們從這個「虛構之地」的社會身上又能看到現實社會的某些影子。

　　中國社會幻想小說的前身可以追溯到產生於魏晉之際的《列子‧黃帝篇》、東晉陶淵明的《桃花源記》、北宋王禹偁的《錄海人書》、南宋康與之《昨夢錄》中的「西京隱鄉」以及清代李汝珍的《鏡花緣》等作品，但是眞正稱得上社會幻想小說的則是晚清時候誕生的一系列小說文本。鴉片戰爭打開了

---

\*　任冬梅，（1985～），重慶人，現爲北京師範大學文學院現當代文學專業博士生。

中國的大門，中西文化從此開始急劇碰撞，在「西學東漸」的影響下，晚清知識分子翻譯了大量的西方政治小說，而「社會」〔註1〕這個詞也正是此時由日本傳入中國。小說雖然是一種古已有之的文學體裁，但在晚清以前，小說的地位不高，只被斥之為「淺識小道」，從未進入過上層或者說主流文學界。直到1902年，梁啓超提出「小說界革命」的口號，在《論小說與群治之關係》中呼籲：「欲新一國之民，不可不先新一國之小說。……乃至欲新人心、欲新人格，必新小說。何以故？小說有不可思議之力支配人道故。」〔註2〕「故今日欲改良群治，必自小說界革命始；欲新民，必自新小說始。」〔註3〕才使小說由傳統的「小道」一躍而成為「文學之最上乘」。而對於如何「新」小說，梁啓超等人一致把目光投向了域外小說，在西方，小說在社會變革中所起的巨大作用早就令中國知識分子們神往了，「在昔歐洲各國變革之始，其魁儒碩學，仁人志士，往往以其身之所經歷，及胸中所懷，政治之議論，一寄之於小說。……往往每一書出，而全國之議論為之一變。」〔註4〕定一的觀點在當時很具有代表性，「中國小說之不發達，猶有一因，……然補救之方，必自輸入政治小說、偵探小說、科學小說始。蓋中國小說中，全無此三者性質，而此三者，尤為小說全體之關鍵也。」〔註5〕

　　梁啓超本人尤其推崇政治小說，他創作的唯一一部小說作品，即是在《新小說》創刊號上和《論小說與群治之關係》一文同時刊載的政治小說《新中國未來記》〔註6〕。《新中國未來記》是政治小說，同時也是中國最早的社會幻想小說之一。梁啓超在小說中描述了六十年之後的「新中國」的繁盛景象，其中又著重於對政治體制的討論與想像。梁啓超之後，出現了一大批類似的

---

〔註1〕 在1903年前後，「社會」一詞已經成為中文裏的日常詞彙，詳細情況請參閱馮天瑜：《經濟‧社會‧自由：近代漢字術語考釋》，《江海學刊》，2003年第1期。以及吳建生：《「社會」一詞演變及在晚清的傳播》，《實事求是》，2012年第3期。

〔註2〕 梁啓超：《論小說與群治之關係》，《新小說》，1902年第1號。

〔註3〕 梁啓超：《論小說與群治之關係》，《新小說》，1902年第1號。

〔註4〕 任公：《譯印政治小說序》，原載《清議報》第1冊，1898年，引自陳平原、夏曉虹編《二十世紀中國小說理論資料》（第一卷），北京大學出版社，1997年，頁37～38。

〔註5〕 定一：《小說叢話》，《新小說》1905年第15號。

〔註6〕 1902年《新小說》第1號開始連載，後載於第2、3、7號，署「飲冰室主人（梁啓超）著，平等閣主人（狄葆賢）批」。標「政治小說」，共五回，未完。是書規模宏大，所成五回僅為全書序曲。

小說，如蔡元培的《新年夢》（1904）、陳天華的《獅子吼》（1904）、吳趼人的《新石頭記》（1905）、碧荷館主人的《新紀元》（1908）、陸士諤的《新三國》（1909）、《新中國》（1910）等等。這些小說大都想像未來中國社會的情景，將「改革」、「維新」、「立憲」等社會政體的演變納入其中，然後描述由此所帶來的未來中國的強盛，包括經濟文化還有科技等方方面面，因而近年來也有學者將這些小說歸爲「科幻小說」〔註7〕的範疇。值得注意的是，晚清時期的社會幻想小說在幻想未來強大中國的同時，也會涉及到對當時腐敗無能的清政府的揭露與批判，例如《新石頭記》中賈寶玉首先到達的就是晚清時候的上海，在對晚清社會經歷過一番遊歷與品評以後，賈寶玉才進入了吳趼人筆下的「文明境界」。腐敗不堪的現實中國正好與想像中的未來的「光明中國」形成鮮明對比。我們會發現，不管是對「君主立憲」、「文明專制」等各種政治體制的想像，還是對當下黑暗社會的揭露，這些內容得以順利出版發行，都離不開當時的社會環境。

## 二、清末相關出版法規與社會幻想小說的流行

　　中國歷史上一直沒有專門針對書籍出版而制定的相關法律，清政府直到1906年才制定出了第一部出版法規《大清印刷物專律》。爲了應對日益高漲的民主思潮和民族民主革命運動，清政府宣布實行預備仿行立憲。在這樣一種歷史背景下，朝野上下要求新聞出版法制的呼聲重新響起，清王朝也決定順應歷史潮流，著手進行近代新聞出版法制建設，有限度地開放報禁、言禁，給人們創辦報刊和出版書籍的自由權利，這可以說是清代近代新聞出版法制建設邁出的第一步。

　　《大清印刷物專律》由商部、巡警部和學部共同擬定，共分爲大綱、印刷人等、記載事件等、毀謗、教唆、時限等六章四十一款。該專律承認了印刷出版的合法性，包含了所有「文書、圖畫」，具有綜合法典的性質，但其內

---

〔註7〕 如王德威（《賈寶玉坐潛水艇——晚清科幻小說新論》）、林健群（《晚清科幻小說研究（1904～1911）》）等。在想像未來社會制度的同時加入了對科技發達的設想，這樣的小說的確可以稱之爲「科幻小說」。我們會發現，這類小說既屬於「科幻」，同時由於對整個社會和政治體制進行了想像，也屬於「社會幻想小說」這一大範疇。因而總結來看，「社會幻想小說」不等同於「科幻小說」，但是可以包含部分「科幻小說」（不包含那些只單純針對某種科技發明進行想像的科幻）。

容上仍帶有明顯的傳統「諸法合體」的痕迹，其編排方式和章節條目設置並不符合近代通行的立法規範的要求。同時，《專律》還將法律責任分散放置於相應的條文之後，其中存在著刑事責任和行政責任區分不甚清晰、責任方式比較單一等問題。在名稱上稱其爲「印刷物專律」，表明清政府對當時出現的出版這一新現象還沒有一個明確的認識，也來不及用很好的、很到位的法律術語來規範表述。

到 1910 年，清政府又頒布了《大清著作權律》〔註 8〕，可以說是中國歷史上第一部版權法。該法分爲通例、權利期限、呈報義務、權利限制、附則等五章，共五十五條，對於著作權、著作物的範圍、取得保護的呈報義務、著作權的保護期限、著作權的權限以及侵犯著作權的處罰等問題，都作了明確的規定。此律雖然僅實施一年就隨著清王朝的覆亡而壽終正寢，沒有產生什麼實際的效用，但也反映出晚清對文學的出版和版權等問題已經開始重視並走向規範化。

由此看來，晚清時候誕生的出版法規還在起步階段，遠未達到完善的程度，《專律》中並沒有對於非法出版物的相關規定，只提到印刷對象上關係毀謗與教唆者的處罰內容，「凡他人之著作，或出版印刷，或錄入記載對象內，因而公佈於世，致釀成非法之事者，不論所釀成之事爲犯公法爲犯私法，各該著作人俱依臨犯不在場之從犯論。如此等著作尚未釀成犯法之事，即將著作人依所犯未遂之從犯論。」這樣的法律並不能行之有效的對文學作品進行「鉗制」。《專律》中規定的「所有關涉一切印刷及新聞記載，均須在本局註冊。」「凡未經註冊之印刷人，不論承印何種文書圖畫，均以犯法論。」「凡印刷人不論印刷何種對象，務須於所印刷物體上明白印明印刷人姓名，及印刷所所在。」明確了出版印刷單位及印刷人的身份，這樣雖然便於政府查找和管理，但從另外一個角度說，也規範了新聞出版市場，使出版發行不至於混亂無序。另外，「凡印刷人印刷各種印刷對象，即按件備兩份呈送印刷所在之巡警衙門，該巡警衙門即以一份存巡警衙門，一份申送京師印刷註冊總局。」可以看作是新聞出版的審查機制，在這種情況下書籍出版有可能遭到查禁或查封。但這樣的註冊登記制屬於「追懲制」，比起新聞法規中可能出現的預防制（保證金制和批准制）來說，自由度已經是最高的了。滿清王朝自建立起即有查禁「瑣語淫詞」的傳統，清朝時候的「文字獄」可謂空前絕後，是歷

〔註 8〕根據 1886 年制定的國際公約《保護文學藝術作品伯爾尼公約》而擬定。

朝歷代中最多的，許多文學作品常常被無端查禁甚至銷毀，因此滿清文人大多從事考據研究而「獨昌考證學之正統」〔註9〕。晚清時候頒布的出版法規是清政府向西方現代文明學習的結果，至少讓書刊的出版發行有法可依，從實際情況來看，言論自由已經獲得一定開放，比漫長的專制時期隨意摘取字句、羅織罪名、查禁書籍的情況要好得多了。

更重要的還在於當時風雨飄搖的晚清政府實在已經自顧不暇，對於社會幻想小說這類「幻想」小說可能並不太關注，畢竟小說裏登載的並不是實實在在威脅清朝政權生存的危險言論，其中大多數的小說都贊同「君主立憲」制，並沒有要完全推翻皇帝進行流血革命的意圖，甚至吳趼人還在小說中發明了所謂的「文明專制」，在未來的新中國裏，統治者仍然是中國皇帝名喚「東方文明」；而且此時的社會幻想小說基本上都幻想出一個光明繁盛的中國，將未來描繪得無比美好，能帶給大眾希望與期盼，從這個角度來看此類小說就有了它的存在價值，對清政府來說也並非壞事。同時，也正是因為現代法律的缺失，才使得晚清社會幻想小說中出現了大量對於「君主立憲」、「立憲國家」的想像。他們在接觸西方的民主與法律之後，迫切希望自己的國家也能走上那樣一條法治的道路。

## 三、民初出版法與社會幻想小說的轉變

民國建立以後，社會幻想小說依然存在，並且數量有增無減，不過在內容上卻發生了很大的改變。民國初期的社會幻想小說包括魯哀鳴的《極樂地》〔註10〕（1912）、老虬的《解甲錄》〔註11〕（1915）、確庵的《百年後之上海》〔註12〕（1916）、薛逸如的《未來之中國》〔註13〕（1916）、畢倚虹的《未來之上海》〔註14〕（1917）等等。這些小說仍然描寫未來中國，在小說中演繹中國的不同進程。比如魯哀鳴的《極樂地》就描寫由於對民國的極度失望，一個叫白眼老叟的人聚集數十萬群眾舉行武裝起義，準備推翻政府，不料卻

〔註9〕梁啓超：《清代學術概論》，商務印書館，1921年，頁24。
〔註10〕10月，漢口人道學社出版。
〔註11〕10月20日，《大中華》第1卷第10～11期（11月20日），標「理想的政治小說」，署「老虬」。
〔註12〕3月1日，《小說海》第2卷第3號「短篇小說」欄，署「確庵」。
〔註13〕6月6日～7月3日《小說日報》，標「理想小說」，署「薛逸如」。
〔註14〕8月，上海有正書局初版，封面標「理想小說」，正文標「滑稽小說」，正文署「倚虹」，版權頁編輯者署「時報館」。

被「中華民國」政府鎮壓下去，於是兵敗逃亡，漂流到一個叫「快樂地」的海島上。這裏沒有政府，但是有嚴密的社會組織和制度，管理者通過民主選舉產生，主要任務是領導生產和分配物資。這裏科技發達，人民安居樂業，關係融洽，大家一起過上了共同富裕的幸福生活；畢倚虹的《未來之上海》講的則是 2016 年上海社會的情形，此時的中國已經是共和體制，科技水平也發達了許多，然而在社會政治生活方面卻不那麼令人滿意，很多舊官僚體制的東西只是換了個名字而已，其實質並沒有改變，整本小說彌漫著沮喪與不滿的情緒。民國時候的社會幻想小說，已經拋棄了晚清時候那種對未來「光明美好」新中國的想像，轉而描繪不那麼完美的中國，其中我們可以很明顯的發現對民國現實的批判與諷刺。晚清時候曾經閃爍在小說中的激情正在褪去，取而代之的是一種明顯的失意與幻滅感，小說行文也開始變得「遊戲」起來，大量的小說被標爲「滑稽小說」刊行。如果說，晚清時候的社會幻想小說還有對未來的美好期待，其中大多擁護「君主立憲」，屬於政府還可以接受的程度的話，那麼，民國時期的這些社會幻想小說中，就已經完全是赤裸裸的對當時政府的不滿與揭露了。這樣一種大膽批判政府的小說爲何還能刊行於世呢？同樣，這與當時的社會情況密切相關。

　　辛亥革命後，中國人民擺脫了兩千多年的封建統治，思想獲得解放，民主與自由的精神逐漸深入人心。中華民國成立以後，公佈了具有臨時憲法性質的《中華民國臨時約法》〔註 15〕，其中第二章第六節第四款規定「人民有言論著作刊行及集會結社之自由」，第二章第十五條規定「本章所載人民之權利有認爲增進公益維持治安或非常緊急必要時得依法律限制之」，保障了人民的言論自由，在北京政府成立初期是新聞出版管理的主要法律依據。此後，北京政府自行頒布的憲法，仍然延續了上述相關規定。1914 年 5 月 23 日袁世凱公佈《中華民國約法》〔註 16〕，第二章第五條第四款規定「人民於法律範圍內有言論著作刊行及集會結社之自由」。與《臨時約法》相比較，多了一個「於法律範圍內」，將人民的言論著作刊行及集會結社自由歸入法律之下，這爲政府干預新聞自由找到了合法的藉口，爲自由擅斷提供了憲法依據，便於政府對不利於統治的輿論進行鉗制。不過，即便如此，我們也能看出「人民的言論出版自由」已經深入人心，是人民的基本權利之一，是人們認爲「自

---

〔註 15〕 蔡鴻源主編：《民國法規集成》，第六冊，黃山書社，1999 年，頁 1～2。
〔註 16〕 蔡鴻源主編：《民國法規集成》，第六冊，黃山書社，1999 年，頁 9。

稱民主共和」的中國所必須擁有之物，就算是袁世凱也不敢將之從「憲法」
裏輕易刪除。

　　1914 年 12 月，北京政府又頒布了《出版法》。該法承接《大清印刷物專
律》，同時還增添了一些更爲嚴苛的規定。北京政府《出版法》首次詳細規定
了非法出版物的範圍：「一、淆亂政體者；二、妨礙治安者；三、敗壞風俗者；
四、煽動曲庇犯罪人、刑事被告人或陷害刑事被告人者；五、輕罪、重罪之
預審案件未經公判者；六、訴訟或會議事件之禁止旁聽者；七、揭載軍事、
外交及其他官署機密之文書圖畫者。但得該官署許可時，不在此限。八、攻
訐他人隱私，損害其名譽者。」〔註 17〕，而且規定所有印刷物都應注明著作
人、出版人和印刷人之姓名和住址等項，又規定「出版之文書圖畫，應於發
行或散佈前，稟報該管警察官署。並將該出版物以一份送該官署，以一份經
由該官署送內務部備案」，由此我們可以看出北京政府對出版物的管制十分嚴
格。1915 年 11 月，袁世凱公佈了參議院議決的《著作權法》，其中規定「文
書講義演述」、「樂譜戲劇」、「圖畫帖本」、「照片、雕刻、模型」、「其他關於
學藝、美術之著作物」都享有著作權〔註 18〕，該法令在借鑒著作權律的基礎
上制定，進一步明確了著作權物的概念，加大了對侵害著作權的處罰力度，
文學創作及版權開始受到法律保護。兩大法規的頒布不僅保障了出版界的良
性發展體制，更重要的是規範了文學的現代傳播機制。

　　表面上看，1914 年《出版法》比《大清印刷物專律》在對待書刊的出版
上要更爲嚴苛，畢竟在「發行或散佈前」就得呈送兩份到警察官署和內務部
備案，這相當於是新聞出版法規中的「預防制」，比起「追懲制」來說自由度
更小。同時，《出版法》還首次規定了所謂「非法出版物」的範圍，共有八條
之多，其中半數以上都關涉政治，很有可能成爲當局維護統治，壓制出版的
工具。不過，在實際操作層面，民國出版界此時獲得的自由度卻比晚清時候
還要高。我們會發現，作爲一部法典，《出版法》缺乏總則，不分章節，條文
數量也僅爲 23 條，甚至比《大清印刷物專律》還少，過於簡陋。《出版法》
不僅看上去空泛，而且操作性不強，這樣就給新聞出版界據理爭辯時留下了
一些迴旋的餘地。更重要的還在於，雖然北京政府極力想壓制新聞出版自由，

---

〔註 17〕宋原放：《中國出版史料（現代部分第一卷上冊）》，山東教育出版社，2001
　　　　年，頁 545。

〔註 18〕宋原放：《中國出版史料（現代部分第一卷上冊）》，山東教育出版社，2001
　　　　年，頁 546。

控制輿論，但畢竟是民主政體，受當時社會政治經濟和外部環境等因素的影響，再加上民主思潮的衝擊，「人民有言論著作刊行及集會結社之自由」已經寫入憲法，其地位不可撼動，政府必須依法行事；同時，民國政府在新聞出版政策上也向西方學習，某種程度尊重了新聞出版自由，給了新聞出版部分的發展空間，因而使得新聞出版擁有了一定程度的民主性。

## 四、民國法律與民初社會的言論空間

我們會發現，雖然民國時期也存在封閉報館、捕殺報人的事件，但總的來說輿論環境還是相對寬鬆的，在《中華民國臨時約法》和《中華民國約法》的限制下，言論自由得到了一定保障。民國初期，人們辦報的熱情高漲，新聞出版事業空前興盛。當時存在著大量的獨立媒體，如《晨報》、《京報》、《語絲》、《新青年》、《國民新報》、《世界日報》、《現代評論》等。據統計，辛亥革命之後到袁世凱稱帝以前，民間辦的報達到 500 多份。據葉再生所著《中國近現代出版史》統計，1920 年全國報刊雜誌有一千多種，甚至「每隔兩三天就有一種新刊物問世」。當時，要創辦一個新報刊是非常容易的，幾個大學教授湊在一起，拿出月薪的很小部分就可以創辦起一個刊物。僅以《申報》為例，1912 年發行量約 7000 份，1928 年達到 14 萬份。當時的報刊媒體還可以發表一些與政府方針政策以及各部門官吏相關的評論。如當時報紙對將人民享有言論出版自由納入法律中，提出疑問，「所謂依法律，依政府公佈之法律歟，抑依政府所用之官吏」〔註 19〕，暗諷政府借法律之名企圖干涉新聞出版自由。評論政論時說其「往往與事實之發生若相左」，「聽之而媚媚動人」，〔註 20〕以此揭露政論的不現實性，暗示政客虛偽，不講求實際。報紙登載的這些評論，雖然言詞不是很尖利，剖析不是很直接、深刻，對政府的統治地位衝擊不大；但畢竟從不同層面給政府以指責，一定程度上起著制約政府的作用。這些批評性的評論以文字形式出現，刊登於正式的報刊雜誌之上，廣泛傳播，表明此時的新聞出版還是有一定的言論自由，當然這種自由只能在不危及政府統治的範圍內，否則，政府肯定無法忍受，必將採取限制措施。

言論自由空間的擴大，為社會精英乃至廣大公民積極參與公共生活創造了條件。先進知識分子充分利用言論和出版自由的這一條件，向違背人民意

---

〔註 19〕 《依法律》，《申報》1914 年 5 月 1 日。
〔註 20〕 《嗚呼今日之政論》，《申報》，1912 年 5 月 4 日。

志的專制意識形態發起進攻。陳獨秀發文說爭取民主必須反對「惡國家」：「惡國家甚於無國家；……我們愛的是國家爲人民謀幸福的國家，不是人民爲國家做犧牲的國家。」李大釗指出，民主共和的基本標準是全民普選：「沒有全民普選，還配叫共和國麼？……我有一個疑問，到了今日，沒有普通選舉，還稱得起是個共和國麼？」〔註21〕胡適則號召廣大青年擺脫奴隸狀態，負起公民責任，做一個爲民主而奮鬥的眞正愛國者：「凡在變態的社會與國家內，政治太腐敗了，而無代表民意機關存在著；那末，干涉政治的責任，必定落在青年學生身上了。」「爭你自己的自由就是爭國家的自由，爭你自己的權利就是爭國家的權利。因爲自由平等的國家不是一群奴才建造得起來的！」毛澤東在湖南先後創辦和主編了《湘江評論》、《新湖南》。周恩來在天津先後創辦了《天津學生聯合會報》和《覺悟》。他們宣傳革命，鼓動造反。正是言論自由得到一定保障，才出現了百家爭鳴的新文化運動。

在共和體制的背景下，北京政府允許議院質詢。在擬定報紙法案過程中，除了採納新聞出版界及議員的修改意見外，還接受他們廢除某些法律法令的要求。對於段祺瑞政府頒布的《出版法》和《管理新聞營業條例》，新聞報刊界深惡痛絕。北京、上海等地新聞文化界人士曾先後結社、集會，呼籲廢除《出版法》和《管理新聞營業條例》，新聞界還成立了爭自由同盟大會，請求廢除「惡法」，爭取言論出版自由。他們先後到內務部、警察廳和司法部陳情，各部皆予以接待，答應考慮廢除的請求，司法部甚至當場承諾「即日會同內務部將廢止出版法事件，提出國務會議取消」〔註22〕。1926 年 1 月，北京政府終於通過內閣審議決議廢止了《出版法》。這幾項法律的廢除過程雖然充滿了曲折，但結果還是令新聞出版界和文化界比較滿意的。這些事實體現出北京政府在管理新聞出版時能夠聽取一些不同的意見，政策有一定的開放性，與以前專制時代相比有很大的進步。

## 結　語

如果說，晚清時候的社會幻想小說只是在想像未來光明社會的時候稍微提及一下黑暗現實以作對比的話，那麼民國時候的社會幻想小說在想像方面可以說走得更遠，言辭更加犀利，行文也更加大膽。在經歷過「革命的幻滅」，

〔註21〕《每周評論》第 10 號，1919 年 2 月 23 日。
〔註22〕《出版法取消有望》，《晨報》，1926 年 1 月 22 日。

對民國現狀的失望以後，這些小說家們開始在小說裏嚴厲地批判政府，借小說人物之口對其進行諷刺和揭露，「經過議會討論批准，議員的妾們不再叫妾而稱爲『造子員』，其實質卻還是妾，不過換了個名字」（《未來之上海》）甚至直接在書中描寫舉行武裝起義，推翻民國政府的情節（《極樂地》），雖然最後起義以失敗告終，民國政府在小說中仍然存在著，但我們可以斷定，哪怕只是這樣的嘗試性描寫，都不可能出現在清朝或專制時候的任何朝代之中，可以想像如果在清朝時候該書不但會被焚毀，作家本人更是可能有性命之憂，而絕不可能像在民國時期這樣得以順利出版甚至一版再版〔註23〕。正是依託於法律的保障，民國初期的新聞出版才獲得了相對較大的自由，因而民國初期的社會幻想小說也能夠擁有更寬廣的想像空間，在小說中肆意「扭曲」、「諷刺」「批判」甚至「推翻」民國政府，獲得了更大的發展，成爲一種既現實又虛幻的能夠充分體現知識分子社會責任感和想像力的小說文本。社會幻想小說是一種非常重要的小說類型，它是現實社會的一面鏡子，理想世界不過是被顛倒了的現實世界之再顛倒，這樣的小說，既讓人產生對異域樂土的種種嚮往，又給了知識分子們運用想像的異邦文明來諷刺和批判本土的靈感和空間，因而具有了建構和批判的雙重功能。它應該是現代民主國家不可或缺的一個組成部分。

## 參考文獻

1. 梁啓超，清代學術概論〔M〕，上海：商務印書館，1921。
2. 章士釗，甲寅雜誌存稿〔M〕，上海：商務印書館，1922。
3. 中國第二歷史檔案館，中華民國史檔案資料彙編（第三輯文化）〔M〕，南京：鳳凰出版社，1991。
4. 蔣俊，略論《極樂地》的政治思想和社會意義〔J〕，近代史研究，1991（1）。
5. 劉哲民，近現代出版新聞法規彙編〔M〕，上海：學林出版社，1992。
6. 陳平原、夏曉虹，二十世紀中國小說理論資料（第一卷）〔M〕，北京：

〔註23〕《極樂地》一書初版於1912年10日，1919年5月再版，1921年5月重印，均由人道學社發行，此外，四川適社等團體亦曾翻印。北京《國風日報》副刊《學彙》從1923年7月10日第245期開始連載此書，並將其更名爲《新桃花源》，回目也作了改動。原書分19章，每章均無題目，《學彙》改爲20回（將第19章分爲兩回），每回都加了對仗的題目，如第一回題爲「廢金錢漢口鬧革命，覺世人東來說罷工」。

北京大學出版社，1997。

7. 蔡鴻源，民國法規集成〔M〕，合肥：黃山書社，1999。

8. 宋原放，中國出版史料（現代部分第一卷上冊）〔M〕，濟南：山東教育出版社，2001。

9. 馮天瑜，經濟‧社會‧自由：近代漢字術語考釋〔J〕，江海學刊，2003（1）。

10. 姜金明，清季民初出版法規與文學傳播之演變〔J〕，湖北師範學院學報（哲學社會科學版），2007（3）。

11. 劉國強，民國時期《出版法》述評〔J〕，中國出版，2011（21）。

12. 吳建生，「社會」一詞演變及在晚清的傳播〔J〕，實事求是，2012（3）。

# 翻譯時代的自由拿來——晚清民國時期國際版權保護與文學翻譯自由的重要意義

苟強詩*

沒有拿來的，人不能自成爲新人，沒有拿來的，文藝不能成爲新文藝。
〔註1〕

——魯迅《拿來主義》

## 一、假如新文學沒有翻譯

假如我們提出這樣一個問題：民國時期的作家與當代作家有哪些不同？讀者諸君可能覆以不同的答案，但若從「身份」的角度來考慮，很明顯的區別在於：民國時期的文人除了具有「作家」的身份外，往往還有第二「家」——「翻譯家」。魯迅、周作人、胡適、劉半農、沈雁冰、鄭振鐸、郭沫若、成仿吾、郁達夫、田漢、歐陽予倩、戴望舒等等，都至少身兼這「二家」。這是一個很有趣的文學史現象：在現代文學的發生與發展過程中，新文學的開拓者以及緊隨其後的「作二代」「作三代」，他們的文學實踐既「作」又「譯」，且往往又從西方文學的翻譯開始，而後創作，呈現出且譯且作，譯作互動的文學實踐軌迹。對西方文學的紹介及翻譯，甚至更重於新文學開創時期的白話文文學創作。在這裏，具有典型象徵意義的莫過於中國新詩史上「第一白話詩人」——胡適，其創作觀念成立的新紀元竟從一首譯詩《關不住了》開始。詩體大解放是「嘗試」將軍「翻」出來的！對於那位爲愛以死相逼而終未死的詩人戴望舒來說，則更

* 苟強詩（1982～），山東青島人，現爲四川大學文學與新聞學院中國現當代文學專業博士生，主要從事中國現代文學與思想文化研究。
〔註 1〕 魯迅：《拿來主義》，《魯迅著譯編年全集》（拾陸），北京：人民出版社，2009年 7 月第 1 版，頁 207。

是一位且譯且作，譯作互動的代表。如果我們將他的譯詩與創作對比來看的話，且譯且作，譯作互動的文學實踐軌迹，呈現的是相當明顯，他的老友施蟄存就直截了當地指出，「戴望舒的譯外國詩，和他的創作新詩，幾乎是同時開始。」「望舒譯詩的過程，正是他創作的過程，譯道生、魏爾倫詩的時候，正是寫《雨巷》的時候；譯果爾蒙、耶麥的時候，正是他放棄韻律，轉向自由詩體的時候。後來，在四十年代譯《惡之花》的時候，他的創作也用起韻腳來了。」〔註2〕且讓我們來比較戴望舒的譯詩與創作：

**路上的小語**〔註3〕　戴望舒

　　——給我吧，姑娘，那朵簪在你髮上的
　　小小的青色的花，
　　它是會使我想起你底溫柔來的。
　　……
　　給我吧。姑娘，你底像花一樣地燃著的，
　　像紅寶石一般晶耀著的嘴唇，
　　它會給我蜜底味，酒的味。


　　——不，它只有青色的橄欖底味，
　　和未熟的蘋果底味，
　　而且是不給說謊的孩子的。……
　　——它是我的，是不給任何人的，
　　除非別人願意把他自己底真誠的
　　來作一個交換，永恒地。


**我有幾朵小青花**〔註4〕　保爾·福爾　戴望舒譯

　　我有幾朵小青花，我有幾朵比你眼睛更燦爛的小青花——給我吧！
　　——她們是屬於我的，她們是不屬於任何人的。在山頂上，愛人啊，

---

〔註2〕 施蟄存：《戴望舒譯詩集·序》，長沙：湖南人民出版社，1983年4月第1版，頁1，頁3～4。

〔註3〕 戴望舒：《路上的小語》，《戴望舒詩全編》，梁仁編，杭州：浙江文藝出版社，1989年5月第1版，頁32～33。

〔註4〕 戴望舒：《戴望舒譯詩集》，長沙：湖南人民出版社，1983年4月第1版，頁33。

在山頂上。

我有幾粒紅水晶，我有幾粒比你嘴唇更鮮艷的紅水晶。——給我吧！

——她們是屬於我的，她們是不屬於任何人的。在我家裏爐灰底下，
愛人啊，在我家裏爐灰底下。……

**我底記憶**〔註5〕　戴望舒

我底記憶是忠實於我的，
忠實得甚於我最好的友人。


它存在在燃著的煙捲上，
它存在在繪著百合花的筆杆上，
它存在在破舊的粉盒上，
它存在在頹垣的木莓上，
它存在在喝了一半的酒瓶上，
……


**膳廳**〔註6〕　贈 Adrien Dlanté　耶麥戴望舒譯

有一架不很光澤的衣櫥，
它會聽見過我的姑祖母的聲音，
它會聽見過我的祖父的聲音。
它會聽見過我的父親的聲音。
對於這些記憶，衣櫥是忠實的。
別人以爲它只會緘默著是錯了，
因爲我和它談著話。
……
還有一架老舊的碗櫥，
它有蠟的味，糖果的氣味，

---

〔註5〕　戴望舒：《我底記憶》，《戴望舒詩全編》，梁仁編，杭州：浙江文藝出版社，
　　　　1989 年 5 月第 1 版，頁 29。
〔註6〕　戴望舒：《戴望舒譯詩集》，長沙：湖南人民出版社，1983 年 4 月第 1 版，頁
　　　　45～46。

肉的氣味，麵包的氣味和熟梨的氣味。

它是個忠心的僕役，它知道
它不應該竊取我們一點東西。

有許多到我家裏來的男子和婦女，
他們不信這些小小的靈魂。
而我微笑著，他們以爲只有我獨自個活著。
當一個訪客進來時問我說：
——你好嗎，耶麥先生？

**秋天**〔註7〕　戴望舒

……

我對它沒有愛也沒有恐懼，
我知道它所帶來的東西的重量，
我是微笑著，安坐在我的窗前，
當浮雲帶著恐嚇的口氣來說：秋天要來了，望舒先生！

從戴望舒的新詩創作與譯詩的對比中，我們不難看出詩人在詩歌寫作與翻譯過程中「且譯且作」「譯作互動」的特點。從詩歌的語言、形式、情感、色彩等方面，都可以看出詩人創作與譯詩之間有著很大的關聯，翻譯往往在藝術形式與創作觀念上給詩人以示範性的導向，成爲可資借鏡的藝術資源。而現代白話文的藝術創作，也就在這種譯作互動中，反覆地斟酌、打磨、操練以致發光發亮，從而打通「國語」與「藝術」的通道。

有這樣一個問題：新文學假如沒有了翻譯，她依然會妝扮成當下的模樣嗎？歷史當然不能「假如」，也不會重新來過，但如果我們將「假如」作爲當下切入歷史現實的一種視角，或許我們就可以獲取一種新的歷史發現。如果我們換一種提問方式：晚清至民國時期的新文學家，是如何對待與借鏡西方文學翻譯的？

畢竟他們的文學實踐奠定了現代文學發展演進的雙軌寬度。

---

〔註 7〕戴望舒：《秋天》，《戴望舒詩全編》，梁仁編，杭州：浙江文藝出版社，1989
年 5 月第 1 版，頁 40～41。

　　新文學運動發生十年之後，在自我經典化的新文學大系中，魯迅談到「文學革命」的發難者時說：「因爲《新青年》其實是一個議論的刊物，所以創作並不怎樣著重，比較旺盛的只有白話詩；至於戲曲和小說，也依然大抵是翻譯。」〔註8〕

　　實際上，與其說《新青年》是因爲「議論」而輕於創作，倒不如說在新文學的開拓時期，創作的多少與刊物的「性質」並不存在直接決定性的關係，倒是與新文學運動的前驅者對新文學的創作與翻譯的看法，有莫大的關係。

　　魯迅在日本留學期間，對域外小說就「特收錄至審愼，移譯亦期弗失文情。異域文術新宗，自此始入華土。……按邦國時期，籀讀其心聲，以相度神思之所在，則此雖大濤之微漚與，而性解思惟，實寓於此。中國譯界，亦由是無遲莫之感矣。」〔註9〕在 1909 年 4 月 17 日《時報》上廣告：「是集所錄，率皆近世名家短篇。結構縝密，情思幽眇。各國竟先選譯，裴然爲文學之新宗，我國獨闕如焉。……新紀文潮，灌注中夏，此其濫觴矣！」〔註10〕雖然當時魯迅抱的是「一種茫漠的希望：以爲文藝是可以轉移性情，改造社會的。」〔註11〕但在對社會施以療救的希望的同時，卻並未因「主題先行」而降低翻譯文學的藝術價值，他「收錄至審愼」，特意選擇那些「我國獨闕如」的異域文學之新宗。可以說，自從魯迅留學東洋，便踏上了爲中國別求新聲的路子。

　　1933 年 8 月，魯迅在《關於翻譯》中坦言：「我們的文化落後，無可諱言，創作力當然也不及洋鬼子，作品的比較的薄弱，是勢所必至的，而且又不能不時時取法於外國。所以翻譯和創作，應該一同提倡，決不可壓抑了一面，使創作成爲一時的驕子，反因容縱而脆弱起來。」「注重翻譯，以作借鏡，其實也就是促進和鼓勵著創作。」〔註12〕「採用外國的良規，加以採用、發揮，

---

〔註8〕　魯迅：《中國新文學大系・小說二集序》，《魯迅著譯編年全集》拾捌，北京：人民出版社，2009 年 7 月第 1 版，頁 98～99。

〔註9〕　魯迅：《〈域外小說集〉序言》，《魯迅著譯編年全集》壹，北京：人民出版社，2009 年 7 月第 1 版，頁 313。

〔註10〕　魯迅：《〈域外小說集〉第一冊》，《魯迅著譯編年全集》壹，北京：人民出版社，2009 年 7 月第 1 版，頁 331。

〔註11〕　魯迅：《域外小說集序》，《魯迅著譯編年全集》三，北京：人民出版社，2009 年 7 月第 1 版，頁 416。

〔註12〕　魯迅：《關於翻譯》，《魯迅著譯編年全集》拾伍，北京：人民出版社，2009 年 7 月第 1 版，頁 285～286。

從而使中國的文藝豐滿。」〔註13〕

　　無論在個人作文或與他人的書信來往中，抑或在對外國文藝的紹介與翻譯時，魯迅皆注重將異域文藝之新宗引入華土，以至於在 1934 年 9 月以「譯文」為名，創刊《譯文》雜誌。在《譯文》創刊號前記裏，魯迅說：「原料沒有限制：從最古以至最近。門類也沒有固定：小說，戲劇，詩，論文，隨筆，都要來一點。直接從原文譯，或間接重譯；本來覺得都行。只有一個條件：全是『譯文』」〔註14〕

　　事實上，注重對西方文學的紹介與翻譯，並非魯迅一人之見，而是新文學家們的共同想法。

　　新文學運動初期，茅盾將翻譯西洋文學視為文學家的責任，「我以為現在文學家的責任是將西洋的東西一毫不變動的介紹過來」〔註15〕「介紹西洋文學的目的，一半果是欲介紹他們的文學藝術來，一半也為的是欲介紹世界的現代思想——而且這應是更注意些的目的。」〔註16〕在 1922 年 10 月，茅盾又提出了「何必翻譯外國詩呢？」的問題，在文中他說「我以為翻譯外國詩歌是有一種積極的意義的。這就是：藉此（外國詩的翻譯）可以感發本國詩的革新。我們翻開各國文學史來。常常看見譯本的傳入是本國文學史上一個新運動的導線；翻譯詩的傳入，至少在詩壇方面，要有這等的影響發生。據這一點看來，譯詩對於本國文壇有重大的意義；對於將有新興文藝蹶起的民族，含有更重大的意義。這本不獨譯詩為然，一切文學的譯本對於新的民族文學的蹶起，都是有間接的助力的；俄國、捷克、波蘭等國的近代文學史都或多或少的證明了這個例。在我國，也已露了端倪。」〔註17〕胡適的白話詩與戴望舒的「譯作互動」恰好說明了這種「端倪」的展露與發展。

　　1919 年 4 月，胡適提出了文學革命的根本主張——「國語的文學，文學的國語」「如今且說要實行做到這個根本主張，應該怎樣進行。我以為創造新

---

〔註13〕魯迅：《〈木刻紀程〉小引》，《魯迅著譯編年全集》拾陸，北京：人民出版社，2009 年 7 月第 1 版，頁 286。

〔註14〕魯迅：《〈譯文〉創刊號前記》，《魯迅著譯編年全集》拾陸，北京：人民出版社，2009 年 7 月第 1 版，頁 349。

〔註15〕茅盾：《現在文學家的責任是什麼？》，《東方雜誌》第十七卷第一號，1920年 1 月 10 日，頁 96。

〔註16〕茅盾：《新文學研究者的責任與努力》，《小說月報》第 12 卷第 2 期，1921 年 2 月 10 日。

〔註17〕茅盾：《譯詩的一些意見》，《文學旬刊》第 52 期，1922 年 10 月 10 日。

文學的進行次序，約有三步：（一）工具，（二）方法，（三）創造。前兩步是
預備，第三步是實行創造新文學。」在提出了建設新文學「三步走」的計劃
後，胡適認為「現在的中國，還沒有做到施行預備創造新文學的地步，盡可
以不必空談創造的方法和創造的手段，我們現在且先去努力做那第一第二兩
步預備的工夫罷。」那麼，怎樣的預備才是高明的呢？「我仔細想來，只有
一條法子：就是趕緊多多的翻譯西洋的文學名著做我們的模範。」〔註18〕就
當時新文學的實際情況，茅盾認為「西洋新文學杰作，譯成華文的，不到百
分之幾，所以我們應選最要緊最切用的先譯」〔註19〕將翻譯西方文學作為創
作新文學的模範，新文學作家們所「模」的並非瞎子摸象的局部，而是一頭
完整的西方的「象」。但在不同的新文學家那又有不同的側重。

胡愈之認為，「我國文藝思想向來不和列國接觸，文藝的潮流，太平靜了，
太單調了，所以不會進步。」由此，他便要求我國的文藝翻譯家應該覺悟，
要意識到「翻譯文藝，和本國文藝思潮的發展，關係最大。俄國近代的文學，
可算盛極一時了，但他的起原，卻是受德國浪漫文學法國寫實文學的影響。
日本近年文藝思潮的勃興，也是翻譯西洋文學的功勞。所以，翻譯西洋重要
的文藝作品，是現在的一件要緊事。」〔註20〕

瞿秋白對翻譯之於白話文所具有的鍛造之力，要求更為嚴格，「翻譯，的
確可以幫助我們造出許多新的字眼，新的句法，豐富的字彙和細膩的精密的
正確表現。因此，我們既然進行著創造中國現代的新的言語的鬥爭，我們對
於翻譯，就不能夠不要求：絕對的正確和絕對的中國白話文。這是要把新的
文化的言語介紹給大眾。」〔註21〕

新文學家對翻譯論爭不斷，直譯與意譯，「處女」、「媒婆」與「奶娘」等
皆是，但這都將火力集中於如何翻譯以及翻譯與創作之間的關係上，也就是
翻譯方法及理論的爭論，而並非要否定翻譯這回事。也就是說，對西方文學
持拿來主義的態度，大家是一致的，甚至到了非拿不可的地步，其態度尤為
果敢而堅決，時人有言：「中國今日之需要翻譯，也就和福祿特爾（Voltaire）

---

〔註18〕胡適：《建設的文學革命論》，《新青年》第4卷第4號，1918年4月15日。
〔註19〕茅盾：《對於系統的經濟的介紹西洋文學底意見》，《學燈》，1920年2月4
　　　　日，頁297、306、303。
〔註20〕胡愈之：《近代文學上的寫實主義》，《東方雜誌》17卷第1號，1920年1月
　　　　10日，頁74。
〔註21〕瞿秋白：《亂彈及其他》，上海霞社校印，1938年5月5日初版。

之主張有神一樣。宇宙間有沒有神，且不去管它，假令沒有的話，我們造也要造它一個。翻譯在中國 也是這個樣子。我們要發展中國的文化，要研究西洋的文明，所以由一國語言，換成他一國語言的這種翻譯事業，是否可能，我們可以不去管它。即令是不可能的話，我們也得要幹。」〔註22〕

　　新文學家對於翻譯，抱的是認定了而偏要的精神與態度。或許，就在這種「即令是不可能」，「我們也得要幹」的偏要與執著的精神中，是否體現了一個充滿共性的時代特徵呢？

## 二、創作的時代？或翻譯的時代？

　　梁啟超在《五十年中國進化概論》中，將鴉片戰爭之後至五四時期分為三個「知不足」的階段〔註23〕。歷史地來看，自進入第一個「知不足」時期，天朝上國已經被西方的艦炮從「天下」拖進了「世界」，在這個被傳統士大夫認為「千年未有之變局」的知識文化圖景的大轉型中，中國作為昔日中華文明圈的中心，自經歷了鴉片戰爭後，文化由「輸出」而變為「輸入」，打破了華夏文明的千年迷夢，於是在「知不足」的第一期「最可紀念的，是製造局裏頭譯出幾部科學書，……這幾本譯本書，實在是替那第二期『不懂外國話的西學家』開出了一條血路了。」在「知不足」的第二期，不識外國字的康有為、梁啟超則「日日大聲疾呼，說『中國舊東西是不夠的，外國人許多好處是要學的，』這些話雖然像是囫圇，在當時卻發生很大的效力。」此一時期學問上最有價值的出品同樣是譯書，「最有價值的出品，要推嚴復翻譯的幾部書」〔註24〕，而第三時期的「知不足」則從文化整體觀上徹底地對中國文化失望，決計從根本上做文化的輸入了。

---

〔註22〕　張夢麟：《翻譯論》，《新中華雜誌（文學專號）》第二卷第七期，1934 年 4 月 10 日，頁 75。

〔註23〕　「第一期先從器物上感覺不足。這種感覺，從鴉片戰爭後漸漸發動，……第二期是從制度上感覺不足，自從和日本打了一個敗仗下來，國內有心人，真像睡夢中著了一個霹靂，因想道堂堂中國為什麼衰敗到這田地，都為的是政制不良。所以拿『維新變法』做一面大旗，在社會上開始運動。……第三期，便是從文化根本上感覺不足，……覺得社會文化是整套的，要拿舊心理運用新制度，決計不可能，漸漸要求全人格的覺悟。」梁啟超：《五十年中國進化概論》，《飲冰室合集》第 5 卷，北京：中華書局，1989 年 3 月第 1 版，頁 43～44。

〔註24〕　梁啟超：《五十年中國進化概論》，《飲冰室合集》第 5 卷，北京：中華書局，1989 年 3 月第 1 版，頁 43～44。

　　梁啓超所分的三個「知不足」時期，依現在的學者看來，當然是屬於當時中國三個具有不同歷史主題的現代化歷史階段，這應該是沒有問題的，如若我們從時人「怎樣走上現代化」，也就是他們當時所認之「急圖」爲何？怎樣應對？的問題切入歷史，筆者認爲梁氏所概括的三個時期是否還可以概括爲一個趨向現代化的文化翻譯時代呢？

　　自鴉片戰爭之後，中國歷經尋求「器物」、「制度」、「文化」三個時期，但相同的是它們均將東西洋文化的翻譯看作尋求富強的重中之重，或曰當時之「急圖」。這一點我們可以從三個時期的歷史人物的言論與史實來看出。而這三個「知不足」時期，便可看作「對器物的翻譯」、「對制度的翻譯」、「對文化的翻譯」，而統於翻譯的時代。三個時期的演進，意味著我國人對翻譯的自覺與深入。而另一種被認爲是啓蒙與救國的雙重變奏的現代史，同樣也是趨向現代化的翻譯時代所表現的兩個方面，無論是啓蒙的知識來源還是以某種主義來救國或建國，都離不開翻譯，翻譯實則是以上諸方面的中介與重心。〔註25〕

　　於此，梁啓超直言「苟其處今日之天下，則必以譯書爲強國第一義，昭昭然也。」「斯豈非其明效大驗耶，彼族知其然也。故每成一書，展轉互譯，英著朝脫稿，而法文之本，夕陳於巴黎之肆矣。法籍昨汗青，而德文之編，今庋於柏林之庫矣」〔註26〕「譯書眞今日之急圖哉！……故今不速譯書，則所謂變法者，盡成空言，而國家將不能收一法之效。」〔註27〕

　　近代西方小說翻譯第一家林紓主張：「吾謂欲開民智，必立學堂；學堂功緩，不如立會演說；演說又不易舉，終之唯有譯書。」〔註28〕譯書之舉在開啓民智、富國強民的直接有效性上已經顯得眾望所歸。但如何翻譯才能很好地解決當務之急呢？張之洞、劉坤一則提出了「譯書三法」：

　　　　今日欲採取各國之法，自宜多譯外國政術學術之書。譯書約有三法：
　　　　一令各省訪求譯刻，譯多者請准獎，然經費有限，書不能多也，一

---

〔註25〕值得注意的是，在尋求富強的道路上，我們並非是盲目地「唯譯是譯」。不加細緻的甄別優劣，確實是近代翻譯史初期所呈現出的弊端，但隨著歷史主題的演進，國人的翻譯亦愈來愈深入與自覺，能夠與當時社會現實所需達成一致，而這一點至少在文學翻譯史上，是被史家所認可的。

〔註26〕梁啓超：《論譯書》，《飲冰室文集之一》，頁67，《飲冰室合集》第1冊，北京：中華書局，1989年3月第1版。

〔註27〕梁啓超：《大同譯書局敍例》，《飲冰室文集之二》，頁57，《飲冰室合集》第1冊，北京：中華書局，1989年3月第1版。

〔註28〕林紓：《〈譯林〉序》，光緒辛丑正月十五日，《譯林》第一期，頁5。

請明諭各省舉貢生員，如有能譯出外國有用之書者，呈由京外大臣奏聞，從優獎以實官，或獎以從優虛銜，發交各省刊行，如此則費省矣。然外國要書流播入中國者無幾，不能精也。一請飭令出使大臣，訪求該國新出最精最要之書，聘募該國通人爲正翻譯官，即責令所帶隨員學生助之，通洋文而文理深者，充副翻譯官，文理優而洋文淺者，充幫辦翻譯官，其全不通洋文而文理平常者，不准充出洋隨員學生，以徒濫竽糜費之弊。限三年之內，每人譯書若干種，每種若干字，回華繳呈，不得短缺。短缺及過少者，不准保舉。如是，則去時洋文雖淺，歸時洋文必深，於隨員學生之學業，暗中多所成就，而所用皆切用之書矣。〔註29〕

更爲激進的便要數康有爲在《請廣譯日本書派游學折》的主張了，其言曰：

雖然日本新書無數，專恃官局爲人有兒，又佳書日出，終不能盡譯也，即令各省皆立譯局，亦有限矣。竊計中國人多，最重科第，退以榮於鄉，進仕於朝，其額至窄，其得至難也。諸生有視科第得失爲性命者，僅以策論取之，亦奚益哉，臣愚請下令，士人能譯日本書者，皆大貲之，若童生譯日本書一種，五萬字以上者，若試其學論通者，給附生。附生增生譯日本書三萬字以上者試論通，皆給廩生。廩生則給貢生。凡諸生譯日本書過十萬字以上者，試其學論通者，給舉人。舉人給進士。進士給翰林。庶官皆晉一秩。應譯之書，月由京師譯書局，分科布告書目，以省重複。其譯成之書，皆呈於譯書局，則譯局驗其文可，乃發於各省學政，試可而給第。舉人以上至庶官，則譯局每月彙奏，而請旨考試給之，若行此乎，以吾國百萬之童生，二十萬之諸生，一萬之舉人，數千之散僚，必竭力從事於譯日本書矣。若此，則不費國帑，而日本群書可二三年而畢譯於中國，吾人士各因其性之所近而研究之，以成通才，何可量數！〔註30〕

在「未有之變局」的歷史當口，康有爲將譯書與科第聯姻的大膽提議，恐怕至少要算個「前無古人」了吧。如若眞的施行了這樣的主張，無疑是在翻譯

---

〔註29〕 張之洞、劉坤一《疏議譯書三法》，引自《中國科學翻譯史料》，黎難秋等編，合肥：中國科學技術大學出版社，1996 年 9 月，頁 103～104，標題爲編者所加。

〔註30〕 康有爲：《請廣譯日本書派游學折》，《戊戌奏稿》麥仲華編，辛亥五月印行。

的時代爲讀書人開闢了另一條由廣場走入廟堂的終南捷徑，再也不用整天搖頭晃腦地背誦四書五經、不用作著死板的八股文，而純以翻譯日本書籍的字數來做進級的標尺，對於掌握日語等的讀書人來說是何等的萬幸啊！而尤以「吾國百萬之童生，二十萬之諸生，一萬之舉人，數千之散僚，必竭力從事於譯日本書矣。……日本群書可二三年而畢譯於中國」這是何等的氣魄！何等的豪邁！何等的革命性的猛進啊！康有爲是否欲在晚清讀書人中掀起一場翻譯日本書籍與造就通才的大躍進運動呢？

　　在此，我們無意於討論康有爲的主張的可行性究竟有多大，但值得我們注意的是，在這樣一種「前無古人」的革命性主張中，我們恰好看到了意欲尋求富強的晚清士子，對翻譯之於國家的重大意義與價值是何其的看重！情勢是何其的急迫！在那時，欲強國必自翻譯始，這是他們一致的呼聲！

　　對於晚清翻譯日本書的盛況，王哲甫在《中國新文學運動史》中有所提及，「當光緒二十七年至二十八年之交，譯述事業特盛，定期出版的刊物，不下數十種。因知識饑荒的原故，譯者只求量多，不求精，日本每一新書出版，便又許多人爭譯，新思想的輸入，眞是如火如荼。」〔註31〕

　　對於現代作家的培養、趣味的養成、文藝思潮的推波、藝術形式的借鏡、新思想的引進等等，翻譯在這些方面所發揮的作用，在民國時期的文學史論家中已經頗受關注，並在很大程度上達成一致的看法。王哲甫就認爲：「自嚴復、林紓翻譯西洋文藝思想書籍後，中國人才注意到西洋的文學思想，這對於民國六年的新文學革命運動，也有莫大的幫助。」「新文學運動以來，雖只有十五六年的歷史，……這樣進步得迅速，自然由於國內作家的努力，而受外國文學的影響，也是一大原因。」〔註32〕楊之華在《文藝論叢》中同樣說道：「新文學運動的起來，雖然說是始於五四的『文學革命』，但倘沒有清末各家的源源介紹（在今日我只能用「介紹」二字了，因爲那時林琴南的翻譯還不能說是翻譯呢）外洋的思想學術，那麼新文學運動也不會曾於五四運動中長成的。所以今日一般研究新文學運動的史家，都常常把新文學運動的起因說是由於清末翻譯界的影響。這個看法我認爲是很對的。」〔註33〕

〔註31〕王哲甫：《中國新文學運動史》，北平：杰成印書局，1933年9月出版，頁26。
〔註32〕王哲甫：《中國新文學運動史》，北平：杰成印書局，1933年9月出版，頁26，頁259。
〔註33〕楊之華編著：《文藝論叢》，上海：太平書局，1944年6月初版。

　　自晚清以來的翻譯文學實則給即將走向新文場的闖將們在「幽暗的中國文學的陋室裏；開了幾扇明窗，引進戶外的日光和清氣和一切美麗的景色」〔註34〕對於從翻譯文學所接受的美好饋贈，他們坦然承認，即使對曾經與新文學陣營大斗其法的林紓，同樣如此。1924 年 11 月，鄭振鐸於《林琴南先生》一文中平心地寫道：

> 中國近二十年譯作小說者之多，差不多可以說大都是受林先生的感化與影響的。周作人先生在他的翻譯集「點滴」序上說：「我以前翻譯小說，很受林琴南先生的影響。」其實不僅周先生以及其他翻譯小說的人，即創作小說者也十分的受林先生的影響的。小說的舊題材，由林先生而打破，歐洲作家史各德、狄更司、華盛頓‧歐文、大仲馬、小仲馬諸人的姓名也因林先生而始為中國人所認識。這可說，是林先生的最大功績。〔註35〕

周作人更是老實地說：「我們幾乎都因了林譯才知道外國小說，引起一點對於外國文學的興味，我個人還曾經很模仿過他的譯文。……『文學革命』以後，人人都有了罵林先生的權利，但有沒有人像他那樣的盡力於介紹外國文學，譯過基本世界的名著？……回頭一看我們趾高氣揚而懶惰的青年，真正慚愧煞人。……林先生不懂什麼文學和主義，只是他這種忠於他的工作的精神，終是我們的師，這個我不惜承認……」。〔註36〕

　　文學的翻譯不僅為文學家與讀者們打開了一扇可以擡頭看見西方美異域情調的文學風景的窗戶，而且，文學的翻譯在事實上構成了重要甚至是主要的新文學實績，文學的翻譯在現代文學的三十年中，往往多於新文學的創作數量，在新文學初期尤其如此。

　　沈雁冰曾明確地指出新文學創作沉寂而翻譯大盛的特點：

> 國內現在的創作實在也沉寂得很；除幾篇好的短篇小說而外，長篇小說無人做，劇本方面呢，雖然有五幕三幕的長劇；然而終覺得尚蹈「有情節而無角色，」「有許多角色而只是一個面目」「有角色而無角色自己的思想——都是作者自己的。」……等等的毛病；至於

---

〔註34〕鄭振鐸：《翻譯與寫作》，《文學旬刊》時事新報發行，第七十八期，1930 年 7 月 2 日。

〔註35〕鄭振鐸：《林琴南先生》，《林紓的翻譯》，北京：商務印書館，1981 年 11 月第 1 版，頁 16。

〔註36〕開明：《林琴南與羅振玉》，《語絲》1924 年 12 月 1 日，第 3 期。

該劇之屬於寫實呢或新浪漫，倒是不論的好。但這些自然是試驗時
候的作物，正不足爲病；不過從此我們覺得現在在文壇上活躍的而
且最關係前途盛衰的事，還是翻譯一件事；……〔註37〕

創刊於 1928 年 9 月的《大眾文藝》，更是自覺地將文學的翻譯作爲該刊的一項重要工作，「我國的文藝，還趕不上東西各先進國的文藝遠甚，所以介紹翻譯，當然也是我們這月刊裏的一件重要工作。」〔註38〕

由此可見，至少在新文學頭十年裏，新文學無論在數量與質量上，都遜色於翻譯文學。「中國的新文學尚在幼稚時期，沒有雄宏偉大的作品，可資借鏡，所以翻譯外國的作品，成了新文學運動的一種重要工作。」〔註39〕

再讓我們拿 1921 年第 12 卷的《小說月報》做個例子。這一年《小說月報》開始改革，開始成爲「爲人生」而藝術的一個重要文藝陣地。他們在第 12 卷第 1 號的《改革宣言》中宣稱，將今後內容分爲六大部分：一評論、二研究、三譯叢、四創作、五特載、六雜載。其中，「譯叢」解釋說「譯西洋名家著作不限於一國，不限於一派；說部、劇本、詩三者並包。」對於小說月報的同人則有一個共同的「意見」，這就是「研究文學哲理介紹文學流派雖爲刻不容緩之事，而移譯西歐名著使讀者得見某派面目之一斑，不起空中樓閣之憾，尤爲重要；故材料之分配將偏重於（三）（四）兩門，居過半有強。」〔註40〕下面的表格是筆者對 1921 年第 12 卷《小說月報》創作與翻譯的比例統計表：

**《小說月報》1921 年第 12 卷創作與翻譯之比例**〔註41〕

| 小說月報 | 第 1 期 | 第 2 期 | 第 3 期 | 第 4 期 | 第 5 期 | 第 6 期 | 第 7 期 | 第 8 期 | 第 9 期 | 第 10 期 | 第 11 期 | 第 12 期 |
|---|---|---|---|---|---|---|---|---|---|---|---|---|
| 創作 | 7 | 3 | 4 | 4 | 3 | 5 | 8 | 7 | 4 | | 8 | 8 |
| 翻譯 | 8 | 5 | 4 | 9 | 8 | 7 | 10 | 8 | 7 | 21〔註42〕 | 6 | 4 |

〔註37〕沈雁冰：《譯文學書方法討論》，《小說月報》，第 12 卷第 4 號，1921 年 4 月 10 日發行，頁 5。

〔註38〕郁達夫：《大眾文藝釋名》，《大眾文藝》第 1 期，1928 年 9 月 20 日，上海現代書局發行。

〔註39〕王哲甫：《中國新文學運動史》，北平：杰成印書局，1933 年 9 月，頁 259。

〔註40〕1921 年 1 月 10 日《小說月報》第 12 卷第 1 號，頁 2～3。

〔註41〕筆者根據每期所載創作與翻譯的篇數統計，不分體裁，連載小說亦算入每期的比例之中。

〔註42〕1921 年第 12 卷第 10 號的《小說月報》爲「被損害的民族文學號」。

　　根據此表的統計，1921 年《小說月報》第 12 卷創作 61 篇，翻譯 97 篇，總計全年所載文學作品 158 篇。其中創作占總數的 38.6%，翻譯占總數的 61.6%。

　　從統計的結果來看，翻譯的文學作品遠遠超過新文學的創作，這可以作為筆者所謂的「翻譯時代」的依據之一。

　　正因為改革後的《小說月報》太注重翻譯，所以有的讀者對此提出了異議，認為這批「為人生」的新文學家們是否太蔑視創作了？對此，茅盾在 1921 年年底「總結」中說：

> 我們一年來的努力較偏在於翻譯方面，就是介紹方面。時有讀者來信，說我們「蔑視創作」，他們重視創作的心裏我個人非常欽佩，然其對於文學作品功用的觀察，則亦不敢苟同。我以為文學雖亦藝術的一種，然而與繪畫、雕刻等藝術，功用上實不盡同。所以翻譯文學作品不能與翻刻繪畫摹造雕刻一例看承！

我覺得翻譯文學和創作一般地重要，而在尚未有成熟的「人的文學」之邦像現在的我國，翻譯尤為重要；否則將以何者療救靈魂的貧乏，修補人性的缺陷呢？

　　不要拿「吃番菜」的心理去讀翻譯的作品。

　　就文學與人生之關係的立點上申說我對於創作及翻譯的意見既如上述；若再就文學技術的立點而言，我又覺得當今之時，翻譯的重要實不亞於創作。西洋人研究文學技術所得的成績，我相信，我們可以或者一定要採用，採用別人的方法——技巧——和徒事仿傚不同。〔註43〕

　　實際上，自晚清以降的翻譯時代，文學作品的翻譯一直領先於創作。讓我們來看一下相關的統計數據，單從 19 世紀 70 年代到「五四」運動之前的這一段時間，翻譯文學就取得了空前的發展，根據粗略的估計，此一時期出現的翻譯家（或譯者）約 250 人左右，共翻譯小說 2569 種，翻譯詩歌近百篇，翻譯戲劇 20 餘部，還有翻譯散文、寓言、童話若干。〔註44〕

　　據《涵芬樓新書分類目錄》記載，當時翻譯小說達 400 種。而據阿英的《晚清戲曲小說目》統計：從 1875 年到 1911 年，翻譯小說達 600 多部，約占

---

〔註43〕沈雁冰：《一年來的感想與明年的計劃》，《小說月報》12 卷 12 號，1921 年 12 月 10 日。

〔註44〕郭延禮：《中國近代翻譯文學概論》，武漢：湖北教育出版社，1998 年 3 月第 1 版，頁 15。

當時出版小說總數的三分之二。〔註45〕

　　1907 年，據徐念慈《丁未年小說界發行書目調查表》對商務印書館、小說林社、新世界小說社、廣智書局等 15 家出版社的不完全統計，本年共出版小說 122 種，其中翻譯小說 79 種，創作小說 43 種，翻譯小說約占 70%。根據日本學者樽本照雄的統計：1907 年一年的翻譯小說不論是單行本（約 172 種）抑是包括未成本的單篇（244 種）均居以前的最高點，這都表明 1907 年翻譯的小說進入了一個新階段。而 1907 年至「五四」前（1919 年以 1／3 計）的翻譯小說有 2030 種，這個數字大約爲前兩期（1870—1894 萌芽期、1895—1906 發展期）翻譯小說總和（527 種）的四倍。〔註46〕

　　樂黛雲在《中國翻譯文學史》序言中也提到「20 世紀的最初 10 年，文學翻譯作品占我國全部文學出版物的五分之四。」〔註47〕

　　1917 年新文學運動勃興起來，翻譯事業又一次興盛起來，「各種文學團體，會社，莫不競先翻譯外國書籍。」〔註48〕此種情況在商務印書館於 1924 年出版的《星海》中有所體現：商務印書館出版的《星海》裏有一篇《最近文藝出版物編目》，這裏面的書目大約包含從新文學運動起，「截至一九二三年末日止五六年中的作品。我數一數五六年中的創作，有小說（長篇，短篇，合集都在內）十三種，詩歌十六種，戲曲一種，其他九種，加翻譯八十八種，文學史等其他著述三十二種（連新式標點的小說都在內）也不過一百五十九種。」〔註49〕由此看來，此段時期，創作 39 種，而翻譯 88 種，確實翻譯興盛於創作。

　　據王向遠的粗略估計，在 20 世紀一百年中，我國出版的俄國文學譯本（含復譯本）有一萬種左右，英美文學譯本五六千種，法國文學譯本四五千種，日本文學譯本兩千種，德語國家文學譯本一千多種，印度文學譯本約五百種。從這些主要國家和語種翻譯過來的文學作品就已經兩萬多種，加上譯

---

〔註45〕孟昭毅、李載道主編：《中國翻譯文學史》，北京：北京大學出版社，2005 年7 月第 1 版，頁 33。

〔註46〕郭延禮：《中國近代翻譯文學概論》，武漢：湖北教育出版社，1998 年 3 月第1 版，頁 44～45。

〔註47〕孟昭毅、李載道主編：《中國翻譯文學史》，北京：北京大學出版社，2005 年7 月第 1 版，序言，頁 1。

〔註48〕王哲甫：《中國新文學運動史》，北平：杰成印書局，1933 年 9 月，頁 260。

〔註49〕西瀅：《西瀅閒話》，上海：新月書店，1933 年 4 月 3 版，頁 52～53。《星海》是文學研究會會刊之一，文學研究會編，商務印書館於 1924 年 8 月初版。

自其他國家和民族的作品，總數可能會達到三萬種以上。至於發表在報刊雜誌上的短篇譯文，則數量難以統計。……特別是近代以降，在所有領域和類型的翻譯中，文學翻譯數量最多，文學讀者幾乎無人不讀翻譯文學。〔註50〕

　　雖然我們上面給出的統計數據，存在著統計者自身及其統計對象在時間、方法、史料等方面的差異，但是，上面的數據已經足夠說明自晚清以降直至民國時期的文學，翻譯所發揮的重要作用以及在量上所佔的極重要的地位。至此，我們可以肯定地說，這一時段的文學無疑處於一個文學翻譯的時代。

## 三、對譯印之自由地辯護——法律之於翻譯時代的重要意義

　　鄭振鐸非常重視翻譯之於新文學創作的重要性。在《翻譯與創作》一文中，他將翻譯者直接奉爲「奶娘」：

> 「翻譯者」在一國的文學史變化最急驟的時代，常是一個最需要的人。雖然翻譯的事業不僅僅是做什麼「媒婆」但是翻譯者的工作的重要卻更進一步而有類於「奶娘」。

> 我們如果要使我們的創作豐富而有力，決不是閉了門去讀《西遊記》《紅樓夢》以及諸家詩文集，或是一張開眼睛，看見社會的一幕，便急急的捉入紙上所能得到的；至少須於幽暗的中國文學的陋室裏；開了幾扇明窗，引進戶外的日光和清氣和一切美麗的景色；這種開窗的工作便是翻譯者的所努力做去的！〔註51〕

接下來，鄭振鐸也確實以「奶媽」的口吻，苦口婆心地忠告搞創作的少爺們，喝幾口「洋奶」來營養創作的頭腦：

> 創作者！你們且慢低頭在桌上亂寫，且慢罵開窗人的驚擾了你，不妨從已開的小窗裏，看看外面的好景；他們是至少可以助你乾渴的文思，給你萎枯的文筆以露水的！〔註52〕

鄭振鐸將我國「翻譯者」視作「奶娘」，其中，翻譯之於新文學的創作有何其

---

〔註50〕王向遠：《翻譯文學的學術研究與理論建構》，《北京師範大學學報（社會科學版）》，2004 年第 3 期，頁 61。

〔註51〕鄭振鐸：《翻譯與創作》，《文學旬刊》時事新報發行，第七十八期，1930 年 7 月 2 日出版。

〔註52〕鄭振鐸：《翻譯與創作》，《文學旬刊》時事新報發行，第七十八期，1930 年 7 月 2 日出版。

重要意義與作用，已經不言而喻。但這裏的問題是：因爲是翻譯，所以我們應該將「奶娘」二字拆開來看，也就是說，這裏存在著一個「娘」與「奶」的關係，對於搞新文學創作的「少爺們」來說，譯者將拿來的洋味十足的「食物」放入嘴裏「翻譯翻譯」，在色香味上固然可以更加符合中國人對於「舌尖」的要求〔註 53〕，似乎少爺們也應該對譯者們喊聲「娘」以表謝意，但這一謝意僅在於譯者「翻」的辛苦，當然也有其自身手藝的創造，但「娘」喊快了未免認不清「奶」的來源，即「生母」爲誰的問題。換言之，我國的譯者所作的畢竟是帶有「創造性」的轉換工作，畢竟這奶源並非國產，而是來自西方的牧場，是「洋奶」啊！「洋奶」的生產者才能算做「外面的好景」的生母！我國的翻譯者只能算是一個富於創造性的「巧婦」而已。

「巧婦難爲無米之炊」。巧婦再巧，如果沒有下鍋的米，可口的飯菜一樣端不上桌。在文學翻譯的時代，如果西方的文學作品在國際版權公約的保護下，要等十年甚至更久或者付出較爲昂貴的金錢才能准許我們的「奶娘」對「洋奶」進行翻譯的話，那麼這勢必會影響搞創作的少爺們的營養補給，說不定還會因爲「洋奶」翻譯的不能（得不到西方文學作者的翻譯權的許可）或者翻譯的代價過高或者不及時，導致我們園地裏的創作面黃肌瘦，創造不出色彩艷麗、品種豐富的新文學園地的風景呢！

擴大地來說，如果對於產自西方的「米」，時人不能依據晚清、民國自身的社會文化需要，也就是三個「知不足」的歷史階段，實現自由地拿來與翻譯，相反，在那個極度意欲迅速且大量地輸入西方文明的自強時期，還要顧及西方國家對其著作的版權保護尤其是翻譯權的保護，那麼，在一定程度上，我們朝向現代化的歷史征程必然走的緩慢與吃力。這裏，我們就必須認清一個關鍵的問題，這就是：是哪些因素促成了翻譯時代？或者說，在翻譯的時代，我們能夠在多大地程度上自由地拿來翻譯？這種翻譯的自由是如何成其爲可能？

我們之所以如此設問是基於這樣的邏輯：既然文學的翻譯對民國時期的新文學在文學創作、作家養成、文學思潮等有著異常重要的示範與引導作用，那麼新文學家們能否依據民國時期新文學的現實發展需要或作家自身的審美趨向，來實現自由地翻譯與翻譯的自由，以及多大程度上的翻譯自由，這都

---

〔註 53〕俗話說眾口難調，之於翻譯，同樣存在著魯迅等的「直譯」與他人的「意譯」
　　　　的爭論。

關係到民國時期新文學的發生發展狀況。我們之所以關注晚清、民國時期的翻譯及其自由程度,正是以此作為邏輯出發點。

### 1、晚清時期翻譯之自由

晚清以來的知識界對西學翻譯是如此迫切,自然是因為受了西方列強炮火的衝擊,吃了敗仗,一再地割地賠款,國家主權在諸多方面的不完整等等。總之,當時中華民族受到來自「夷族」從未有過的壓迫與危機,由此激發了當時晚清以及後來的民國之政府與時人主動尋求富強的內在驅動力。翻譯時代的促成,正是基於「未有之變局」之後所呈現出的中西文明之差異與落差,在如何走向現代的焦慮中形成的。但是,我們所擁有的只是精心保存下來的國粹以及其他舊傳統,「現代」顯然是屬於西方的。所以,現代之於當時之國人,只能拿來,只能翻譯,在被外人激發了尋求富強的巨大內需之後,對於我們所需要的東西關鍵是要能「拿的過來」,只有獲得最大程度的拿來的自由,才能解決對翻譯所產生的燃眉之需。

這就勢必牽涉到國際版權對西方作者著作權的保護問題,「在一國之內,固然能夠禁止別人對於著作人的權利,不加妨害;但到了外國,他要妨害你的版權,就無法可想了。於是各國便發生了「版權保護要互於世界」的思想;這便到了……世界權利時期了……首先便由英法等國發起,聯合世界各國的學者,組織一個國際學藝美術協會;後來在進一步,便於一八八六年九月九日在瑞士國的伯龍(Bern)開了一個國際會議。世界文化史上有名的伯龍約章(The Bern Convention)就於這一天成立;國際版權同盟,便算告成功了!」〔註54〕此聯盟的成立與當時之中國關係最為緊要的是與作為著作者經濟權利之一翻譯權。所謂翻譯權,主要是作者許可他人或禁止他人翻譯自己的作品的權利。《保護文學藝術作品伯爾尼公約》〔註55〕第八條規定:凡是受本公約

<hr>

〔註54〕 武塪幹:《國際版權同盟與中國》《東方雜誌》18卷第5號,1921年3月10日出版,頁10。民國時期所謂的「伯龍約章」,是指現在的《伯爾尼公約》。

〔註55〕 英國、法國、瑞士、比利時、德國、西班牙、意大利、利比里亞、日本、美國等國家,於1884年到1886年,在瑞士首都伯爾尼舉行三次外交會議,討論有關國際版權保護問題。1886年9月,由英國、法國、瑞士、比利時、意大利、德國、西班牙、利比里亞、海底、突尼斯,這十個國家發起締結了一個國際版權保護的公約,名為《保護文學藝術作品伯爾尼公約》。其中除利比里亞外,其他九國於1887年9月批准了此公約,並生效於三個月後。

保護的作品的作者，在他的原作受保護的整個期間，享有翻譯自己的作品或授權他人翻譯自己的作品的專有權。翻譯權在《伯爾尼公約》的締結之初，就作爲經濟權利的第一項被提出並明確寫於公約文本中。〔註56〕可見，自1886年起，國與國之間，尤其是西方強國在國際上對本國著作人翻譯權利的重視與保護，同時也反映出一國對另一國作品翻譯的普遍性。

但值得注意的是，我國自唐宋以來至1910年《大清著作權律》頒布以前，此一時期屬於版權保護的封建特許時期，其保護重點在於印刷出版人的利益。但從世界版權保護的立法來看，1709年，英國議會就已經通過了世界上第一部版權法——《安娜法》，之所以被公認爲世界第一部版權法，其主要原因之一就是把受保護主體從印刷出版商擴大到了包括作者、印刷出版商在內的一切版權所有人。頒布該法的目的就是爲了防止印刷者不經作者同意就擅自印刷、翻印或出版作者的作品，以鼓勵有學問、有知識的人編輯或寫作有益的作品。在該法第1條中，就指出作者是第一個應當享有作品中的無形產權的人。〔註57〕版權保護從而進入了保護對象主要是作者的版權權利時期。

當天朝迷夢被炮火驚醒而進入世界民族之林後，對西學的譯印就不能不受到已經走入版權保護國際化的西方世界的干預了。若失去對西書翻譯的自由，被迫駛離傳統軌道的晚清，又將遭遇何種狀況呢？

1898年3月1日，王國維在致許同藺的信中說：「蔣伯斧先生說：西人已與日本立約，二年後日本不准再譯西書。然日本西文者多，不譯西書也無妨。此事恐未必確，若禁中國譯西書，則生命已絕，將萬世爲奴隸矣。此等無理之事，西人頗有之，如前年某西報言欲禁止機器入中國是也，如此行爲可懼之至。」〔註58〕

「若禁中國譯西書，則生命已絕，將萬世爲奴隸矣。」聽起來是如此令人恐懼顫栗！從中我們可感受到當時中國對通過西書翻譯來輸入先進文明之路的強大依賴性與迫眉之勢。而對於日本加入伯爾尼公約之舉，其國人認爲是「失敗之策」：「然則支那當入萬國同盟乎？」答之曰：「凡文物進步尙弱之國，最不

---

〔註56〕鄭成思：《國際版權概論》，北京：中國展望出版社，1986年11月第1版，頁24。
〔註57〕鄭成思：《知識產權法》，北京：法律出版社，2003年10月第3版，頁14、25。
〔註58〕王國維：《致許同藺》，《王國維全集‧書信》吳澤主編，劉寅生、袁英光編，北京：中華書局，1984年3月第1版，頁3。

宜入萬國同盟，我日本於改正條約時，誤入此盟，實外交上一大失策也。故我輩不欲支那效此失敗之策，寧效美國之獎勵教育法乃可耳。」〔註59〕即使這位「入歐」的好學生，也不樂意使翻譯西書的自由權利受到束縛！

　　隨著晚清與美、日等國行船通商日益頻繁，美、日等國便利用 1902 年中美、中日協定商約之際，要求對其國內作者的作品在中國境內施以版權保護。這一要求體現在 1903 年達成的中美《通商行船續訂條約》與中日《通商行船續約》。自此始，在法律條約上，中國開始與國際版權保護發生聯繫。

　　1902 年蔡元培得知日本向我國索取版權一事，在《日人盟我版權》文章的一開頭就來了句：「詭哉，日本人之盟我版權也！是個人主義而已，微直障我國文化之進步，即於彼亦復何利也。」文中又說「彼日本入版權同盟之後，譯事艱阻，有識所憾。」而日本「貿貿焉亦擠吾國於版權同盟之中，以為歐人之倀。是誠絕援揖盜，以個人私見害社會公益者也」並希望我國主約者能夠「循理度勢，正辨而剴導之」〔註60〕。反對給予美、日等國書籍在中國境內的版權保護，是晚清以至民國時期，中國政府與文化出版界一致的聲音，雖然不是絕對的，但卻是主流。

　　在 1902 年 6 月開始的商約談判中，美方首先給出了一個條約草案，其中第三十二款為有關版權保護的條文：

> 第三十二款　一、無論何國若以所給本國人民版權之利益一律施諸美國人民者，美國政府亦允將美國版權律例之利益給予該國之人民。中國政府今允，凡書籍、地圖、印件、鐫件或譯成華文之書籍，係經美國人民所著作，或為美國人民之物業者，由中國政府援照所允許保護商標之辦法及章程極力保護，俾其在中國境內有印售此等書籍、地圖、鐫件或譯本之專利。〔註61〕

一開始作為談判代表的盛宣懷認為譯文不夠清楚，以後再討論。繼而在 1902年 9 月，中國代表開始明確反對版權保護，其原因是恐怕因此提高書價使窮

〔註59〕《論布版權制度於支那》，《清議報全編》第 5 集，《外論彙譯・論中國》（1901年橫濱新民社輯印），引自《中國版權史研究文獻》，周林、李明山主編，中國方正出版社，1999 年 11 月第 1 版，頁 23。

〔註60〕蔡元培：《日人盟我版權》，《蔡元培全集》（第一卷）高平叔編，北京：中華書局，1984 年 9 月第 1 版，頁 159～160。

〔註61〕《辛丑和約訂立以後的商約談判》，中國近代經濟史資料叢刊編輯委員會主編，中華人民共和國海關總署研究室編譯，北京：中華書局，1994 年 10 月第1 版，頁 156。

一點的人買不起書。經過長時間辯論，中國代表始終沒有改變意見。決定下次再討論。〔註62〕

　　其間，晚清官員多次致電反對給予美日版權保護。張百熙致電劉坤一，其言曰：

> 聞現議美國商約有索取洋文版權一條，各國必將援請「利益均霑」。如此，則各國書籍，中國譯印，種種爲難。……論各國之有版權會，原係公例，但今日施之中國，殊屬無謂。……不立版權，其益更大。似此甫見開通，遂生阻滯，久之，將讀西書者日見其少。各國雖定版權，究有何益？我公提倡學務，嘉惠士林，此事所關係匪細。亟望設法維持，速電呂（海寰）盛（宣懷）二大臣，堅持定見，萬勿允許，以塞天下之望。幸甚！禱甚！（張百）熙。〔註63〕

張百熙在電文中的觀點可謂是反對給予外國書籍版權保護的代表。正在與美、日兩國談判的呂海寰、盛宣懷覆電說：

> 美、日商約均有版權一條，意在槪禁譯印，辯論多次，幸如尊意。東西書皆可聽我翻譯，惟彼人專爲我中國特著之書，先已自譯及自印售者，不得翻印，即我「翻刻必究」之意思，上海道廳領事衙門早有成案，勢難不准。〔註64〕

從呂、盛兩人的覆電中，我們可知在版權保護的談判中，實際上分成了兩部分，一部分是「專爲我中國特著之書，先已自譯及自印售者，不得翻印。」這在上海是有判例可循的，所以將判例視爲法之淵源的英美之國，當然不會放棄，對中國代表來說也是「勢難不准」。除專爲我中國人特著之書外，其餘皆可翻譯，這是一款極其重要的條文，可以說正是此條文在國際版權的保護時代，爲我國爭取了極大化的自由譯印的權利。後來又在1903年4月3日的修訂商約會議中，在第十一款的版權問題上，又根據中國代表的建議，增加「除以上所指明各書籍、地圖等件不准照樣翻印外，其餘均不得享此版權之

---

〔註62〕《辛丑和約訂立以後的商約談判》，中國近代經濟史資料叢刊編輯委員會主編，中華人民共和國海關總署研究室編譯，北京：中華書局，1994年10月第1版，頁159，160。

〔註63〕張百熙：《致前江督劉（坤一）電》，《中國版權史研究文獻》，周林、李明山主編，中國方正出版社，1999年11月第1版，頁42。

〔註64〕呂海寰、盛宣懷之覆電，《中國版權史研究文獻》，周林、李明山主編，中國方正出版社，1999年11月第1版，頁43。

利益。又彼此言明，不論美國人所著何項書籍、地圖，可聽華人任便自行翻譯華文刊印售賣」。雙方就本款取得協議。〔註65〕1903 年 8 月 29 日，美方又答應考慮我國代表對於有礙中國治安的書報作一規定的提議。〔註66〕

這樣，經過中美雙方的談判，中美《通商行船續訂條約》中有關版權保護的第十一款條文定爲：

> 第十一款　無論何國若以所給本國人民版權之利益一律施諸美國人民者，美國政府亦允許將美國版權律例之利益給與該國之人民。中國政府今欲中國人民在美國境內得獲版權之利益，是以允許，凡專備爲中國人民所用之書籍、地圖、印件、鐫件者，或譯成華文之書籍係經美國人民所著作、或爲美國人民物業者，由中國政府援照所允許保護商標之辦法及章程，極力保護十年，以註冊之日爲始，俾其在中國境內有印售此等書籍、地圖、鐫件、或譯本之專利。除以上所指明各書籍、地圖等件不准照樣翻印外，其餘均不得享此版權之利益。又彼此言明，不論美國人所著何項書籍，地圖，可聽華人任便自行翻譯華文，刊印售賣。

凡美國人民或中國人民爲書籍、報紙等件之主筆、或業主、或發售之人，如各該件有礙中國治安者，不得以此款邀免應各按律例懲辦。〔註67〕

同樣，中日經過商約的談判，在《通商行船續約》中也確定了有關版權的條文規定，其文如下：

> 第五款　中國國家允定一章程，以防中國人民冒用日本臣民所執掛號商牌，有礙利益，所有章程必須切實照行。日本臣民特爲中國人備用起見，以中國語文著作書籍以及地圖、海圖、執有印書之權，亦允由中國國家定一章程，一律保護，以免利益受虧。
>
> 中國國家允設立註冊局所，凡外國商牌並印書之權請由中國國家保護者，須遵照將來中國所定之保護商牌及印書之權各章程在該局所

---

〔註65〕 《辛丑和約訂立以後的商約談判》，中國近代經濟史資料叢刊編輯委員會主編，中華人民共和國海關總署研究室編譯，北京：中華書局，1994 年 10 月第 1 版，頁 172。

〔註66〕 《辛丑和約訂立以後的商約談判》，中國近代經濟史資料叢刊編輯委員會主編，中華人民共和國海關總署研究室編譯，北京：中華書局，1994 年 10 月第 1 版，頁 201。

〔註67〕 《通商行船續訂條約》，《中外舊約章彙編》（第二冊），北京大學法律系國際法教研室編，北京：三聯書店，1959 年 4 月第 1 版，頁 186～187。

註冊。

日本國國家亦允保護中國人民按照日本律例註冊之商牌及印書之權，以免在日本冒用之弊。

凡日本臣民或中國人民爲書籍、報紙等件之主筆或業主、或發售之人，如各該件有礙中國治安者，不得以此款邀免，應各按律例懲辦。

〔註68〕

中美《通商行船續訂條約》與中日《通商行船續約》中有關外國書籍版權保護的條文，在中國翻譯文化史上具有重要的意義。該版權條文，在版權保護的國際權利時代，在法律上確定了晚清以至民國在翻譯外國書籍上的自由權利。這對現代文學來說，自晚清就奠定了後來新文學家對西方文學「翻譯的自由」與「自由的翻譯」兩方面的便利。兩條約雖然簽訂於晚清，但自晚清進入民國之後，在上海發生的諸多國際版權糾紛的案例中，《通商行船續訂條約》與《通商行船續約》的版權條文，成爲律師辯護與法庭判案時的法律淵源，且依舊具有法律效力，維護了上海各書店及譯者的相應權利。

宣統二年（1910 年），晚清政府頒布了中國歷史上第一部著作權法《大清著作權律》第二十八條規定「從外國著作譯出華文者，其著作權歸譯者有之。」〔註69〕雖然那些「非專備」爲中國人而寫的外國書，在中國境內不享受版權保護，但中國的第一部著作權法卻將外國書籍的中國譯者的譯本納入了國內著作權的保護範圍，這樣在法律上對譯者著作權的保護，既有促進翻譯事業的效果，又爲保護譯者著作權提供了法律依據。對此，秦瑞玠在《著作權律釋義》中解釋說：「外國著作，謂外國人之著作，不論其人之踪迹常在外國與否，亦不論其書之發行究在外國與否，概可以之譯成華文。……我國現今科學多恃取資外籍，正利用翻譯之自由，且未加入萬國著作權同盟，不爲侵害各國著作權中所包含之翻譯權，故不必得原著作者之允許，而可任意翻譯，且於已譯之本，爲有法律所許之獨立著作權也。」〔註70〕

〔註68〕《通商行船續約》，《中外舊約章彙編》（第二冊），北京大學法律系國際法教研室編，北京：三聯書店，1959 年 4 月第 1 版，頁 193。

〔註69〕民政部在爲擬定著作權律草案理由事致資政院稿中解釋道：各國於翻譯多視爲重制之一種方法括之於著作權中，如日本著作權法第一條即揭明此義。我國現今科學多恃取資外籍，不能不變通辦理，故本條揭明著作權歸譯者有之。見周林、李明山主編：《中國版權史研究文獻》，北京：中國方正出版社，1999年 11 月第 1 版，頁 88。

〔註70〕秦瑞玠編纂：《著作權律釋義》，上海：商務印書館，1914 年 4 月再版，頁

晚清中美、中日商約談判中的版權條款，首次在國家間的法律層面上，為晚清及民國時期的知識界開拓了譯印日本及西方書籍的自由權利空間。這兩個條約成為維護中國自由譯印外國書籍的重要乃至根本的法律條約依據。這就為中國新文學很好地借鏡西方文學打開了一扇「自由翻譯」與「翻譯自由」的大門。雖然條約中規定了我們必須給予那些專備中國人所作之書籍的版權保護，但從實際上來看，西方作家又有多少「專備」為中國而作的文學作品呢？

如果說在歷史上，晚清政府簽訂了太多喪權辱國的條約，那麼，在中美《通商行船續訂條約》與中日《通商行船續約》的談判中，在國際版權保護問題上，晚清政府為正在由傳統向現代嬗變的中國知識界與出版界提供了極大的便利，這無疑是具有積極作用的。但需要指出的是，晚清知識界在獲取翻譯自由權利的同時，晚清政府開始自覺加強對書籍與報紙內容的檢查，以及按照中國律例懲辦有礙中國治安的書籍、報紙等的主筆、業主或發售人，這同時又暴露出對言論與出版自由施以壓制的端倪。

## 2、民國時期翻譯之自由

民國建立之後，在國內隨著新式教育的興起及其隨後的新文化運動與文學革命，知識界對西方教科書、文化、文學書籍的譯印需求有增無減，尤其對現代文學來說，西方文學一直被視為中國現代文學可資借鏡的重要藝術資源，文學翻譯在新文學園地裏一直備受關注；而另一方面，西方諸國面對西書在中國境內欠缺版權保護的現狀，又不斷要求中國加入版權同盟，來加強對其本國作者的版權保護，盡量減少他國隨意譯印的現象。

對於 1903 年中美、中日商約關於版權保護的規定，諾伍德・F・奧爾曼指出「中國政府沒有通過任何具體法律用於實施上述與版權有關的商約。中國已經通過了一個臨時性即實驗性的版權通告，但這並不意味著它能使上述商約條款發生效力。」「這項通告給予中國作者某些十分有限的專有權利，但根本沒有提及在該通告範圍內外國人本應該賦予的任何保護。」其結果是大量美國、英國以及其他外國作品，在未經作者和出版商同意的情況下在中國翻譯出版了。〔註71〕此種狀況顯然使外國作者和出版商大為不滿。於是

---

32。

〔註71〕諾伍德・F・奧爾曼：《民國初期的版權法》，見《中國版權史研究文獻》，頁204。該通告是指中華民國臨時政府內務部於民國元年（1912）發布的關於「著

在繼 1903 年之後，美國於 1913 年又要求我國加入中美版權同盟，對此上海書業商會致呈教育、外交、工商三部門，請求據理駁拒，上海書業商會認為，「如加入版權同盟，嗣後即不得翻印，必至學界因外來圖書價昂，不能多所購讀，文化進步，大受影響。且既入版權同盟，則翻譯他國人之著作物，亦須俟其著作物行世十年以後，方得自由。……方今學問之競爭日劇，若外國新出著作，十年內不能翻譯，則除少數人能讀其原著作，此外皆無從得新知識輸入之益，教育進步，必因之停滯。……倘加入同盟……從此各國援利益均霑之例，將至凡為外國人之著作，概不得翻印翻譯，損權利，阻教育，莫此為甚。」〔註72〕

反對加入國際版權同盟的聲音，不僅來自民國時期的新聞出版業（民國時期新聞出版業的中心在上海，所以新聞出版業反對我國加入版權同盟的聲音又多是從上海發出）而且當時北洋政府同樣持反對意見。在與各國重新修訂稅則之時，北洋政府內務部就條約中的版權一事提醒外交部迅速籌備，並特別指出「以我國文學美術，除固有之國粹外，多恃取資外籍，而非外籍所取資。為取第一主義〔註73〕，將無論東西各國之文藝製作編譯模仿屬我自由，籍以增進文化，收回利權，誠計之得也。」且向外交部申明「詎知一入同盟，不特不能翻印各國書籍，即翻譯必須俟其行世十年以後。」〔註74〕而到那時「學說已奮」，我們就占不到有利的先機了。由此要求外交部以 1903 年的中美、中日簽訂的通商條約為應對外國新一輪的版權要求。

1915 年北洋政府頒布了著作權法，第四條規定「著作權歸著作人終身有之。著作人死亡後，並得由其繼承人繼續享有三十年。」第十條規定「從外國著作設法以國文翻譯成書者，翻譯人得依第四條之規定享有著作權。但不得禁止他人就原文另譯國文。其譯文無甚異同者，不在此限。」北洋政府著作權法

　　作物呈請注冊暫照前清著作權律分別核辦通告」。

〔註72〕上海書業商會：《請拒絕參加中美版權同盟呈》原載上海書業商會廿週年紀念冊 1924 年，見《中國版權史研究文獻》，頁 134。

〔註73〕此處所謂「第一主義」：內國人保護主義。定國內法以保護國內人，而外國人之著作物均不在保護之列。見《國際版權意見書》，《中華民國史檔案資料彙編》第三輯文化，中國第二歷史檔案館編輯，南京：鳳凰出版社，1991 年 6 月第 1 版，頁 446。

〔註74〕《中華民國史檔案資料彙編》第三輯文化，中國第二歷史檔案館編輯，南京：鳳凰出版社，1991 年 6 月第 1 版，頁 447。

同樣將譯文的著作權歸屬譯者並終身有之，而對於原書著作者隻字未提。

1920 年 11 月，法國公使對民國外交部亦提出中國政府應加入「瑞士京城國際保護文學美術著作權公約」的要求，法公使認為：「夫中法文學之溝通，既屬蒸蒸日上，且中國出版者對於法國之著作，或翻譯文詞，或傚仿意義，於其他地位日加重視。職此之故，勢必致負有保護法國著作家權利之業務，協會顧慮及於中國所定之違法重作學術及美術著作之限制，關於此曾至一九一五年十二月十三日所公佈之中國等著作權法律，已引起本國政府之特別注意，蓋其顧及法國著作家令其能得能享有中國此等正式規定之權也。」〔註 75〕針對法使的要求，內務部在致外交部的咨覆中，再一次表明不加入版權聯盟的主張，咨覆中稱「此次法使奉政府訓令擬請我國加入保護文字美術著作權公約，本部向以我國情形尚未多取資外國之文藝美術，不宜加入萬國同盟，以自束縛，此時情形尚未變更，自應抱從前之主張，仍不加入。」〔註 76〕

事實上，民國時期對知識界自由譯印外國書籍之便利的維護，不僅體現在北洋政府通過外交手段拒絕西方各國提出的加入國際版權同盟的要求，即使在譯印西方書籍的實際版權案例中，也能依據晚清至民國所形成的有關國際版權保護的法律條約，來維護 20 世紀初以降在法律上獲取的譯印西書的自由權利。

1923 年 7 月，上海書業商會增訂發行了《重訂翻印外國書籍版權交涉案牘》〔註 77〕，其中記載了四部案件：（一）法使要求加入版權同盟案；（二）美國商會版權交涉案；（三）美商金公司（又稱經恩公司）版權交涉案（四）日商齋藤秀三郎版權交涉案。從這些案件的記錄中，我們可以看出，面對美、日兩國書商及其領事所提出的版權保護的要求，無論是相關案件的函牘往來還是在會審公廨上的雙方辯護，晚清外務部、兩江總督、上海道、會審公廨、商務印書館、中方辯護律師以及上海書業商會，均依據 1903 年所訂中美、中

---

〔註 75〕 《照錄法柏使來照會》，《中華民國史檔案資料彙編》第三輯文化，中國第二歷史檔案館編輯，南京：鳳凰出版社，1991 年 6 月第 1 版，頁 450。

〔註 76〕 《內務部致外務部咨覆》（1920 年 11 月）《中華民國史檔案資料彙編》第三輯文化，中國第二歷史檔案館編輯，南京：鳳凰出版社，1991 年 6 月第 1 版，頁 452。

〔註 77〕 此書收入《中國版權史研究文獻》，本文所引案牘均出自《中國版權史研究文獻》。

日商約所載的版權條款以及我國知識界在教育、學術、文學等文化領域譯印西方書籍的現實狀況，一致反對美、日等國書商、領事所提出的給予版權保護的要求。例如，在日人齋藤秀三郎版權交涉案中，會審公廨依據 1903 年中日《通商行船續約》版權條款回覆日本總領事永瀧，「非用中國語文及非爲中國人備用者，即不在保護之列。中國新學書籍，半由東西各籍譯印而來，不啻汗牛充棟，向無控告之事。翻譯者故不必論，即翻印而並非華文者，中國未入版權同盟，按照條約齋藤秀三郎亦無控告之權。此事關係我中國全體教育前途甚大，本府斷難稍涉遷就。……即祈貴總領事查照，將案注銷爲荷。」〔註 78〕

　　在此照會中，會審公廨不僅再一次依約重申中國譯印並非專門爲中國人備用的外國書籍的合法性，並且譯印外國書籍「向無控告之事」，道出了晚清以降中國人自由譯印西方書籍的事實。這一事實上的自由，在上海書業商會給上海道的呈文中得到證實「近來我國轉譯西文及和文之書，皆數見不鮮，迄無禁阻。學部審定中學用書，亦大半爲譯本。此社會上之習慣，足爲證據者一也。」〔註 79〕

　　有趣地是，西方書商對我國自由譯印外國書籍的做法自知無力依法禁止，但他們爲何又要通過駐滬領事索求版權呢？這是因爲版權保護實乃一種私人財產權的保護，在不能以國際版權法禁止譯印西方書籍的中國，他們所抱有的希望乃是在中國書商的手裏分一杯利益之羹。例如，1910 年正月 22 日，美商金公司在致商務印書館函中說「雖本公司亦知，按照萬國版權公例，原不能禁止貴館之翻印，然書爲公司之書，貴館似應先與本公司商議，請其許可，或酌許以餘利，方合正辦。」〔註 80〕

　　1923 年商務印書館涉訟「譯印韋氏大學字典版權」一案，商務印書館作爲被告，其所聘律師禮明對於中國自由譯印西方書籍一事，在上海會審公廨的辯護中，向在場人士表示要給予同情式的理解，其言曰：「凡我英美國人在版權問題上不能以更高之道德上要求諸華人，因在本國亦不能如此也；美國自政府奠定之日起，直至一八九一年，對於外人版權，並未加以保護；英國亦然，直至一八八六年。」接著他又依據 1903 年簽訂條約中所謂「專爲」一

---

〔註 78〕《會審公廨致日本總領事永瀧照會》，見《中國版權史研究文獻》，頁 195。
〔註 79〕《上海書業商會上滬道呈》，見《中國版權史研究文獻》，頁 195。
〔註 80〕《美商金公司致商務印書館函》，見《中國版權史研究文獻》，頁 178。

詞申說到「米林公司所出版之字典，最初並未存心供華人教育上及享用上之用，若果為華人用，當然有版權，但試問米林公司果為華人而出此書否？原告編著此書時，心中絕不想及華人常用此書，此書在華銷數亦不敵在美者遠甚，條約上既無此規定，自不能爭何版權也。」〔註81〕

對條約中「專備」一詞給西方著作人與出版商所帶來的「不利」，諾伍德·F·奧爾曼在出版於 1924 年的《民國初期的版權法》一文中，忠告其外國同胞說「對於那些欲將圖書用於中國的謹慎的作者和出版商來說，應在圖書空白頁上印上這樣一行字：『專備為中國人民所用』。」〔註82〕其文中顯露出對中國版權保護現狀的無奈以及對他同胞的忠告。

1928 年 5 月 14 日，國民政府公佈並實施《著作權法》，該法第十條規定「從一種文字著作以他種文字翻譯成書者，得享有著作權二十年，但不得禁止他人就原著另譯。其譯文無甚差別者，不在此限。」而在同日公佈與實施的《著作權法施行細則》第十四條規定「外國人有專供中國人應用之著作物時，得依本法呈請註冊。」「前項外國人，以其本國承認中國人民得在該國享有著作權者為限。」「依本條第一項註冊之著作物，自註冊之日起，享有著作權十年。」我們從國民政府的著作權法中依然可以清晰地看到 1903 年中美、中日條約中有關版權規定的影響與繼受。雖然國民政府的著作權法給予外國人的著作享有十年的專有權，但其條件依然苛刻，繼續將其限定在「專供」中國人應用以及承認中國作者在其國家享有著作權的範圍之內。但在事實上，外國人的著作依然沒有得到相應的保護，戴維·卡瑟（David Kaser）在其研究臺灣地區圖書盜版的論文中就指出，國民政府於 1928 年實施的著作權法並沒有關注國際保護，「任何類型的文學產權的保護在中國都沒有引起重視，極少有侵權事件會通過訴訟解決，雖不是毫無先例，但極為罕見。」〔註83〕

## 四、小　結

「若買得了一本小說，看過就翻譯，不去研究這位著作家在文學上的地位，從前我國翻譯小說的人原多這樣辦的。現在還是很有，卻深望以後要把

---

〔註81〕《大陸報「字典案之辯護」》，見《中國版權史研究文獻》，頁 200，201。
〔註82〕諾伍德·F·奧爾曼：《民國初期的版權法》，見《中國版權史研究文獻》，頁 204。
〔註83〕Kaser, Book Pirating,19.引自美安守廉：《竊書為雅罪》，李琛譯，北京：法律出版社，2010 年 11 月第 1 版，頁 58。

這風氣改革了才好。」〔註84〕茅盾的這段話，固然是說我們要在翻譯小說之前，要去認真地研究這位著作家在文學上的地位，要揀優秀的西方作品進行翻譯，切忌盲目地翻譯不入流的文學作品。但除此而外，是否同樣說明我們翻譯文學作品時，存在著很大的自由呢？

再讓我們來看看陳西瀅分別與蕭伯納、基爾特兩人的對話：

> 我在倫敦去訪問蕭伯納的時候，偶然說及他的著作已經有幾種譯成中文了，他回答道「不要說了罷。那於我有什麼好處呢？反正我一個錢也拿不著。」無論我怎樣的解說，我說中國翻譯的人自己也得不到什麼好處，他就問為什麼要翻譯，我說他們為的是介紹他的思想，他就說他們還是為了要借他的名字去介紹他們自己的思想罷了。與他絲毫不相干，他說這話，好像真有氣的似的。
>
> ……
>
> 又有一天我遇見基爾特社會主義的健將柯爾，我們談起日本來。他說不歡喜日本人，因為他們太卑鄙：他們譯了他的書不讓他知道，不給他正當的版稅。我心中不免想著中國人也正在翻譯他的書，也不見得給他版稅吧，只好暗暗的說一聲「慚愧」。〔註85〕

陳西瀅明明知道「中國沒有加入國際版權同盟，所以翻印或翻譯不問版權是不大要緊的。」〔註86〕但他還是替自由譯印以上兩位作者作品的中國譯者暗暗道歉。似乎他們只注重「利」而忘乎君子之「義」。

但是此種見「利」忘「義」之舉，不只是中國，英美諸國亦是走過一段「忘義」之路。只要那些不是專備中國人所用的文學書籍，我們均可以自由地拿來翻譯。這種自由自晚清民國時期得到了我國與西方所簽訂的法律條約的保護。尤其是1903年與美、日所簽訂的商約中有關版權保護的條款，以及上自政府下自出版商反對加入世界版權同盟的努力〔註87〕，這樣，在政治與

---

〔註84〕茅盾：《新文學研究者的責任與努力》，《小說月報》第12卷第2期，1921年2月10日。

〔註85〕西瀅：《版權論》，《西瀅閒話》，上海：新月書店，1933年4月3版，頁195，196～197。

〔註86〕西瀅：《版權論》，《西瀅閒話》，上海：新月書店，1933年4月3版，頁196。

〔註87〕民國時期，不僅存在反對我國加入版權同盟的聲音，甚至有的認為根本就不應該存在版權同盟。邵力子在《覺悟》上便說：「現在反對版權同盟的人，

經濟的合力下，使得晚清民國時期對優秀西方書籍的自由譯印能夠在法律條約上站得住腳，成爲促成文學翻譯時代的重要原因之一。

譯印外國書籍的自由，已經使「是否得到著作者的授權」或者所譯印之書「是否還在翻譯權保護期內」等問題，變得不再重要。〔註 88〕這種最大程度「拿來」的自由，保證了「翻譯的自由」與「自由地翻譯」。新文學家對異域文學的自由譯印與借鑒，使文學翻譯在民國文學之現實需求上，在新文學的作家養成、藝術形式、審美趣味等，更深更廣地發揮了作用。也正是這樣自由地拿來，才促使 1927 年以後的魯迅以及其他文學家在上海將翻譯作爲「賣文」的一種營生〔註 89〕；也正是存在著這樣的譯印自由，翻譯出來的文學作品，民國時期的書店可以在不支付原著者經濟利益的情況下，更樂意出版我國譯者的作品，使其在經濟生活上得到一定保障，也擴大了翻譯文學的傳播與影響範圍；也正是存在著這樣的譯印自由，使民國時期的新式教育在教科書上能夠做到與「現代」同步；也正是有了這樣的譯印自由，在社會氛圍的整體上，爲晚清、民國國內的文化、文學界借助國內出版業營造了一個放眼看世界的公共交流空間、文學的場域，爲民國現代文化的創造提供了一定程度上的自由保障。

此種拿來之自由，對於晚清民國時期的文藝譯者來說已經自然地融入了

都只就中國目前的情形說話；其實既管承認「版權」，便不能拒絕「同盟」。我要自利，別人亦要自利。中國人雖患有智識荒，在外人看來，只是中國自不長進，和他們有什麼相干。雖然我們可以堅拒外人底要求，但在「公道？」上未免有些說不過去。所以我們應當宣告全世界：中國人主張學術文化爲人類共有；中國人永遠不願用版權來拘束別國人，別國人也永遠不能用版權來拘束中國人。版權同盟是要從根本上絕對否認的，不單是從時間上希望暫緩的。我並主張自己國內也不當有什麼版權。這話，改日再說。」《從根本上反對「版權同盟」》，載 1920 年《民國日報覺悟》第 12 卷第 10 期《隨感錄》。

〔註88〕 同時，我們也要看到，我們對待譯印西書的態度，在很大程度上又常常會以此對待我國著作者，雖然晚清至民國時期均頒布了著作權法，但是海盜式翻印並未得到很好的禁止。

〔註89〕 1927 年 9 月 19 日，魯迅在《致卓永坤》的信中說「我先到上海，無非想尋一點飯，但政，教兩界，我想不涉足，因爲實在外行，莫名其妙。也許翻譯一點東西買賣罷。」1927 年 11 月 18 日，「我想譯點書糊口，但現在還未決定譯那一種。」《魯迅著譯編年全集》第捌卷，北京：人民出版社，2009 年 7 月第 1 版，頁 449，501。魯迅：「我在上海，大抵譯書，間或作文；毫不教書，我很想脫離教書生活。」同上書第玖卷，《致臺靜農》，頁 108。「回到上海，想以譯作謀生」，第拾陸卷，頁 136。

他們對文學的追求與現實生活中，他們可以自由地譯印他國作者的文藝作品
（無論他們的作品是否在翻譯權的保護時期之內或之外），而無須涉訟。即使
被著作人或出版商控訴法庭（此種控訴多發於上海），也能在最終的判決中站
在有益於自己的一面。如此的自由拿來，對譯者而言，似乎已經成為他們的
一種相當便利的「無意識」，以致讓現代文學的研究者們常常忽略此種譯印自
由對現代文學發生發展的重要性。但此種自由一旦受到國家間在法律上的更
改或約束，在現代文藝或新式教科書的編譯者等身上就會表現出強烈的不滿
與焦慮，這時便可看出譯印自由的重要性來。

　　譬如，1946 年 11 月 4 日，民國外交部長王世杰與美國駐華大使司徒雷登
在南京簽署了中美《友好通商航海條約》，（簡稱《中美商約》）。其中第九條
對中美兩國知識產權的保護做了如下規定：

> 第九條　締約此方之國民、法人及團體，在締約彼方領土內，其發
> 明、商標及商號之專用權，依照依法組成之官廳現在或將來所施行
> 關於登記及其他手續之有關法律規章（倘有此項法律規章時），應予
> 以有傚之保護；上項發明未經許可之製造、使用或銷售，及上項商
> 標及商號之仿造或假冒，應予以禁止，並以民事訴訟，予以有效救
> 濟。締約此方之國民、法人及團體，在締約彼方全部領土內，其文
> 學及藝術作品權利之享有，依照依法組成之官廳現在或將來所施行
> 登記及其他手續之有關法律規章（倘有此項法律規章時），應予以有
> 效之保護；上項文學及藝術作品未經許可之翻印、銷售、散佈或使
> 用，應予禁止，並以民事訴訟，予以有效救濟。無論如何，締約此
> 方之國民、法人及團體，在締約彼方全部領土內，依照依法組成之
> 官廳現在或將來所施行關於登記及其他手續之有關法律規章（倘有
> 此項法律規章時），在不低於現在或將來所給予締約彼方之國民、法
> 人或團體之條件下，應享有版權、專利權、商標、商號及其他文學
> 藝術作品及工業品所有權之任何性質之一切權利及優例，並在不低
> 於現在或將來所給予任何第三國之國民、法人及團體之條件下，應
> 享有關於專利權、商標、商號及其他工業品所有權之任何性質之一
> 切權利及優例。〔註90〕

<hr>

〔註90〕《中外舊約章彙編》第三冊，北京大學法律系國際法教研室編，北京：三聯

該商約第二十九條又規定本約一經生效，應即替代中華民國與美利堅合眾國間條約中尚未廢止之各條款。其中就包括 1903 年 10 月 8 日中美在上海簽訂的續議通商行船條約。這個條約第九款版權保護的條文給予晚清至民國時期的文藝、教育及他領域以最大的譯印美國作品的自由。而 1946 年《中美商約》中則明確規定了一國著作人在另一國領土內所應享有的著作權的保護（自然包括翻譯權在內），並言明文藝作品在未經原著作人許可情況下的翻印、銷售、散佈或使用應予以禁止，並以民事訴訟作有效的救濟。這就取消了自晚清以來我國人可在不爭取原著作人之許可下譯印書籍的自由。並且在 1946 年《中美商約》的議定書第五條中，又對商約正文第九條作了如下補充說明：

> 五、（甲）第九條所用「未經許可」字樣，應解釋為指在任何特定情形下，未經工業品、文學或藝術作品之所有人所許可者。
>
> （乙）第九條第一句及第二句中「以民事訴訟予以有效救濟」之規定，不得解釋為排除依法組成之官廳現在或將來所施行之法律規章所規定之民事訴訟以外之救濟。
>
> （丙）締約此方之法律規章，對其國民、法人或團體，如不給予禁止翻譯之保護時，則第九條第三句之規定，不得解釋為締約此方對締約彼方之國民、法人或團體，須給予禁止翻譯之保護。

議定書中的說明更進一步強調了原著作人對他人譯印出版自己文藝作品的許可權利，那些未獲許可的譯印行為則被一概禁止。這對於已經習慣自由譯印西方文藝作品的中國文藝出版界來說，無疑是一個無法接受的事實。

實際上，對 1946 年中美簽訂的《中美商約》，各界人士大都表示不滿，且持批評的態度。時人認為「此約一旦實施，整個經濟將陷入殖民地深淵」，「是代替治外法權的法衣，全中國有變成『租界』的可能。」馬敘倫則提醒該商約「是美國大規模侵略先聲，而且有了合法地位。」馬寅初則指出該「條文內容空泛，利權喪失無可避免。」茅盾則認為「歷史上任何一個條約，對於主權之損害，均無此次之露骨與徹底。」〔註91〕

1946 年 11 月 22 日，《新文化》載文表達了對即將失去自由譯印美國作品的擔憂：「根據這個條約所說的『任何性質』，自然就將翻譯、劇本改編、圖畫、木刻、漫畫之翻製、音樂歌曲編譯等等，都包括在內，範圍很廣。這樣

書店出版社，1962 年 3 月第 1 版，頁 1437。

〔註91〕《關於中美商約》，《經濟週報》，1946 年第 3 卷第 20 期，頁 21，22。

一來，中美兩國的作家、出版家雖然雙方都要受約束，不能隨便翻譯或翻印對方一國的作品，但實際上中國書被譯為西方文的寥寥無幾，中國值得人家在注意介紹的東西不多；反之，中國在這方面的吃虧就很大了，因為中國目前需要吸收西洋文化的地方很多，特別是科學方面。」作家蕭乾則預卜該商約正式通過後，「中國靠編譯吃飯的人，不但手足受縛，飯碗也可能打掉。不久軍警包抄 X 門書局等專門供給中大學教科書的方便之門，而全國作者編者，各報資料室主任都得提心弔膽來引用原文，或選用插圖。照中美幣制的歧別，一個可憐翻譯者的血汗所得，可能都得兌成美金，彙到芝加哥或波士頓去，對於中國剛剛開始注意背景資料的報界，必是迎頭一棒。」〔註 92〕由此，更可見出譯印自由之於民國時期文藝、教育出版界等的重要性。

　　總之，譯印外國書籍的自由合法性，為民國時期文學發展的現代起航以及作家的經濟生活，書店譯印文學作品的出版事業，新式教育的知識支持等等，發揮了重要作用。實際上，本文所關注的譯印（涉及著作權的翻譯權、複製權與發行權）也只是從（國際）版權角度與現代文學研究之結合的一個案例，「著作權與現代文學」還有許多方面值得我們進一步共同關注。

---

〔註 92〕《出版界不滿〈中美商約〉》，《新文化》半月刊，第二卷第九期 1946 年 11 月 22 日，頁 31～32。

# 《玉梨魂》版權之爭與中國
# 近現代作家的身份轉型

胡安定*

　　自晚清以來，隨著出版業的發展，版權問題日漸受到重視。在西方版權等法律觀念、法律思想影響下，清政府於宣統二年（1910 年）頒布了《大清著作權律》。隨後，民國四年（1915 年）北洋政府又制定了《著作權法》，這兩部法律吸收了大量歐美法律觀念，對於版權的概念、作品的範圍、作者的權利、取得版權的程序、版權的期限和版權的限制等問題，均作了相應的規定。

　　雖然法律對著作者和出版商的利益訴求均予以規定，但從晚清民初的一些書籍聲明和版權糾紛來看，最初的版權意識某種程度上還是延續著注重出版專有權的古代版權概念，主要是從出版商的利益角度出發。而關注著作者的創造和權利的現代版權意識還相對薄弱。〔註1〕對於那些著作者而言，如何保護自己的權益，如何看待自己的作品，以及如何在新的社會結構和文化空間中定位自己的身份，仍然是一個困惑的問題。在中國傳統的觀念中，或視文學為經國之大業，或目之為興餘塗抹之遊戲，而文人更是恥於言利。在晚清民初階段，報刊的繁榮為一些文人提供了另一條謀生之道。然而，現代出版傳播市場所提供的利益機會與傳統文化觀念的衝突，導致他們在面對版權糾葛時往往顯得猶疑和矛盾。發生在 1915 年前後的《玉梨魂》版權之爭無疑

---

* 　胡安定，女，安徽桐城人，文學博士，西南大學文學院副教授。

〔註 1〕周林認為，要對版權一詞做出限定，首先就要區分以保護印刷出版專有權為基礎的古代版權和以促進作者創造和作者權利為目標的現代版權。（周林：《中國版權史研究的幾條線索》，周林、李明山主編《中國版權史研究文獻》，中國方正出版社 1999 年）

是一個典型個案，從中可以看出著作者的版權意識如何被確立，作者的利益訴求如何通過現代版權制度得到有效的保護，從而引導文學觀念的變遷和作家身份的轉型。

## 《玉梨魂》的創作、連載與出版

《玉梨魂》是徐枕亞的代表之作。徐枕亞，生於 1889 年，江蘇常熟人，畢業於虞南師範學校，畢業後曾隨父在常熟創辦小學堂，講授新學。兩年後其父病歿，學堂解散。1909～1911 年，徐枕亞在無錫倉山任小學教職。1912 年 3 月，《民權報》在上海創刊，徐枕亞謀得擔任編輯之職。《民權報》為政黨報紙，是當時上海報界「橫三民」之一（其他兩報為《中華民報》、《民國新聞》），以言論激烈著稱，在反袁鬥爭中發揮著重要的宣傳鼓吹作用。自由黨黨員周浩（少衡）為經理，由戴季陶主筆政，何海鳴、李定夷、蔣箸超、徐枕亞、吳雙熱等任編輯。作為自由黨的喉舌，《民權報》對袁世凱的陰謀詭計痛加斥責。因為報館設在租界，袁世凱沒有權力封它，於是通令郵局禁止寄遞。以致只局限在租界發行，銷量下降，廣告收入大受影響。勉強維持了兩年，於 1914 年宣告停刊。〔註2〕《民權報》的副刊不標名稱，有袖裏乾坤、今文古文、燃犀草、過渡鏡、眾生相、滑稽譜、自由鐘、瀛海奇聞、天花亂墜等欄。

1912 年，徐枕亞的《玉梨魂》和吳雙熱的《孽冤鏡》相間在其副刊上連載，一時頗為轟動。《玉梨魂》的故事其實十分簡單：小學教員何夢霞寄寓在遠親崔氏家中，並兼任他家的家庭教師，崔氏有寡媳白梨影出身大家，她的兒子鵬郎從夢霞讀。夢霞與梨娘由相慕而相戀。但這是一段注定沒有希望的愛情，梨娘出於無奈，用「接木移花之計，僵桃代李之謀」，將小姑筠倩介紹給夢霞，逼著他們結婚。梨娘自覺對不起死去的丈夫，一方面也是為了斷絕夢霞對自己的感情，自戕而死。筠倩是學堂培養出來的新女性，嚮往自由結婚，不滿意寡嫂包辦自己的婚姻。後來又發現梨娘與夢霞的戀情，覺得是自己害了梨娘，也自戕而死。夢霞也想殉情，但又認為大丈夫應當死於國事，於是出國留學，回國後參加武昌起義，以身殉國。《玉梨魂》有較多自敘成分，

---

〔註 2〕 鄭逸梅《〈民權報〉和民權出版部》，《書報話舊》，中華書局，2005 年，頁 253。

是徐枕亞根據自己的一段情事敷衍而成。1909～1911年，徐枕亞在無錫任教，借居學校附近的名書家蔡蔭庭家，蔡家有寡媳陳佩芬，其子從徐枕亞讀。徐枕亞與陳佩芬由相互傾慕到發生熱戀，兩人書信往來、詩詞唱和。但在封建社會，寡婦是悲慘的「未亡人」，只能心如枯井，再嫁是有礙風化的。兩個有情人難成眷屬，陳佩芬只好將侄女蔡蕊珠嫁與徐枕亞。〔註3〕

　　徐枕亞最初創作《玉梨魂》，可能主要還是在枯寂的生活中，回憶一段美好的情感，將鬱結於心中的愛情傾吐出來。小說採用駢文形式，以駢文創作小說，與作者自身的文學素養有關。在民初，小說中夾雜駢儷偶對十分普遍，這批作者都曾受科舉八股文訓練。《民權報》編輯同人中李定夷、蔣箸超、徐枕亞、吳雙熱都擅長辭章，用駢文創作小說顯然帶有「炫才」的意味。因此，《玉梨魂》的創作某種意義上是作者在編輯之餘作為自我消遣的一種個人化行為，連載於報紙之後，一些讀者時有讚賞《玉梨魂》的詩作刊於《民權報》上，這其實還是傳統文人互相欣賞、引為知音的酬唱之舉。應該說，儘管《玉梨魂》連載於報刊並獲得讀者的追捧，徐枕亞卻並沒有多少經濟利益方面的考量，版權意識也相對淡薄。

　　看到《玉梨魂》經濟價值的是民權出版部，1913年，民權出版部出版了《玉梨魂》單行本。可以說，民權出版部在擴大《玉梨魂》銷路和影響方面功不可沒，一則將報紙上連載的長篇小說加以整理，出版單行本，無疑擴大了小說的傳播範圍。當初《玉梨魂》在《民權報》上連載的時候，雖然也引起一些關注與反響，但報紙有零散的特點，讀者不易收藏，有時會因種種原因造成脫漏。而且報紙有實效性，當時未能一睹為快的讀者想再翻閱已經比較困難了。其次為了打開這些出版物的銷路，民權出版部還注重廣告這種促銷方式。在《民權報》和《民權素》上就刊有不少《玉梨魂》的廣告。報紙雜誌的風行使得這些廣告影響擴大，增加單行本的銷量，而單行本的暢銷又極大的增強了這些作者與作品的知名度，從而在單行本與報紙雜誌之間形成了良好的互動關係。初版一出，即廣告稱：「此書情詞瞻雅，文筆典麗，為枕亞君劇作，亦為本報最特色之小說，都七萬餘言，遠近愛讀之者、催促出版者，函緘盈尺，亦可見此書之價值矣。茲經枕亞君細加筆潤，重行校勘，裝訂精美，洵我國小說界有數之出版物，亦月下花前無上之消遣品。」〔註4〕。

〔註3〕徐枕亞在《亡妻蕊珠事略》一文中有暗示，載《半月》1923年第二卷第二十二號。
〔註4〕廣告，《民權報》1913年9月13日。

這些廣告詞對小說的文學價值加以讚賞,還對讀者的閱讀加以引導,「月下花前無上之消遣品」無疑是把《玉梨魂》的閱讀範圍從文人之間知音式的欣賞擴大到普通讀者的消遣式涉獵了。隨著《玉梨魂》的多次再版,廣告更是對作品的熱銷情況加以渲染,以刺激讀者立即購買的欲望,《民權素》上就有這樣的廣告:「枕亞杰作玉梨魂」「枕亞君為小說界巨子,近頃著作,洛陽為之紙貴,而玉梨魂一書尤其最初之杰作,匠心運去,彩筆揮來。有縝密以栗之功,無泛濫難收之弊。計自懸價而後風靡海內,雖續版已至五次而購買者尤絡繹於途。」〔註5〕,在消費心理中有一種從眾現象,「續版已至五次而購買者尤絡繹於途」必定會促使一些讀者跟風購買閱讀。在這些營銷手段的推動下,到 1915 年,《玉梨魂》已再版了十次。

## 三方糾葛的《玉梨魂》版權之爭

然而,《玉梨魂》如此暢銷,徐枕亞卻獲利甚微。1915 年 10 月 24、25 日,《申報》上登出徐枕亞頗具情緒性的廣告《召賣玉梨魂版權》:

> 鄙人所撰玉梨魂一書,前經民權出版部陳鴛春馬志千兩人代為出
> 版,言明出版後餘利與著作人均分,今已發行兩年,獲利不資,鄙
> 人一再向伊結算,詎料彼等居心險惡,意在吞沒,將鄙人置之不理,
> 鄙人宅心仁厚,殊不屑再與此輩市儈共同營業,除前項贏餘向彼等
> 追索外,所有該書版權現願出讓他人,此係鄙人自售版權,與該部
> 無涉,倘有糾葛,由鄙人一人清理。〔註6〕

徐枕亞稱《玉梨魂》只是由民權出版部代為出版,言明獲利和著作人均分,但現今獲利豐厚,出版部的陳馬二人卻置作者於不理。徐枕亞直斥二人為「市儈」,「居心險惡」,因不屑再與此輩打交道,所以打算收回版權,賣予他人。

但民權出版部的陳馬二人卻說徐枕亞已將版權賣與他們,在徐枕亞的廣告旁邊就是《陳鴛春馬志千啓事》:

> 民權出版部玉梨魂一書,發刊之始即與原著徐君枕亞商酌,擬三人
> 合夥,徐君以商業繁瑣,盈虧難測,願將版權讓渡,索贈本書百冊,
> 商妥始行發稿,去歲六月,徐君來函謂贈書辦法弟已承認,無可翻
> 悔,然弟之承認,只承認初版。此書獲利已厚,稍分餘潤,似非越

---

〔註 5〕廣告,載《民權素》1915 年第五集。
〔註 6〕《召賣玉梨魂版權》,載《申報》1915 年 10 月 24 日、25 日。

份之求，須知弟如經濟活動，早將此書版權清讓於兄，今之呶呶者，實出於無奈，請足下速將酬報辦法示知，弟無不遵從，此後該書版權永遠屬之足下云云（原函尚在）。比以重違來命，與當日成議不符，勉饋洋百元，得徐君收條及復書，且謂心迹已明，弟意無不慊，不得已而出此，甚非始願所及云云（原函尚在）。洎本月中徐君又來交涉，云欲收回版權，甚至登報出賣，直與商業習慣事實情形兩不符合，其意何屬，百思不得，爰將經過情形聲明。〔註7〕

陳馬二人的理由是當初曾提議三人合夥經營出版事宜，但徐枕亞嫌商業事務繁難而不肯，現在看書出版賺錢了，就一再要求獲得利益。既然徐枕亞已經接受了他們的一百本贈書與一百大洋，就算是出賣版權了。但徐枕亞並不認可這種說法，稱自己並無言明轉讓版權，雙方互不相讓。

但詎料一波未平，一波又起，《民權報》經理周浩又隨即發表啓事稱，《玉梨魂》版權既不應該歸陳馬二人也不屬於徐枕亞，應由他負責，他的理由如下：

鄙人前辦《民權報》時，於編輯、發行兩部外曾有出版部之設。因體恤發行部中人勞苦，准有陳鴛春、馬志千二君暫將《民權報》內部種種雜文刊售。藉以獲利，以資沾潤，而版權仍爲民權報所有，至民國三年，民權報停刊，陳馬二君復向鄙人要求繼續用民權出版部名義刊售各書，當時鄙人曾有一書致陳馬二君，於種種雜文雖仍准其出版而版權後須收回，於營業之盈虧亦不負責，鄙人現將種種雜文託由泰華書局刊印，鄙人自爲發行。外間有不知此事眞相者，頗多疑議。須知鄙人於民權報之支持，虧累甚巨，計前後所負之債，約兩萬元之譜。即如去年夏秋以至，今年春間，民權報之停刊已久，鄙人饔餐不繼，尚籌還民權報舊債一千餘金，直至現時，追呼不絕，窮於應付。平心論之，鄙人非因民權報之相累，爲狀必不至此，乃利則他人享之，害則由我獨受，事之不平，寧有過於此者？故決計將民權出版部所出之書，凡有民權報摘出者，一律印行。稍稍彌補從前虧累。如有人不服，欲享此種出版之權者，鄙人即須將民權報所遺之債，交其代償。而鄙人於窮苦中墊付之資，亦須先行還出。蓋民權報之停刊，未經破產而債務至多。鄙人之責任，原未可卸，則管理出版之權，自應爲鄙人所有。〔註8〕

---

〔註7〕《陳鴛春馬志千啓事》，《申報》1915年10月24日、25日。
〔註8〕《周浩啓事》，載《申報》1915年10月26日。

周浩認爲《民權報》是自己出資辦的，報上登載的文字理應由自己擁有版權。現在報上登載的一些作品出版獲利了，而且出版機構就是自己的下屬部門，自己卻分文無所獲，還在爲報紙債務煩惱，不免有些不平，因此認爲管理出版之權，應該全部爲自己所有。如此說來，《玉梨魂》就應該由他擁有版權。這樣的決定，徐枕亞肯定無法接受，他在自己任編輯主任的《小說叢報》上聲明：「鄙人前服務《民權報》時，係編輯新聞，初不擔任小說，《玉梨魂》登載該報，純屬義務，未嘗賣與該報，亦未賣與該報有關係之人，完全版權，應歸著作人所有，毫無疑義。」〔註9〕徐枕亞認爲，當初自己在《民權報》任編輯時，並沒有撰寫小說這一項工作要求，創作《玉梨魂》純屬個人行爲，關鍵是自己並沒有把版權賣予《民權報》，因此版權與《民權報》更加無涉。三方各執一詞，最後徐枕亞決定訴諸通過法律，今天關於這場官司的細節已無從知曉，結果是徐枕亞終於收回了版權。

## 版權之爭帶來的身份轉型

這場版權之爭不僅是三方利益的爭奪，其實也關涉版權意識的分歧。在民權出版部陳馬二人看來，只有參與三人合夥的印刷出版事務，才能獲得利益均分；而《民權報》的周浩認爲，只要是登載在自己辦的報紙上的文字，版權就應該是自己的。所以，在民權出版部的陳馬和《民權報》的周浩的觀念中，所謂版權就是印刷專有權。他們只看到了書籍出版中的物質成本，忽視了《玉梨魂》作爲一部文學作品，作者徐枕亞的原創性勞動的價值。而對原創性的重視和保護，恰恰是現代版權法的出發點。波斯納談到儘管中國印刷術的出現要早於西方好幾個世紀，但是帝制中國仍然沒有版權法，這在部分上被歸咎於中國文化重視同過去的延續以及它對新奇事物的懷疑。〔註10〕在中國傳統觀念中，文字最大的價值至於代聖人立言，並不是要表達自己新奇獨特的思想。除此之外，像小說、戲劇這樣被視爲「小道」的文字，只是興餘塗抹用來消遣的，登不得大雅之堂，更遑論其原創性的價值了。因此，在陳馬、周浩等人的眼中，《玉梨魂》不過是徐枕亞編輯之餘的消遣之作，其創造性價值是不被考慮的，作者的權益自然也就置之不理了。而徐枕亞最終

---

〔註 9〕《徐枕亞啓事》，載《小說叢報》1915 年第十六期。

〔註10〕理查德‧A‧波斯納：《法律與文學》，李國慶譯，中國政法大學出版社 2002年，頁 520。

通過法律收回版權，說明了當時的版權制度已經對作者的創造和權益予以肯定。

對於徐枕亞來說，《玉梨魂》的版權之爭也讓他對自己的作品進行了重新審視，並導致他文學觀念的變化和自我身份的轉型。從《民權報》上諸多文字可以看出，最初徐枕亞對自己的身份的定位是清高脫俗的才子、經世救國的雄才和先覺覺後覺的啓蒙者。《玉梨魂》中的何夢霞無疑帶有徐枕亞自況的意味，他文采出眾，情感細膩，和白梨影戀情出於至情而止乎禮義，純潔得無以復加，正如其中所感歎的「才美者情必深，情多者愁亦苦」。同時，他的愁苦不僅僅是因爲愛情的無望，更是因爲憂心國家的不幸，他素有報國之志，與好友石痴「時或縱談天下事，則不覺憂從中來，痛哭流涕，熱血沸騰，有把酒問天、拔劍斫地之概。」他勉勵好友「乘風破浪，做一番轟轟烈烈事業，爲江山生色，爲閭里爭光」。贈送石痴的詩云：「更無別淚送君行，擲下離觴一笑輕。我有倚天孤劍在，贈君跨海斬長鯨。」最終，何夢霞回國參加武昌起義，奮勇殺敵而戰死城下，這位溺於情而死於國的形象無疑是徐枕亞理想中的自我，除了何夢霞這樣的「兒女兼英雄」理想形象自況外，現實中的徐枕亞也確實有著以天下爲己任的精英意識，他在《民權報》上還有不少文章呼籲自由、民權、反對專制，「呼籲同胞，鐘既鳴矣，還不快醒！還不快起！」〔註11〕在《民權素》第一集《序二》中仍然堅持「是區區無價值之文章，乃粒粒眞民權之種子」。因此，最初徐枕亞對自我身份的定位不僅僅爲一個多愁善感的柔弱書生，還是一位擁有鐵血豪情的壯士，更是一位用文字喚醒民眾的先覺者。

應該是，最初在徐枕亞的觀念中，《玉梨魂》這樣的小說不過是「無聊文字」，〔註12〕但《玉梨魂》暢銷和版權之爭又給他帶來巨大的聲名，他已經無法忽視這種影響。而這種影響也在引導著他的身份轉型。最終，徐枕亞沒有能像何夢霞一樣報國捐軀，先覺覺後覺的文字也無法堅持。以天下爲己任的精英意識也逐漸讓位於經濟利益的追逐，這種轉變始於對《玉梨魂》的重寫和改編。時至民初，印刷技術的改進、社會制度的變革等因素帶來了報刊出版的極大繁榮，而在一個日漸繁榮的書籍市場，對於受眾群體來講，作者的

---

〔註11〕枕亞《醉夢自由》，《民權報》1912 年 7 月 5 日。

〔註12〕徐枕亞曾在《小說季報》中稱「鄙人不敏，以無聊文字，與諸君相見者，六七年於茲矣。」徐枕亞《發刊弁言》，載《小說季報》1918 年第一集。

名字就像商標一樣代表了書的特徵和質量。〔註13〕經由版權之爭，《玉梨魂》作為徐枕亞原創性品牌的地位已經得到肯定，對它的改寫、改編能帶給徐枕亞不菲的經濟利益。

《玉梨魂》正在暢銷之際，徐枕亞任《小說叢報》編輯主任，為打開銷路，就假託得到《玉梨魂》中男主人公何夢霞的日記，題為《雪鴻淚史》，以長篇日記體形式連載於《小說叢報》。《雪鴻淚史》篇首即云：

> 《玉梨魂》出世後，余乃得識一人，其人非他，即書中主人翁夢霞之兄劍青也。劍青實其亡弟遺墨，願以重金易《雪鴻淚叢》一冊。余慨然與之，曰：「此君家物也，余烏得而有之。」劍青喜，更出《雪鴻淚史》一巨冊示余，余受而讀之，乃夢霞親筆日記。其中事迹，與《玉梨魂》多所牴牾。其最謬之點，何崔兩姓，並非舊戚。梨娘之死，為庚戌年六月二十五日，非己酉除夕也。石痴之書，略為不詳，余乃加以裝點，遂失真相。……余既讀畢，乃請於劍青，為鈔副本付刊，以正余書之誤。劍青曰：「恐非死者之志。」余曰：「君毋太迂，令弟殉情殉國，其人其事，固在可傳之列。即梨娘筠倩之柔腸俠骨，於近日女界中，亦何可多得。余書已唐突西施，有此真迹，不以示人，將何以贖我過。且恐轉非死者之志也。」慫恿再三，劍青始允余代為詮次。原稿自己酉正月起，至庚戌六月止，記月不記日。今為之細分章節，每節綴以評語，以清眉目。凡與《玉梨魂》不同之點，無不指出。此後《玉梨魂》，可以盡毀。而余於言情小說，亦未免有崔灝上頭之感，江郎才盡，從此擱筆矣。〔註14〕

但實則為徐枕亞故弄玄虛，《玉梨魂》《雪鴻淚史》都是他一人筆墨。從第三年第二期的廣告也可看出，《雪鴻淚史》實為徐枕亞的著作：「此書筆墨高超，意旨純正，為自來言情小說中所未有，亦為枕亞君生平第一嘔心著作。凡閱過《玉梨魂》及喜閱哀艷詩詞者，均不可不讀全書。」〔註15〕徐枕亞此處之所以假託何夢霞日記，顯然是想借《玉梨魂》這個品牌的影響力來為《小說叢報》打開銷路。

---

〔註13〕理查德‧A‧波斯納：《法律與文學》，李國慶譯，中國政法大學出版社 2002年，頁 535。

〔註14〕何夢霞日記，古吳徐枕亞評校《雪鴻淚史》，載《小說叢報》1914年第一期。

〔註15〕廣告，載《小說叢報》1916年第三年第二期。

　　《雪鴻淚史》單行本的初版與再版銷售時皆以《玉梨魂》爲附贈品，顯然是想借《玉梨魂》的流行來爲《雪鴻淚史》促銷。不料《雪鴻淚史》銷路十分可觀，到了第三版，徐枕亞就決定不再附贈《玉梨魂》了，徐枕亞親自撰寫的廣告稱：《雪鴻淚史》「二十萬言，用五號字精印，二厚冊，得百六十頁。封面請杜宇君摹繪梨娘小影，幽艷獨絕。定價大洋八角，再版五千，不滿一月全數告罄。自三版起，恕不附贈《玉梨魂》。閱者諒之，枕霞閣啓。」〔註 16〕幽艷獨絕的美女畫與號稱是作者的「嘔心之作」相得益彰，成爲一道讓讀者賞心悅目的文化商品。從這些廣告詞與促銷方式也可看出，《雪鴻淚史》已全然是一種爲經濟利益而寫作了。因此也會造成粗糙的毛病。《雪鴻淚史》出版單行本不久，就有人檢舉，其中部分詩詞，是攫取他人的。〔註 17〕如果說當初爲《民權報》副刊寫《玉梨魂》，徐枕亞更多是一種吟風嘯月式的自我抒情，而爲《小說叢報》寫作《雪鴻淚史》，則已是相當程度上的商業化寫作了。

　　在《玉梨魂》的品牌效應之下，徐枕亞哀情小說大家的形象也廣爲流佈。他本人的情愛歷程與小說交相輝映，在《雪鴻淚史》序中稱：「余著是書……腦筋中實未有『小說』二字，深願讀者勿以小說眼光誤余之書。」〔註 18〕他強調眞實性，將自己眞實的愛情經歷與虛構的小說內容互相印證。隨後，話劇、電影也對《玉梨魂》加以改編，在電影與話劇的改編中，徐枕亞本人又參與其中。「《玉梨魂》一書，既轟動社會，上海明星影片公司把這部小說，由鄭正秋加以改編，搬上銀幕，攝成十本。張石川導演，王漢倫飾梨娘，王獻齋飾夢霞……演來絲絲入扣，且請徐枕亞親題數詩，映諸銀幕上。」〔註 19〕上海民興社將《玉梨魂》編演爲話劇，徐枕亞看了，還寫了《情天劫後詩》六首發表於報刊：

> 不是著書空造孽，誤人誤己自疑猜，
>
> 忽然再見如花影，淚眼雙枯不敢開。
>
> 我生常戴奈何天，死別悠悠已四年，
>
> 畢竟殉情渾說謊，只今無以慰重泉。

---

〔註 16〕廣告，載《小說叢報》1916 年第三年第二期。

〔註 17〕鄭逸梅《民國舊派文藝期刊叢話》，魏紹昌《鴛鴦蝴蝶派研究資料》，頁 297。

〔註 18〕何夢霞日記，古吳徐枕亞評校《雪鴻淚史》，《小說叢報》1914 年第一期。

〔註 19〕鄭逸梅《我所知道的徐枕亞》，轉引自范伯群《中國現代通俗文學史》，北京大學出版社 2007 年，頁 144。

今朝都到眼前來，不會泉臺會舞臺，

人世凄涼猶有我，可憐玉骨早成灰。

一番慘劇又開場，痛憶當年合斷腸，

如聽馬嵬坡下鬼，一聲聲罵李三郎。

電光一瞥可憐春，霧鬢風環幻似眞，

仔細認來猶彷彿，不知身是劇中人。

舊境當年若可尋，層層節節痛餘心，

「夢圓」一幕能如願，我愧偷生直到今。〔註20〕

這幾首詩既是傷懷之作，也是對《玉梨魂》本事的說明。詩中提及「幻似眞」、「身是劇中人」，使得現實與虛幻之間自由穿行，從而打破幻境的堅實壁壘，身世經歷與虛構文本彼此疊印。讀者在閱讀小說、觀看影劇的時候，也在窺探徐枕亞的情路歷程。因此，徐枕亞的個人情感經歷就成爲了讀者消費與消遣的內容。由此，徐枕亞已然轉變爲一個積極投身於大眾傳媒、迎合讀者趣味的文學／文化生產者了。

然而，作爲一個深受傳統觀念浸染的文人，徐枕亞對自己的這重身份還是多有矛盾和無奈之處。他曾痛斥共事的雜誌同人「以文字生涯，爲利名淵藪」〔註21〕。在他內心深處，以文字獲得經濟利益仍然是一件可恥之舉。他有些悲哀地感慨：「大丈夫不能負長槍大戟，爲國家干城，又不能著書立說，以經世有用之文章，先覺覺後覺，徒恃此雕蟲小技，與天下相見，已自可羞。」〔註22〕雖然通過《玉梨魂》的版權官司，小說的原創性價值已得到認可，但他內心還是鄙之爲「雕蟲小技」「無聊文字」。時代與環境已使他干城之志成爲泡影，但又提供給他另一條謀生之道。在現實生存與傳統抱負之間，他其實相當困惑。吳雙熱爲他的《枕亞浪墨》題序言：「嗚呼！吾與汝，皆一介布衣，文字而外無他長，若並此而棄之，所謂『歿世而名不稱』者也。」〔註23〕可謂是他們這代人的共同無奈，而在他們之後，另一些託身報刊傳媒的作家已能坦然地自稱「文字勞工」，並對自己的創作和權益有著更爲明確的意識。

〔註20〕 引自范煙橋《民國舊派小說史略》，魏紹昌《鴛鴦蝴蝶派研究資料》，頁 173 ～174。

〔註21〕 徐枕亞《發刊弁言》，載《小說季報》1918 年第一集。

〔註22〕 徐枕亞《發刊弁言》，《小說季報》1918 年第一集。

〔註23〕 吳雙熱《〈枕亞浪墨〉序》，陳平原、夏曉虹編《二十世紀中國小說理論資料》（第一卷），北京大學出版社 1997 年，頁 518。

　　《玉梨魂》版權之爭是中國近現代著名的文化事件，在後來鄭逸梅、范煙橋等人的回憶與追敘中，都曾提到這場版權之爭，可見其影響之大。它讓著作者建立起了現代版權意識，認識到歷來被視爲「小道」的小說有著原創性價值，著作者可以靠這樣的「品牌」在文化市場獲得利益，從而對自己的權益有著明確的訴求。自此，文學的生產性和商品性得到確認，文學寫作由自娛自樂的私人化操作逐漸成爲了參與市場流通的公共行爲，而作家也完成了清高的傳統文人到文學生產者的身份轉變。

# 從自主到自由——論三次法律事件
# 與張恨水職業作家身份意識的確立

康　鑫*

　　《啼笑因緣》的發表、出版，其影響從上世紀 30 年代以至於今日，從接受美學的角度看，文本既有作者創造的「文本潛能」，又有各種傳播方式的不斷參與，同時也產生了強烈的「讀者反應」。但是，我們應該看到，這一文本的傳播和接受具有很大的特殊性，它的意義它的存在價值更多需要從文本外圍界定，不僅僅取決於文本內部的故事性，而是取決於小說文本被傳播與被接受的廣泛度，特別是其傳播形式與過程的特殊性。報刊連載、單行本發行、電影拍攝三種傳播形式共同構成了《啼笑因緣》特殊的傳播路徑。當我們重新回顧歷史會發現，這一文本在三種不同傳播形式的流通中遭遇了來自法律層面的不同阻力，具體地體現在圍繞《啼笑因緣》引起的版權糾紛中。但是，在張恨水與《啼笑因緣》的研究中，關於它的版權糾紛事件常常作為文壇軼事一帶而過，其中隱含的法律與張恨水個人創作心態及創作身份的關係卻常常被忽視。對文學與法律關係的忽視實際上意味著遮蔽了某些可能至關重要的問題。本文通過考察「世界書局契約」事件、《啼笑因緣》引發《新聞報》與《世界日報》南北兩大報紙版權糾紛、大華與明星兩家電影公司之間的《啼笑因緣》「雙包案」三起涉及張恨水小說版權的法律事件之間隱匿的各種社會因素，分析張恨水在三次事件中所持的態度及其在事件運作過程中所起的作用，探討職業作家身份意識是如何在張恨水身上逐漸強化並確立起來的。

---

* 　康鑫（1981～），女，河北石家莊人，文學博士，河北師範大學文學院講師。

一

　　如果討論《啼笑因緣》的傳播途徑,那麼有必要將「世界書局契約」事件納入討論範圍,因爲它是張恨水憑藉《啼笑因緣》在上海名聲大噪的前奏。1930 年秋,張恨水南遊期間經趙苕狂介紹,認識了世界書局總經理沈知方。在趙、沈的勸說下,張恨水將《春明外史》、《金粉世家》兩部小說交由上海世界書局出版,並言明,《春明外史》可以一次付清稿費,條件是要把北平的紙型銷毀;《金粉世家》的稿費分四次支付,每收到 1／4 的稿子,支付一千元。此外,趙苕狂又約張恨水專門爲世界書局寫四部小說,每三個月交出一部,字數是每部十萬字以上,二十萬字以下,每千字八元。次日,趙苕狂與張恨水雙方簽訂合同。趙苕狂交付四千元支票一張。當時的上海小報盛傳張恨水在十幾分鐘內,收到了幾萬元的稿費,在北平買了一座王府和一部汽車。這就是轟動文壇的「世界書局契約」事件。正是「世界書局契約」事件使張恨水成功地打入了上海的寫作圈,並與上海的圖書出版市場直接聯繫起來。同時,契約將張恨水與出版社連接成一個利益共同體。所謂契約,就是市場交易雙方之間,基於各自的利益要求所達成的一種協議。訂立契約的目的是爲滿足各自的需要,因爲交易者每一方所擁有的全部商品,不可能都滿足自己的各方面的需要,但其中的一些商品可能滿足對方的需要。於是,通過契約,雙方各自讓渡了自己的部分產品或所有權,同時又從對方得到了自己所需要的東西。因此,契約是雙方之間的一種合意。這種合意從根本目的來說,是受功利目的驅使的。通過契約,雙方都擴大了自己的需要。出版社的贏利需求與寫手的創作結合起來,這種結合是通過交換爲主要形式的交往,也就是合作性質、契約性質的交往。但是與之前爲報紙寫小說不同的是,這種契約賦予了個人一份工作,而這份工作又給張恨水帶來了一種身份感,張恨水基於契約有爲出版社工作的義務。當一部作品與具體的「個人」發生上述關係,「個人」對作品享有自始至終的著作權時,作爲作家的身份意識才可能確立。

　　對於轟動文壇的「世界書局契約」事件,小報的傳言固然有誇張的成分,但是在民國中期,上海刊物稿酬的行情千字一般在一元到三元不等,但「張恨水是小說界的紅客,千字賣八元,還是你搶我奪」。〔註1〕可是,在外界看來獲

---

〔註 1〕鄭逸梅《小品大觀．張恨水》,選自芮和師、范伯群等編《鴛鴦蝴蝶派文學資料》（上）,福建人民出版社,1984 年,頁 346。

得豐厚收入的張恨水本人的態度卻完全不同。張恨水的兒子張伍回憶父親對這一事件的看法時說道:「父親說,這話如同夢囈,在中國靠耍筆杆子賣文糊口的人,永遠不會有這樣的故事發生,過去如此,將來亦無不然。」〔註 2〕張恨水的態度頗耐人尋味。事實上,在以交換爲基礎的契約事件中,張恨水並非出於主動的位置,在整個事件中他居於參與者的位置。簽訂契約這件事給他帶來了名聲,但在他看來,獲得名聲不是一種理想,而成了必須要履行的義務。張恨水的創作從基於編輯身份而爲副刊撰稿的義務中獲得解放,代之以爲出版社創作小說的契約義務。

## 二

　　提到張恨水,人們就會聯想到《啼笑因緣》,兩者似乎是一個不可分割的整體。也正是這部小說成就了他全國婦孺皆知的名聲。張恨水曾回憶道:「《啼笑因緣》的銷數,直到現在,還超過我其他作品的銷數。除了國內,南洋各處私人盜印翻版的不算,我所能估計的,該書前後已超過二十版。第一版是一萬部,第二版是一萬五千部。以後各版有四、五千部,也有兩、三千部的。因爲書銷的這樣多,所以人家說起張恨水,就聯想到《啼笑因緣》。」〔註 3〕

　　在《啼笑因緣》取得成功之前,張恨水雖然已經發表過《春明外史》、《金粉世家》兩部受追捧的小說,但由於交通阻隔和連年軍閥混戰,他的這種影響範圍基本在以北平爲中心的北方地區。上海有自己一個寫作圈子,平常是不容易突入的。但是不久,張恨水就遇到了進軍上海寫作圈的契機。1929 年,閻錫山邀請上海記者團北上參觀,通過友人、被喻爲小報界「教父」錢芥塵的介紹,張恨水認識了時任上海《新聞報》副刊《快活林》主編的嚴獨鶴。嚴獨鶴約張恨水寫一篇小說。據張恨水回憶:「於是我就想了這樣一個並不太長的故事。稿子拿去了,並預付了一部分稿費。」〔註 4〕這個「並不太長的故事」就是《啼笑因緣》。小說連載後,在讀者群中造成極大的狂熱,並由此引發了一連串的連鎖反應。小說的成功帶來了豐厚收益,使它一度成爲現代傳媒利益鏈中各方爭奪的對象。也正是在《啼笑因緣》這種廣發的流通過程中,

〔註 2〕 張伍《我的父親張恨水》,春風文藝出版社,2002 年,頁 127。
〔註 3〕 張恨水《寫作生涯回憶》,選自《寫作生涯回憶》,北嶽文藝出版社,1993 年,頁 44。
〔註 4〕 張恨水《寫作生涯回憶》,選自《寫作生涯回憶》,北嶽文藝出版社,1993 年,頁 43。

引發了兩次關於它的版權糾紛。

　　第一次版權糾紛發生在《啼笑因緣》的報刊連載過程中，當事人是南北兩大報刊《新聞報》與《世界日報》。在解決這次糾紛的過程中，雙方並未訴諸法律手段，而是通過張恨水主動出面協調解決的。1930 年 2 月張恨水因對成舍我苛刻的給薪方式不滿，辭去《世界日報》和《世界晚報》的編輯職務。之後的一段時間，張恨水有了難得的閒暇，也讓他有更多的精力專注於寫作。這段時期可以說是他的創作高峰期，寫下了大量膾炙人口的作品，其中最值得關注的是《啼笑因緣》的連載。1930 年 3 月 17 日開始 《啼笑因緣》陸續發表於上海《新聞報》副刊《快活林》，到 1930 年 11 月 30 日，小說連載完畢，共 22 回。之後的第二天 12 月 1 日，嚴獨鶴發表《關於啼笑因緣的報告》，在文中他向讀者透露了《啼笑因緣》連載完後將會出版單行本，拍攝電影的計劃。緊接著 12 月 2 日，在《關於啼笑因緣的報告（二）》一文中，嚴獨鶴聲明：

> 最近有北平某報亦刊載《啼笑因緣》小說，以此頗引起一部分人的懷疑，以為《啼笑因緣》，何以同時刊於南北兩報，實則係北平某報，完全未得本報同意，亦未得恨水先生同意，自行轉載。現此事已由本報請恨水先生就近向之直接交涉，現該報已承認即此停止。（所刊亦只八回）關於此點，是本報和恨水先生均不能不切實聲明的。〔註5〕

上文中的「北平某報」就是由成舍我主辦的北平《世界日報》副刊《明珠》。1930 年 9 月 24 日，《啼笑因緣》開始在《世界日報》副刊《明珠》上連載，而此時《新聞報》副刊《快活林》上的連載已進行至第十七回。而《世界日報》上的連載僅持續兩個月，1930 年 11 月 28 日，小說連載至第八回即結束。通過對比可以發現，兩家報紙上的同名小說實非一個版本，事實上兩報連載的小說無論在故事章節的安排，還是各個章節的回目上都存在很大的差異。也就是說，《世界日報》上的版本是張恨水在原作基礎上，經過修改後的作品。既然兩報所載小說並非完全相同，那麼嚴獨鶴發表聲明的原由是什麼呢？張恨水又是怎樣協調各方利益，使它們的關係達到和解的呢？

　　由於目睹了《啼笑因緣》巨大的市場需求，商業眼光敏銳的嚴獨鶴早在小說連載完之前即策劃出版發行《啼笑因緣》的單行本。嚴獨鶴與《新聞報》

---

〔註 5〕獨鶴《關於啼笑因緣的報告（二）》，載《新聞報》副刊《快活林》，1930 年 12 月 2 日十一版。

另外兩位編輯徐恥痕、嚴諤聲緊急成立「三友書社」，搶先取得了小說的出版權。因此，另一修改版本的出現必然會影響到三友書社的利益。此外，當時出版界執行的是 1928 年國民黨政府頒布的著作權法，該法律第二十一條明確規定：「揭載於報紙、雜誌之事項，得注明不許轉載。其未經注明不許轉載者，轉載人須經注明其原載之報紙或雜誌。」〔註 6〕據此規定，《新聞報》可以以未注明轉載爲依據，在報紙發表聲明令《世界日報》停止連載。但是《世界日報》所刊載的文字並非完全意義上的轉載，它是經過修改之後的完全不同的另一個版本，所以《新聞報》僅以未注明轉載爲由並不充分。但是 1928 年的《著作權》第十七條指出：「出資聘人所成之著作物，其著作權歸出資人有之。」〔註 7〕嚴獨鶴在張恨水完成《啼笑因緣》之前就已預付了稿費。張恨水說道：「稿子拿去了，並預付了一部分稿費。」〔註 8〕因此，《新聞報》可以視爲出資人，享有《啼笑因緣》的著作權。因此，《新聞報》在此次事件中握有法律上的主動權。但是由於《世界日報》與張恨水的淵源深厚，所以嚴獨鶴請張恨水出面協調此事，並未訴諸法律手段。1930 年 12 月 27 日，張恨水就此事在《世界日報》副刊《明珠》上發文說明原委：

> 可是發表之期，正在南北報紙隔斷之日。有些朋友，以爲北方報紙
> 的讀者，也許願意看看，因之，我就將該書在本欄發表。〔註 9〕

上文中張恨水做出的解釋是「南北報紙隔斷」，此係事實。1930 年 4 月到 11 月間，爆發了中原大戰，戰事蔓延幾省必然造成南北交通阻隔，信息中斷。此期間張恨水的《啼笑因緣》連載並在上海引起了轟動。《世界日報》憑藉之前與張恨水的私交，邀約他在該報連載這個熱銷的小說也是可以理解的。張恨水夾在《新聞報》與《世界日報》的利益糾紛之間，他的態度也是頗耐人尋味的。一方面，他感恩於《新聞報》的大力推介，願意出面協調糾紛；另一方面，對於老東家《世界日報》的感情，使他願意出面對讀者做出聲明並力擔責任。最終，兩家報紙的版權糾紛在張恨水的個人調節下得以解決。通

---

〔註 6〕 周林、李明山主編《中國版權史研究文獻》，中國方正出版社，1999 年，頁 227。

〔註 7〕 周林、李明山主編《中國版權史研究文獻》，中國方正出版社，1999 年，頁 227。

〔註 8〕 張恨水《寫作生涯回憶》，選自《寫作生涯回憶》，北嶽文藝出版社，1993 年，頁 43。

〔註 9〕 恨水《關於啼笑因緣》，載《世界日報》副刊《明珠》，1930 年 12 月 27 日，第九版。

過梳理這次版權糾紛的來龍去脈，可以發現張恨水對本次糾紛的解決發揮了最重要的作用，在這起事件的處理過程中，他的姿態也是積極主動的。與居於契約關係中的被動接受不同的是，在這次法律糾紛的解決中，張恨水顯然是以主持者的人份斡旋與南北兩大報之間。在法律之外，張恨水與推介他的媒體平臺存在深厚的人情關係，這直接決定了他處理這起糾紛所的態度。在小說的創作中，張恨水試圖對作品做出修改，《世界日報》刊載的《啼笑因緣》版本無論在情節結構還是筆法上都優於之前的版本，展現出張恨水作爲職業作家追求作品精品化的趨向。

三

關於《啼笑因緣》的版權糾紛，爲人所熟知的並非上文所提及的《新聞報》與《世界日報》之間圍繞小說連載引發的紛爭，而是明星與大華兩家電影公司爲爭奪《啼笑因緣》電影攝製權引發的糾紛，文壇將這一事件稱爲「《啼笑因緣》『雙包案』」。

《啼笑因緣》問世後，引起很大的社會反響。明星影片公司通過三友書社向張恨水購得了版權（演出改編權），計劃拍攝電影，並在報上刊登了不許他人侵犯權益的廣告。正當明星公司全力以赴投入《啼》劇拍攝時，上海北四川路榮記廣東大舞臺正擬上演同名京劇。明星公司馬上由公司常年法律顧問顧肯夫、鳳昔醉出面，提出警告，要求他們立即停止演出。後由黃金榮出面調解，明星公司同意他們改名爲《戚笑姻緣》繼續演出。無獨有偶，顧無爲在南京辦大世界遊樂場，正巧也在演出《啼笑因緣》舞臺劇。由於明星公司對此劇寄予厚望，於是，顧無爲被明星公司以侵犯版權爲由提起控告。顧無爲向明星公司老闆張石川、周劍雲疏通，要求私了。豈料明星公司老闆有恃無恐，並不買賬。面對侵權一事，顧無爲疏通無效，被迫對簿公堂，準備出庭應訴。正在走投無路之時，顧無爲意外地得知明星公司雖然擁有《啼笑因緣》的小說版權，但未曾向國民黨內政部領到電影攝製許可證。顧無爲得此信息，經過一個通宵的苦思冥想，完成了《啼笑因緣》的電影劇本稿。第二天一大早，手捧墨漬未乾的劇本稿，興沖沖跑到國民黨內政部，呈請簽發上演舞臺劇和攝製電影《啼笑因緣》許可證。顧無爲呈請的許可證，內政部當天就審查通過，隔天就把執照發到了他手裏。顧無爲拿到了執照後，立即趕到上海。第二天在上海出版的大報上，刊出一則醒目的啓事，並配發了執

照照片，聲稱他的影片公司已向內政部呈請取得《啼笑因緣》正式攝製電影和上演舞臺劇的專項權，以後任何人不經許可，不得攝製影片和上演舞臺劇。根據 1928 年《著作權法》第一條：「凡書籍、論著、說部、樂譜、劇本、圖畫、字帖、照片、雕刻、模型、及其他關於文藝學術或美術之著作物之著作權，一經依法註冊，得就該著作物享有著作權，而就樂譜、劇本有著作權者，並得專有公開演奏或排演之權。」〔註10〕第十九條規定：「就他人之著作闡發新理或以原著作物不同之技術製成美術品者，得視爲著作人，享有著作權。」〔註11〕據此大華電影公司取得了《啼笑因緣》的攝製權。明星公司與之對簿公堂。最後，黃金榮、杜月笙出面調停，由明星公司給付十萬，大華退出爭奪告終。

　　在這次法律事件中，當事人之間的社會關係極爲複雜，而作爲《啼笑因緣》作者的張恨水卻未被捲入這部錯綜複雜的社會關係網中，而他自己也樂得置身度外。「令人啼笑皆非的是，如此熱鬧的『雙包案』，倒是與作者無干，不管他們雙方如何鬥法，父親始終置身事外，既無人來徵求父親的意見，父親也樂得不招惹是非，有那個工夫，他還可以多寫幾萬字的小說呢。」〔註12〕面對紛擾的利益紛爭，張恨水沒有深陷其中，而是以置身度外的姿態、達觀的態度獲得了一種自由的愉快和悠閒。這種自由的身心狀態對職業作家的創作來說是極爲重要的。

　　通過上文考察《啼笑因緣》兩次版權糾紛，可以發現通俗文學在形式與內容上所具有的廣發的流通性是引發版權之爭的誘發因素。通俗文學廣發的流通性，流通過程中遭遇到的來自法律層面的阻力以及面對這種阻力文學場中各方力量的相互作用爲我們分析張恨水的創作心態提供了一個新的闡釋視角。以現代傳媒興起、報刊繁榮的民國社會文化生態中，「張恨水現象」仍然對當下有諸多啓示意義。在市場經濟爲主導的當代社會，知識產權的有效保護和良性交易是文藝工作者和文化產業健康發展的基礎，文化發展尤其需要健全的知識產權法規體系的保駕護航。2012 年 3 月 31 日，新的《著作權法》修改草案公示，激起整個社會的強烈關注和討論。討論之熱烈、參與者之廣

────────────

〔註10〕　周林、李明山主編《中國版權史研究文獻》，中國方正出版社，1999 年，頁225。
〔註11〕　周林、李明山主編《中國版權史研究文獻》，中國方正出版社，1999 年，頁227。
〔註12〕　張伍《我的父親張恨水》，春風文藝出版社，2002 年，頁121。

關，在 1991 年制定《著作權法》、2001 年對其進行修改時是難以想像的。中國的文藝界、文化界從來沒有像今天這樣認識到一部法律對於整個文藝行業、文化產業發展的重要性。正因如此，重新審視民國時期文學與法律之間的關係才變得尤為迫切和重要，這一富有學術新意的論題無疑會為當代文化空間的建設提供有益的歷史經驗。

# 新文學開創史艱難的自我證明——
# 國民黨的文化統制政策與《中國新文學大系》
# （1917～1927）的誕生

楊華麗<sup>*</sup>

　　當《中國新文學大系》（1976～2000）三十卷在 2009 年終於出版，《中國新文學大系》就成為涵括了 5 輯 100 卷〔註1〕的宏大家族。對上海文藝出版社而言，這百卷巨著是他們的鎮社之寶〔註2〕；對新文學的參與者、見證者如徐遲來說，正是它們，「構成了我國 20 世紀現代文學的萬里長城」〔註3〕；對當年大系的設計者趙家璧、茅盾等來說，這種賡續正實現了他們當年的熱望。然而毫無疑義的，在面對這 100 卷煌煌巨著時，我們常常更多地將解讀的興趣傾注於趙家璧所主編的第一輯，尤其當我們需要探究中國現代「文學」史、現代學術史的建構過程時。《中國新文學大系》（1917～1927）（以下簡稱「大系」）之於這些學術研究視域的不可替代性價值，從近年來的諸多研究成果已可見出〔註4〕。當然，對於大系，我們還可從趙家璧及其編輯藝術、大系

* 　楊華麗：女，1976 年生，四川武勝人，綿陽師範學院文學與對外漢語學院副教授，文學博士，主要從事中國現代文學與文化研究。

〔註1〕　第一輯是 1935～1936 年出版的包括 1917～1927 年的文學，共十卷，1982 年由上海文藝出版社影印出版；第二輯是 1987 年出齊的包括 1927～1937 年的文學，共二十卷；第三輯是 1990 年出齊的包括 1937～1949 年的文學，共二十卷；第四輯是 1997 年出齊的包括 1949～1976 年的文學，共二十卷。加上 2009 年出版的第五輯的三十卷，正好 100 卷。

〔註2〕　《中國新文學大系·前言》（1976～2000），上海文藝出版社 2009 年版。

〔註3〕　趙修慧：《現代文學的『萬里長城』——父親與《中國新文學大系》，《他與書同壽·趙家璧》，東方出版中心 2009 年版，頁 40。

〔註4〕　如徐鵬緒、李廣：《〈中國新文學大系〉研究》，社會科學文獻出版社 2007 年

的經濟運作等等角度作出研究，但「要論作家的作品，必須兼想到周圍的情形」〔註5〕，更遑論魯迅先生特意指出過：評論者若不瞭解 1933～1935 年的文化政策的大略，「就不能批評近三年來的文壇。即使批評了，也很難中肯。」〔註6〕當我們細讀大系編輯與出版（1934～1936 年）的資料時會發現，研究大系的出版與當年國民黨的文化統制政策，尤其是 1934 年 5 月至 1935 年 6 月期間存在於上海的圖書雜誌審查委員會之間的關聯，是深入探究大系除歷史意義、學術意義之外的戰鬥意義、大系編輯者趙家璧的編輯藝術等方面的必要角度，也是窺測作為「中國新文學開創史的自我證明」〔註7〕的大系艱難的誕生歷程的一個可能性角度。

## 1934：大系編輯理想的誕生與國民黨的文化統制政策

　　趙家璧作為一代資深文藝編輯的聲名，與其策劃、編輯了「一角叢書」（80種）、「良友文學叢書」（47種）、大系（10卷）、「世界短篇小說大系」（10卷，未出版）、「良友文庫」（16種）、「中篇創作新集「（10種）、「晨光文學叢書」（40種）等文學叢書密切相關。這些叢書的編輯，始於趙家璧大學時代從喜愛《陶林格萊肖像畫》到喜愛其所屬的「軟皮面精裝袖珍本的《近代叢書》」，以致於「撫摸著這一套整齊美觀的叢書時，真有愛不釋手之感」〔註8〕的體驗。但與其編輯的前兩套叢書——一角叢書和良友文學叢書——相比，第三套叢書，即今日所言說的大系，是他追求更有意義的編輯工作的成果。這「更有意義的工作」，就是「把編書當做一種具有創造性的勞動來幹」，即「先在編

　　　　版：羅崗：《解釋歷史的力量——現代「文學」的確立與〈中國新文學大系（1917～1927）〉的出版》，《開放時代》2001 年第 5 期；溫儒敏：《論〈中國新文學大系〉的學科史價值》，《文學評論》2001 年第 3 期；楊義：《新文學開創史的自我證明》，《文藝研究》1999 年第 5 期；李廣：《現代文學研究視野中的〈中國新文學大系〉》，青島大學 2005 年碩士論文；岳凱華：《知識分子與中國現代文學經典的建構》，《中國文學研究》2002 年第 3 期，等等。

〔註5〕魯迅：《且介亭雜文二集·後記》，王世家、止菴編：《魯迅著譯編年全集》第20 卷，人民出版社 2009 年版，頁 6。

〔註6〕魯迅：《且介亭雜文二集·後記》，王世家、止菴編：《魯迅著譯編年全集》第20 卷，人民出版社 2009 年版，頁 16。

〔註7〕楊義：《新文學開創史的自我證明》，《文藝研究》1999 年第 5 期。

〔註8〕趙家璧：《從愛讀書到愛編書》，《編輯憶舊》，生活·讀書·新知三聯書店 1984年版，頁 18。

輯頭腦裏醞釀形成一個出版理想，然後各方請教，奔走聯繫，發動和組織作家們拿起筆來，爲實現這個出版計劃而共同努力，從無到有，創造出一套具有特色的叢書來」〔註9〕趙家璧的這種編輯理想與大系的萌芽之間的密切關聯，在其著名的《話說〈中國新文學大系〉》一文中，具化爲這樣的一個過程：他在內山書店見到一套整理編選近代現代文學創作的大套叢書之後，聯繫到《良友文學叢書》的收稿現狀與整理出版涵括數十種或上百種著作的叢書之間的距離，突然萌發了編選五四新文學運動以來的文藝作品，集合爲「五四以來文學名著百種」之類的想法〔註10〕。也就是說，編輯後來出現的大系，是趙家璧的編輯理想自然生長的結果。

但大系出現的背景，顯然不只存在這樣一個單一的解讀向度。細讀趙家璧的《編輯憶舊》，我們可以發現他就讀高小時《阿麗思漫遊奇境記》、《新青年》與《新潮》對他的文學啓蒙——《小說月報》、《學生雜誌》、《彌灑》對他文學視野的拓展——大學期間半工半讀，創辦《中國學生》的嘗試——畢業後專事文藝編輯，編輯出版了收錄左翼作家、進步作家的新文藝等作品的「一角叢書」——進一步向新文藝作家組稿，編輯「良友文學叢書」〔註11〕這樣一條明顯的線索。在這個意義上，趙家璧的編輯出版大系，正是其接近新文藝、編輯新文藝叢書這個鏈環上必然的一環。

但問題在於，對於前者而言，爲什麼是趙家璧而不是其他以編輯爲終生事業的文化人，最終編輯了大系？對於後者而言，爲什麼趙家璧於1934年而非其他年份萌發了編輯大系之志？

循著這種思路去閱讀趙家璧的系列回憶文章，我們會發現胡愈之、羅隆基、周揚等左翼作家和進步作家的著作使得「一角叢書」「起死回生」的重要意義。正是在叢書銷路的峰回路轉這一過程中，趙家璧雖身處此時如「世外桃源，什麼政治風浪都吹打不到它」〔註12〕的良友圖書印刷公司內，卻意識

---

〔註9〕 趙家璧：《從愛讀書到愛編書》，《編輯憶舊》，生活・讀書・新知三聯書店1984年版，頁19。

〔註10〕 趙家璧：《話說〈中國新文學大系〉》，《編輯憶舊》，生活・讀書・新知三聯書店1984年版，頁161～162。

〔註11〕 參見趙家璧《我是怎樣愛上文藝編輯工作的》、《使我對文學發生興趣的第一本書》、《我編的第一部成套書》、《魯迅爲〈良友文學叢書〉開了路》等文，均見《編輯憶舊》一書。

〔註12〕 趙家璧：《我編的第一部成套書》，《編輯憶舊》，生活・讀書・新知三聯書店1984年版，頁22。

到了「考慮時代的和群眾的呼聲」,「必須大膽地衝向社會,向具有影響的作家組稿」〔註13〕的重要性;而創造社元老之一的鄭伯奇於「一‧二八」事變後加入良友公司,又為「一角叢書」的組稿對象進一步偏向左翼作家提供了現實可能性。這套 80 種叢書的出版和熱銷,使作為編輯的趙家璧形成了與進步作家密切聯繫這個基本理念。而該叢書中,丁玲的《法網》、鄭伯奇的《寬城子大將》、錢杏邨的《創作與生活》先後被國民黨查禁,使得良友公司不再是國民黨中宣部的免審對象。當「良友文學叢書」出版了魯迅的《豎琴》、《一天的工作》,並於 1933 年 6 月「把剛剛被捕的丁玲創作未完成長篇小說《母親》,大事宣揚地出版了」〔註14〕之後,因為其「出版『赤色作家所作文字,如魯迅、茅盾、蓬子、沈端先、錢杏邨及其他作家之作品』」〔註15〕,「一向平安無事的良友公司也開始引起國民黨特務機關的注意了」,而這體現,就是 11 月 13 日上午,良友公司門市部的大玻璃被國民黨派去的暴徒用大鐵錘擊破〔註16〕這一事件的發生。隨後,在 1934 年 2 月國民黨對進步文化界的大舉禁書中,良友圖書公司所出的《蘇聯童話集》〔註17〕也被禁了。換言之,經由自己的編輯體驗,趙家璧由早期閱讀所奠定的新文藝接受基礎被進一步激活,他基於閱讀體驗和追求出版效益而接近左翼作家、進步作家的做法,在客觀上「破壞」了良友作為「世外桃源」的處境,但也為其進一步循著既有的編輯思路創造新叢書,以實現自己的編輯理想及為良友賺取更多利潤,提供了新的可能。

---

〔註13〕 趙家璧:《我編的第一部成套書》,《編輯憶舊》,生活‧讀書‧新知三聯書店 1984 年版,頁 29。

〔註14〕 趙家璧:《魯迅為〈良友文學叢書〉開了路》,《編輯憶舊》,生活‧讀書‧新知三聯書店 1984 年版,頁 62。

〔註15〕 趙家璧:《魯迅為〈良友文學叢書〉開了路》,《編輯憶舊》,生活‧讀書‧新知三聯書店 1984 年版,頁 63。

〔註16〕 趙家璧:《魯迅為〈良友文學叢書〉開了路》,《編輯憶舊》,頁 62～63。值得注意的是,趙家璧在該文中所言事件的發生時間是 12 月 13 日,驗諸他的其他回憶文字、魯迅《〈準風月談〉後記》、茅盾《我所走過的道路》〔中〕的相關敘述,可知時間是 11 月 13 日。

〔註17〕 魯迅在 1934 年 2 月 24 日致曹靖華信中說:「上海靠筆墨很難生活,近日禁書至百九十餘種之多,聞光華書局第一,現代書局次之,最少要算北新,只有四種(《三閒集》,《偽自由書》,《舊時代之死》,一種忘記了),良友圖書公司也四種(《豎琴》,《一天的工作》,《母親》,《一年》)。」對照《且介亭雜文二集‧後記》中魯迅摘錄的禁書目錄、倪墨炎《149 種文藝圖書被禁的前前後後》所列禁書名單,可知良友公司只被禁了《蘇聯童話集》一種,魯迅所言良友被禁了四種圖書,僅是聽聞之下的失誤。

　　這種可能轉變爲編輯大系這一現實，我以爲得歸因於 1934 年中國文壇以及出版界遭遇的歷史困境，歸因於國民黨鉗制思想的文化統制政策的進一步加強。

　　「我們活在這樣的地方，我們活在這樣的時代。」〔註18〕這是 1935 年 12 月 30 日深夜，魯迅將 1934 年所寫的雜文編輯完畢後所寫的「附記」中，悲憤不已的慨歎。這「地方」，當然首先指的是上海，也可指認爲是國民黨治下的中國；這「時代」，則指的國民黨文化統制政策越來越厲害的 1930 年代，尤其是 1933～1935 這三年〔註19〕。具體到 1934 年，在趙家璧眼裏，這是「正當中國黎明前最黑暗的年代」〔註20〕；在茅盾眼裏，這是「動蕩」的一年，是「練拳的人」「把一個一個撲上身來的『沙包』打開去」的，「『文壇』在荊棘滿布，梟狐窺伺的路上掙扎」〔註21〕的一年，是國民黨施行文化圍剿與左翼作家在黨的領導下進行反文化圍剿鬥爭的一年；在林風眼裏，1934 年就是一個「復古年」〔註22〕；在郭沫若眼裏，1934 年就是一個「歷史年」〔註23〕……所有的這些「命名」，都來自作家們在 1934 年痛苦的文學／生存體驗。而其共有的大背景，正是國民黨爲配合第五次軍事圍剿而發動的文化圍剿。

　　這種文化圍剿分爲兩個向度——圍剿進步書店、書刊、著作，以及發動全國範圍內的「新生活運動」、推行民族主義文藝——並且同時展開。

　　對前一個向度而言，1934 年的核心動作，是圖書雜誌審查委員會的成立與開展工作。

---

〔註18〕　魯迅：《〈且介亭雜文〉附記》，《魯迅著譯編年全集》第 19 卷，頁 515。

〔註19〕　在寫完《且介亭雜文·附記》的第二天，魯迅說，評論者若不瞭解 1933～1935 年的文化政策的大略，就不能批評近三年來的文壇。即使批評了，也很難中肯。見王世家、止菴編：《魯迅著譯編年全集》第 20 卷，人民出版社 2009 年版，頁 16。

〔註20〕　趙家璧：《編輯生涯憶魯迅》，人民文學出版社 1981 年版，頁 54。

〔註21〕　茅盾：《我走過的道路》　（中），人民文學出版社 1984 年版，頁 266。

〔註22〕　林風在《鬥復古》一文中說：「民國二十三年不是什麼婦女年，也不是什麼兒童年。民國二十三年應該叫做復古年。從提倡禮義廉恥到舉行祭孔大典，頒布保護孔裔命令，復古運動已達到最高潮了」。見《清華周刊》42 卷第 1 期，1934 年 10 月 22 日。

〔註23〕　郭沫若說：「一九三四年這個年頭大約是歷史年。讀者只消把日本報紙的第一面所登的書籍廣告來一看，便可以知道這一個年頭所出的關於歷史一門的書籍是怎樣的多。……我們大中華民國呢……人們在主張『讀經救國』了，豈非『青出於藍』嗎？」，見谷人（郭沫若）：《歷史和歷史》，《太白》第 1 卷第 6 期，1934 年 12 月 5 日。

　　承接著 1933 年的逮捕左翼作家如丁玲（5 月 14 日）、強迫《申報·自由談》主編黎烈文發表《多談風月》的聲明（5 月 25 日）、暗殺中國民權保障同盟總幹事楊杏佛（6 月 18 日）、搗毀藝華電影公司攝影場（11 月 12 日）、擊破良友圖書公司門市部的大玻璃（11 月 13 日）、搗毀《中國論壇》（11 月 14 日）、襲擊神州國光社（11 月 30 日）、查禁《生活》周刊（12 月）等等而來的是，1934 年 2 月 19 日，國民黨上海市黨部向上海各書店發送了其奉國民黨中宣部查禁「反動」書刊的正式公文。當時查禁書籍有一百四十九種之多，牽涉書店二十六家，牽涉的作家有魯迅、茅盾、郭沫若、陳望道、田漢、沈端先、柔石、丁玲、胡也頻、蔣光慈、高語罕、周起應、華漢、巴金、馮雪峰、錢杏邨、洪靈菲、王獨清等數十位。於是「書店老闆，無不惶惶奔走，繼續著拜年一般之忙碌也。」〔註24〕於是，2 月 25 日，上海出版界以中國著作人出版人聯合會出面，派出代表向市黨部請願。應國民黨上海市黨部的要求，隨後又舉行了魯迅所言的「黨官、店主和他的編輯們」的會議，這時就有一位雜誌編輯先生某甲，獻議先將原稿送給官廳，待到經過檢查，得了許可，這才付印。文字固然絕不會『反動』了，而店主的血本也得保全，真所謂公私兼利。別的編輯們好像也無人反對，這提議完全通過了。〔註25〕

　　接著，上海書店老闆們就再次呈文。在第 7 條中，他們提出：「以後出版書籍，除一律遵照出版法於出版後呈送內政部外，如商店等認為出版後或許發生問題者，得將原稿呈請中央黨部或各級黨部指定之審查委員會或審查機關先行審查，俟奉准許後再為印行，並將准許證刊入書中。」〔註26〕這樣的建議，正中國民黨中宣部官員們的下懷，於是，1934 年 4 月 5 日，《中央宣傳委員會圖書雜誌審查委員會組織規程》被討論通過，並且還決定了「審查的範圍先限於文藝和社會科學」、「先在上海試辦」這兩條。緊接著，國民黨中宣部在上海成立了圖書雜誌審查委員會，並於 1934 年 6 月 1 日正式開展工作。就在 6 月 1 日這一天，國民黨中宣會特意頒布了《圖書雜誌審查辦法》。在其十四條中，有下列條款：

〔註24〕 魯迅 1934 年 2 月 24 日致鄭振鐸信，見王世家、止菴編：《魯迅著譯編年全集》
　　　　第 16 卷，人民出版社 2009 年版，頁 63。
〔註25〕 魯迅：《〈且介亭雜文二集〉·後記》，王世家、止菴編：《魯迅著譯編年全集》
　　　　第 16 卷，人民出版社 2009 年版，頁 13。
〔註26〕 轉引自倪墨炎：《圖書雜誌審查委員會從產生到消亡》，《現代文壇災禍錄》，
　　　　上海書店出版社 1996 年版，頁 215。

第六條　凡未經准予免審之圖書雜誌，不將稿本聲請審查者，應依照《出版法施行細則》第十一條之規定，予以處分。

第七條　聲請審查之圖書雜誌稿本，其內容如有認為不妥之處，得發還原聲請人，令飭依照審查意見刪改；如全部文字有犯《宣傳品審查標準》第三項之情形，及違背《出版法》第四章第十九條之限制者，本會得將原件扣呈中央宣傳委員會核辦。

……

第十一條　……圖書雜誌出版後，如發現與審查稿本不符時，由本會呈請中央宣傳委員會轉內政部予以處分。〔註27〕

很顯然，這樣的事前送審制，與以前的《出版法》、《出版法施行細則》、《宣傳品審查標準》一起，形成了一個更為嚴密的文網。而且，較之其他審查法律，原稿送審制更為嚴酷：檢察官們可以把一切他們認為反動的圖書雜誌扼殺於搖籃之中，使事後送審制下書店老闆因試圖收回成本而想方設法銷售所出書刊的可能性成為妄想。更要命的是，書局已因害怕血本無歸而不敢印書，雜誌編輯也輕易不敢收稿，而作者，在這種高壓之下，也只能或者變更批判立場，或者不改變立場而變換筆名，以與審查官們躲貓貓，當然，更多的人只能以隱晦曲折的方式為文：「雜誌原稿既然先須檢查，則作文便不易，至多，也只能登《自由談》那樣的文章了。」〔註28〕這種隱晦文章的特徵，用魯迅自謙的話來說，就是「死樣活氣」〔註29〕。對圖書作者而言，又何嘗不是如此。在這個意義上，郭沫若對當時中國作家所處的嚴峻現實的陳述，就不僅敏銳而且尖刻：「從造作環境的條件的惡劣點來說，像中國作家那樣可憐的恐怕沒有吧。……由於舊社會的母胎崩壞過程而來的生活的極度不安。出版事業之不成話的萎縮，檢閱制度之為世界獨步的橫蠻，所有一切的惡條件都具

---

〔註27〕《偽國民黨中宣部的圖書雜誌審查辦法》，張靜廬輯注：《中國現代出版史料》（乙編），中華書局1955年版，頁526～527。

〔註28〕魯迅1934年6月9日夜致楊霽雲信，見王世家、止菴編：《魯迅著譯編年全集》第16卷，人民出版社2009年版，頁215。

〔註29〕1935年3月16日夜，魯迅寫給《文學》雜誌社的黃源時說，：「《文學》的『論壇』，寫了兩篇，都是死樣活氣的東西，想不至於犯忌。」《魯迅著譯編年全集》第18卷，人民出版社2009年版，頁131。1935年3月22日，魯迅在寫給徐懋庸的信中說，「序文我可以做，不過倘是公開發賣的書，只能做些死樣活氣，陰陽搭戤，而仍要被抽去也說不定。」《魯迅著譯編年全集》第18卷，人民出版社2009年版，頁148。

備盡了。時常聽見的中國作家不能產生偉大作品的非難，正是這個原故。只要現政權還繼續下去，這種作品的產生，恐怕是永無望吧？」〔註30〕

圖書雜誌審查委員會所規定的原稿送審制，進一步限制並剝奪了進步書刊的出版自由、增大了發行難度。這與國民黨禁止進步影劇的上演、破壞進步文化團體和機關、逮捕甚至殺害進步文化工作者等一起，成為 1934 年中國進步文藝界、影視界、出版界，也包括編輯界必須要面對的殘酷現實。

對後一個向度而言，1934 年的核心動作，是國民黨在推行民族主義文藝的同時，於 1934 年 2 月 19 日開始發動的全國範圍內的「新生活運動」。以「禮義廉恥」這所謂的「四維」為核心，而以尊孔讀經運動的進一步推行為外表的「新生活運動」，憑藉著政府的強力推行，在 1934 年內開展得轟轟烈烈，以至於最初一個月後，胡適就感覺到「新生活的呼聲好像傳遍了全國」〔註31〕，魯迅則說：「今年的尊孔，是民國以來第二次的盛典，凡是可以施展出來的，幾乎全都施展出來了。」〔註32〕文言與白話之爭，與復古、尊孔之風流行之下的怪現狀一起出現：「這次復古運動的表現，有湖南的禁讀白話，廣東的提倡《孝經》，禁止男女共泳，甚至有條陳禁男女同行同車，嚴令光頭剃髮，免得三千煩惱絲誘惑異性的。形形色色，口號是維持風化和復興民族。這個運動一線相沿，以下就有『民族掃墓』。到尊孔祭孔，可說已到這個運動的最高點。」〔註33〕在林德暇眼裏，「連嶄新的新生活運動，也打出禮義廉恥的旗號，直至最近，更是聖道大行，不可一世，十年來不曾放假的孔誕，現在也要放假，停止了十年的孔子紀年會也重打鼓另開張了」；「為了發於孝思，持槍殺人的施劍翹不但獲得特赦，而且還來謁見宋委員長，招待新聞記者，轟動九城」！所有的團體，連文藝社勵志社甚至歌詠團都被禁了，獨有尊經社卻適逢其時〔註34〕……

如果說成立圖書雜誌審查委員會是為了禁止反動言論的流佈，那麼，國民黨自己推行民族主義文藝以及新生活運動，則是為了宣傳其法西斯主義，並試圖以之來統治國內思想、文化界：二者正是國民黨實施文化圍剿的文化統制政策中最重要而又相輔相成的兩個維度。

---

〔註30〕 王錦厚、伍加倫、蕭斌如編：《郭沫若佚文集（1906～1949）》（上），四川大學出版社 1988 年版，頁 264～265。
〔註31〕 胡適：《為新生活運動進一解》，《獨立評論》95 號，1934 年 4 月 8 日，頁 18。
〔註32〕 公汗（魯迅）：《不知肉味和不知水味》，《太白》1 卷 1 期，1934 年 9 月 20 日。
〔註33〕 徐日洪：《現階段尊孔運動的剖析》，《清華周刊》42 卷 3～4 期合刊，頁 51。
〔註34〕 林德暇：《復古與啟蒙》，《清華周刊》第 45 卷第 2 期，1936 年 11 月 8 日。

這兩個維度的同時展開，對進步文化界施行的正是經濟、文化、思想三個層面的壓迫。在這種多重壓迫攪動之下，上海出版界出現了「翻印古書的風氣正在復活，連明人小品也視同塊寶拿出來翻印」〔註35〕、「大量古書成批翻印，報上經常刊出滿幅廣告」〔註36〕的怪現狀。而在文壇上，則有五四時期反對文言提倡白話的汪懋祖，重唱復興文言的老調；在反對文言復興論調而興起的大眾語運動論爭中，也有否定五四文學革命，否定白話文成就的言論；有林語堂創辦的《人間世》對「以自我為中心，以閒適為格調」的大力提倡；有指責魯迅等致力於雜文的創作，責問中國為什麼不能產生偉大作家、偉大作品的論調……不一而足。

當我們關注到趙家璧編輯大系的動議出現時背後宏大的思想——文化之網，我們或許就不會將他的編輯大系，簡單地看成是他的編輯理想或者既往編輯經驗的自然發展。或許，這樣的判斷才比較符合事實：國民黨文化統制政策導致的出版界「翻印古書」的現實，啓動了趙家璧進行「整理編選」的思路；他作為出色編輯的銳敏直覺，既往的編輯經驗和與進步文壇已有的交流，使得他將整理編選的對象鎖定為五四新文學運動以來的文藝作品；此外，他那編成套書的編輯理想，最終使得他一步步地將自己將要進行的工作，從編輯「五四以來文學名著百種」慢慢過渡至編輯「中國新文學大系」（1917～1927）。

## 1934～1935：大系角色的配搭與圖書雜誌審查委員會

大系之所以成為文學經典，與趙家璧所組織的編選者隊伍的權威性密切相關——編選《建設理論集》的胡適、《文學論爭集》的鄭振鐸、《小說一集》的茅盾、《小說二集》的魯迅、《小說三集》的鄭伯奇、《散文一集》的周作人、《散文二集》的郁達夫、《詩集》的朱自清、《戲劇集》的洪深、《史料·索引》的阿英，在現在的我們看來，正是各集編選者的不二人選，而為大系寫總序，更是非蔡元培莫屬。「倘使拿戲班子來作比喻，我們不妨說《大系》的『角色』是配搭得勻稱的」。〔註37〕姚琪在大系的小說一集出版之後，在評論文章《最

<hr />

〔註35〕甘乃光為《中國新文學大系》（1917～1927）的出版而寫的感想，見趙家璧：《話說〈中國新文學大系〉》，《編輯憶舊》，生活·讀書·新知三聯書店 1984 年版，頁 211。
〔註36〕趙家璧《話說〈中國新文學大系〉》，《編輯憶舊》，生活·讀書·新知三聯書店 1984 年版，頁 160。
〔註37〕姚琪：《最近的兩大工程》，《文學》5 卷 1 號，1935 年 7 月。

近的兩大工程》中作出的如此評價，在現在看來依然是精準的。

但當我們詳細追溯大系的建構過程時，我們有必要追問以下幾個問題：一、大系這個「戲班子」爲何是這些人的配搭？二、這些人的配搭過程與當時的思想——文化背景有何關聯？

（一）

其實，大系這個「戲班子」內角色的配搭，經過了漫長的調整過程。由《話說〈中國新文學大系〉》一文我們知道，1934 年 3、4 月至 7、8 月間，趙家璧在自己查閱圖書館資料、參觀阿英的藏書的基礎上，經由鄭伯奇和阿英的幫助，明確了編輯大系的必要性和基本輪廓問題，「但如何分卷，請那些人來擔任編選，全未著落。」〔註 38〕在隨後一段時間裏，趙家璧逐一確定了各集的編選者——

請鄭振鐸擔任文學論爭集的編選者，並通過他的代邀，確定胡適編建設理論集、周作人編散文集之一；在施蟄存的建議下，確定了阿英編選《史料‧索引》卷；請茅盾承擔了關於文學研究會成員的小說集的編選工作，在茅盾、鄭伯奇、阿英、施蟄存、鄭振鐸等的往返商量下，確定了創造社單獨編一集、以《語絲》及未名等爲中心單獨編一集的思路，最終，確定了鄭伯奇編創造社小說、魯迅編《語絲》社等的小說；經與鄭伯奇、鄭振鐸、阿英、施蟄存等商量，散文集之一請郁達夫編輯；在鄭伯奇的幫助下，詩集請郭沫若編輯；戲劇集請洪深編選。

可見，大系編選角色的確定及其如何配搭，是在鄭振鐸、鄭伯奇、茅盾、阿英以及施蟄存的相互推薦與往返討論中初步確定的。其人選確定的標準有三：一是所選對象在五四新文學發生發展過程中的貢獻、地位。如郭沫若的入選，「至於遠在日本的郭沫若，我認爲《大系》編選陣營中也不能沒有他，他是創造社的主要代表人物。以後經我和伯奇幾次商談，決定請郭老擔任詩集編選，他是五四時代的第一個最有貢獻的詩人。」〔註 39〕而魯迅的入選，是因爲「他個人在新文學運動方面的貢獻更是超過任何人的」〔註 40〕，且是

〔註38〕趙家璧：《話說〈中國新文學大系〉》，《編輯憶舊》，生活‧讀書‧新知三聯書店 1984 年版，頁 169。

〔註39〕趙家璧：《話說〈中國新文學大系〉》，《編輯憶舊》，生活‧讀書‧新知三聯書店 1984 年版，頁 183。

〔註40〕趙家璧：《話說〈中國新文學大系〉》，《編輯憶舊》，生活‧讀書‧新知三聯書店 1984 年版，頁 180。

他編選的那些社團中好幾個的實際領導者。二是所選對象的個人優長。如阿英和鄭振鐸的編選對象問題，最初，趙家璧想請阿英編選理論集，但在施蟄存和鄭振鐸的建議下，基於「阿英收集的以現代文藝書居多」〔註41〕的事實，最終請阿英編選史料卷，請鄭振鐸編選文學論爭集。三是基於平衡政治立場的考慮。這尤其體現在邀請胡適和周作人擔任編選者時背後的權衡上。

當胡適之名由鄭振鐸提出來時，趙家璧曾有過一番複雜的心理活動：

> 在此之前，我心中也想到過《大系》第一本理論集，如能找到胡適
> 這樣的人來編，那會多好，但我不敢向鄭伯奇、阿英提，他們肯定
> 不會贊成。……所以當鄭振鐸提出胡適之名時，我又驚又喜：驚的
> 是，胡適就是鄭振鐸對我所說，擠成三代以上古人中的五四戰士，
> 現在已一步步擠上高位，成為一位風雲人物了；喜的是，如能找他
> 來編選一集，對一般讀者既有號召力，對審查會也許能起掩護的作
> 用。這個審查會，從五月掛牌，什麼書刊都要經它這一關，我們的
> 出版物已深感壓力了。這樣一套規模大、投資多的《大系》，完全找
> 左翼作家編，不來一點平衡，肯定無法出版。〔註42〕

正是基於「平衡」的考慮，當鄭振鐸提出請胡適來編《建設理論集》，趙家璧才會在又驚又喜之餘，堅定了請胡適的信念。也是基於「平衡」的考慮，趙家璧才會將散文集的另一位編選者，初步擬定為周作人。而在有人贊成，有人反對的態勢中，茅盾再次支持了趙家璧的選擇：「《大系》既請了胡適擔任《建設理論集》，散文集請周作人編選一集也無不可。……這也是歷史唯物主義的態度嘛！」〔註43〕這種「歷史唯物主義」態度，指出了周作人入選編選陣營的歷史貢獻因素，但在客觀上，這和胡適的入選一樣，淡化了組稿隊伍的左傾色彩，增加了通過國民黨圖書雜誌審查委員會的審查的幾率。

事實上，正是這樣一份包括了左、中、右不同陣營作家的編選者名單，才受到了良友總經理伍聯德的高度讚賞，也才沒受到圖書雜誌審查委員會的項德言的更多刁難。

---

〔註41〕趙家璧：《話說〈中國新文學大系〉》，《編輯憶舊》，生活・讀書・新知三聯書店 1984 年版，頁 174。

〔註42〕趙家璧：《話說〈中國新文學大系〉》，《編輯憶舊》，生活・讀書・新知三聯書店 1984 年版，頁 172～173。

〔註43〕趙家璧：《話說〈中國新文學大系〉》，《編輯憶舊》，生活・讀書・新知三聯書店 1984 年版，頁 182。

　　說沒受到「更多刁難」，是因為趙家璧於 1934 年 12 月將編選名單送給項德言審核時，曾被要求「更換」魯迅和郭沫若這兩位原擬定的編選者。在趙家璧的軟磨硬泡之下，項德言說：「魯迅的名字，根據具體情況，可以商量」，當良友公司以 500 大洋買下項德言拙劣的書稿《三百八十個》，他才答應了「魯迅的名字不動，將來《大系》全部文稿，必須予以照顧，不能有意挑剔」〔註44〕的條件。但是「郭沫若的名字絕對不行」，因為「郭沫若寫過指名道姓罵蔣委員長的文章」〔註45〕。這文章，當然就是那反蔣檄文──《請看今日之蔣介石》以及《脫離蔣介石以後》。有學者說：「蔣介石恨得牙癢癢的，拍桌打凳，發誓要消滅郭沫若一切文章。『檢查老爺』仰承鼻息，從此以後，只要看到郭沫若三個字，便都在禁止之列。所以有一個時期，凡是郭沫若的作品，不論是創作也好，譯文也好，都只能用麥克昂筆名發表。後來對署名略略放鬆，但檢查起文章來，還是要特別嚴厲些。」〔註46〕這僅從郭沫若 1930 年代的著譯的命運即可見出──

　　1934 年 2 月 19 日，國民黨中央電令上海市黨部查禁一百四十九種進步書籍，其中包括郭沫若的譯著多種。後來，由於上海書業界人士兩次聯合呈文，國民黨中央宣傳委員會決定對 149 種圖書分五檔：先後查禁有案之書目、應禁止發售之書目、暫緩發售之書目、暫緩執行查禁之書目、應刪改之書目。郭沫若的《中國古代社會研究》（現代書局版）、《黑貓》（現代書局版）、《美術考古學發現史》（湖風書局版）屬於「暫緩執行查禁之書目」之列，《創造十年》（現代書局版）、《文藝論集》（光華書局版）屬於「應刪改之書目」之列，而《幼年時代》（光華書局版）、《文藝論續集》（光華書局版）、《煤油》（譯著、光華書局版）、《政治經濟學批判》（譯著、神州國光社版）、《石炭王》（譯著、現代書局版）、《屠場》（譯著、南強書局版）等均被查禁〔註47〕。不僅如此，1934 年 2 月，郭沫若的《郭沫若自選集》被國民黨反動派以宣傳普羅文

〔註44〕趙家璧：《話說〈中國新文學大系〉》，《編輯憶舊》，生活・讀書・新知三聯書店 1984 年版，頁 193。

〔註45〕趙家璧：《話說〈中國新文學大系〉》，《編輯憶舊》，生活・讀書・新知三聯書店 1984 年版，頁 192。

〔註46〕唐弢：《若有其事的聲明》，晦庵：《書話》，北京出版社，1962 年版，頁 90～91。

〔註47〕據倪墨炎：《149 種文藝圖書被禁的前前後後》，《現代文壇災禍錄》，上海書店出版社 1996 年版，頁 200～213 上所附書目整理。

藝罪查禁；1935 年 4 月由光華書局出版的《漂流三部曲》被國民黨反動派以宣傳普羅意識罪查禁；1935 年 9 月，由光華書局出版的《沫若小說戲曲集》被國民黨以欠妥罪查禁。甚至與郭沫若有關的書，如黃人影編的《郭沫若論》（光華書局 1931 年版）被作爲 149 種查禁書目中「暫緩執行查禁之書目」處理；李霖編的《郭沫若評傳》（現代書局 1932 年版）於 1934 年 12 月被以「普羅文藝」爲由查禁；樂華編輯部編的《當代中國文藝論集》（上海樂華圖書公司 1933 年版），被國民黨寫成「郭沫若等著」，於 1934 年 5 月被以「普羅文藝理論」爲由查禁；《沫若文選》本是上海文藝書店出的以賺錢爲目的的亂編亂印的書，還是於 1933 年 6 月被國民黨以「普羅文藝」爲由下令查禁〔註48〕。也就是說，郭沫若在日本流亡的十年裏，他的書──無論著還是譯──除了古代社會研究、考古學研究等方面的之外，幾乎都是每出必禁。即便由於《新生》周刊捅的漏子〔註49〕，圖書雜誌審查委員會於 1935 年 8 月 5 日正式宣布「暫停工作」，但內政部給各地發文（1936 年 3 月 28 日），讓圖書註冊後仍須送內政部備查，郭沫若的《沫若小說戲曲集》、《沫若詩集》、《後悔》等在這一過程中仍然被禁。

　　基於打壓郭沫若的文網如此嚴密的事實，爲了發行大系，趙家璧唯有選擇「臨陣換將」：一方面他自己和鄭伯奇「分別寫信去日本向郭沫若鄭重道歉，說明實情後，蒙他鑒諒」，另一方面，「請教了茅盾和鄭振鐸，改請在北平清華大學的朱自清擔任。……他和鄭振鐸都在北平執教，這件事，我又函託鄭振鐸代邀」〔註 50〕，朱自清雖感意外，但最終還是答應了。於是我們才看到了朱自清編選的大系之詩集。

　　綜上可見，正是由於國民黨圖書雜誌審查委員會的存在，才使得朱自清

〔註48〕　參見倪墨炎：《郭沫若著譯被禁概述》，《現代文壇災禍錄》，上海書店出版社 1996 年版，頁 133。

〔註49〕　《新生》周刊是上海生活書店創辦的刊物。由於 1935 年 5 月 4 日的《新生》2 卷 5 期上刊載的易水（艾寒松）之《閒話皇帝》一文涉及到日本天皇，日本駐滬總領事以「侮辱天皇，妨害邦交」爲由，向國民黨政府提出了嚴懲上海圖書雜誌審查委員會等在內的 4 條要求，國民黨政府採取不抵抗主義，所以中央宣傳委員會下令將上海圖書雜誌審查委員會 7 名審查員撤職，中央圖書雜誌審查委員會撤銷。參見倪墨炎：《現代文壇災禍錄》，上海書店出版社 1996 年版，頁 230～231。

〔註50〕　趙家璧：《話說〈中國新文學大系〉》，《編輯憶舊》，生活·讀書·新知三聯書店 1984 年版，頁 194。

代替郭沫若進入了編選陣營，也才使得胡適與周作人進入了編選者這個「戲班子」，形成了一個立場複雜的名單。當事人鄭伯奇曾在 1962 年評價道：「……作者的名單也比較複雜，但在當時的情況下，這樣的計劃頗受讀者歡迎，書店由此得到鼓勵。」〔註51〕針對這個評價，趙家璧說：「末段所提的批評，完全符合當年的史實。因為如果不那樣做，『良友』作為一個主要出版進步文藝書籍的據點，在白色恐怖的惡劣環境中，是不可能存在下去而不遭破壞的。……」〔註52〕無論是鄭伯奇強調的「當時的情況」還是趙家璧肯定的「當年的史實」，都指向國民黨 1930 年代的文化統制政策，尤其是 1934 年成立的圖書雜誌審查委員會對文化、思想界的嚴重戕害。

## （二）

然而更重要的問題在於，即便就是鄭振鐸、茅盾、阿英、魯迅、鄭伯奇等之所以答應加入編選者陣營，也並非與國民黨圖書雜誌審查委員會及國民黨的文化統制政策無關。

誠如本文前面所說，國民黨文化統制政策的進一步加強，尤其是實行原稿送審制以來，出版界不得不來了個大轉向。翻印古書就是其中之一：「一為大書局之大批翻印古書，二為小書局之出一折書，三為上海雜誌公司及中央書店之大批翻印明書珍本——總括起來，仍是翻印古書大潮流之各不同方向。」〔註53〕大量翻印古書，成為眾多書局的生存之道。與此相關的中國文壇，文言復興論興起、林語堂的「語錄體」大行其道，連大眾語運動的支持者中，也不乏否定五四文學革命，否定白話文成就的言論，加之「新生活運動」本身對五四新文學運動的詆毀、新文化陣營的分化，五四新文學——新文化運動的歷史合法性出現了嚴重危機。所以，當劉半農編的《初期白話詩稿》在 1933 年出版，並發出了十多年前的東西已經成為「古董」，「當初努力於文藝革新的人，一擠擠成了三代以上的古人」〔註54〕這樣的慨歎時，阿英、茅盾、鄭振鐸、鄭伯奇等新文學——新文化運動的參與者與建構者們，

〔註51〕鄭伯奇：《左聯回憶散記》，《新文學史料》1982 年第 1 期，頁 22。該文是鄭伯奇 1962 年所寫。

〔註52〕趙家璧：《我是怎樣愛上文藝編輯工作的》，《編輯憶舊》，生活・讀書・新知三聯書店 1984 年版，頁 11。

〔註53〕林語堂：《記翻印古書》，《宇宙風》第 7 期，1935 年 12 月 16 日。

〔註54〕劉半農：《〈初期白話詩稿〉序》，《新文學史料》第三輯，1979 年 5 月，頁 40。

無不發出類似的慨歎，並從各自角度提出了解決辦法。阿英在《中國新文學運動史資料》中就說：「其實，不僅回想起來，使人起寥遠之想，就是在不到二十年的現在，想搜集當時的文獻，也眞是大非易事。」〔註55〕而鄭振鐸在第一次和趙家璧見面時，「談到五四初期的版本已極難找到」，也「同聲感歎」。茅盾在看到王哲甫的《中國新文學運動史》時，在不滿之餘，也想的是能有「一部搜羅得很完備，編得很有系統的記載『史料』的書……對於研究現代文學史的人固然得用，對於一般想要明瞭過去到現在的文壇情形的青年也很有益。」〔註56〕正是在這個背景下，我們才能理解，爲什麼當趙家璧提出編輯大系的設想之後，阿英會表示「絕對贊成」〔註57〕，鄭振鐸會表示「全力以赴」〔註58〕，茅盾會「當即覆信表示支持」〔註59〕並接受了編選任務，魯迅也「贊成出版這樣一部《大系》」，且在被邀請編選小說二集時，「僅略略表示謙讓，當場就答應了」〔註60〕……甚至胡適答應編選建設理論集，說「我是最歡迎這一部大結集的」〔註61〕，也不能少掉該編輯計劃本身的不平凡這個因素；周作人雖然覺得「這回鄭西諦先生介紹我編選一種散文，在我實在是意外的事，因爲我與正統文學早是沒關係的了」〔註62〕，但最終還是擔任了編選任務：通過史料重現方式或曰「結一回賬」〔註63〕的方式來建構新文學——新文化運動的歷史合法性，以反抗國民黨治下的思想——文化

〔註55〕 張若英（阿英）編：《中國新文學運動史資料》，光明書局 1934 年版，頁 2。

〔註56〕 《文學》第 3 卷第 4 期，1934 年 4 月。

〔註57〕 趙家璧：《話說〈中國新文學大系〉》，《編輯憶舊》，生活・讀書・新知三聯書店 1984 年版，頁 164～165。

〔註58〕 趙家璧：《話說〈中國新文學大系〉》，《編輯憶舊》，生活・讀書・新知三聯書店 1984 年版，頁 170。

〔註59〕 茅盾，我走過的道路〔中〕・人民文學出版社，1984 年 05 月第 1 版，頁 280。

〔註60〕 趙家璧：《話說〈中國新文學大系〉》，《編輯憶舊》，生活・讀書・新知三聯書店 1984 年版，頁 181。

〔註61〕 胡適：《導言》，《中國新文學大系・建設理論集》，良友圖書公司，1935 年版。

〔註62〕 趙家璧：《話説〈中國新文學大系〉》，《編輯憶舊》，生活・讀書・新知三聯書店 1984 年版，頁 200。

〔註63〕 當年的很多人將大系的編輯與出版稱爲「結帳」。如葉聖陶說，「『良友』邀約能手，給前期的新文學結一回賬，是很有意義的事。結算下來，無論有成績沒成績，對於今後的文學界總有用處。」見趙家璧：《憶往事　學葉聖老》，《文壇故舊錄》，頁 292。茅盾說大系是「以結帳式的意味『再來一次』的」，見《十年前的教訓》，《文學》第 4 卷 4 號，1935 年 4 月。

界對五四的遺忘或扭曲式誤讀，是這個「戲班子」中人共通的潛在願望，以此爲紐帶，左、中、右陣營的人們暫時忘記了立場的差異，從而集結到了趙家璧的麾下。

另一方面，鄭振鐸、茅盾、阿英、魯迅、鄭伯奇這幾位的加入編選陣營，還與他們意在抵抗當時國民黨實行的文化圍剿相關。

阿英聽說趙家璧的編輯構想後，特意強調了編輯這套書除有「久遠的歷史價值和學術價值」之外，「在當前的政治鬥爭中具有現實意義」〔註 64〕，而在爲《大系樣書》寫的《編選感想》中，他指出：「良友圖書公司發刊《中國新文學大系》，其意義可說是高於翻印一切的古籍，在中國文化史上這是一件大事。」〔註 65〕在與趙家璧的第一次交流中，鄭振鐸「對最近掀起的一股讀經、祀孔的逆風極表憤慨，認爲這樣做，無異在走回頭路，把過去的革命運動視爲多此一舉。因而對編輯《大系》之舉，認爲非常及時，極有意義。」〔註 66〕並且認爲，有了「文學論爭集」，「至少有許多話今天省得我們重說，也可以使主張復古運動的人省得重說一遍」〔註 67〕。而在後來所寫的《編選感想》裏，鄭振鐸說的是：「將十幾年前的舊賬打開來一看，覺得有無限的感慨。……然而更可怪的是，舊問題卻依舊存在（例如『文』『白』之爭之類），不過舊派的人卻由防禦戰而突然改取攻勢了。這本書的出版可以省得許多『舊事重提』，或不爲無益的事罷。」〔註 68〕而茅盾這位對大系的成型提供過諸多幫助之人，在其編選的小說一集出版前夕，發表了名爲《十年前的教訓》這一值得重視的文章。他以隱晦之筆，從劉半農的《初期白話詩稿》講起，其核心卻在於說些「小說一集《導言》中不便講的話，即對比一下新文學運動的前十年和後十年」〔註 69〕。這「前十年」，是 1917～1926 年，而

---

〔註 64〕 趙家璧：《話說〈中國新文學大系〉》，《編輯憶舊》，生活·讀書·新知三聯書店 1984 年版，頁 164～165。

〔註 65〕 趙家璧：《話說〈中國新文學大系〉》，《編輯憶舊》，生活·讀書·新知三聯書店 1984 年版，頁 175。

〔註 66〕 趙家璧：《話說〈中國新文學大系〉》，《編輯憶舊》，生活·讀書·新知三聯書店 1984 年版，頁 171。

〔註 67〕 趙家璧：《話說〈中國新文學大系〉》，《編輯憶舊》，生活·讀書·新知三聯書店 1984 年版，頁 171。

〔註 68〕 趙家璧：《話說〈中國新文學大系〉》，《編輯憶舊》，生活·讀書·新知三聯書店 1984 年版，頁 172。

〔註 69〕 茅盾，我走過的道路〔中〕·人民文學出版社，1984 年 05 月第 1 版，頁 283。

「後十年」，正是從國民黨建立政權的 1927 年直至 1936 年。他說——

　　半農先生說十五年中國內文藝界的變動和進步就把他們這班當初努
　　力於文藝革新的人一擠擠成了三代以上的古人。這在一般的說來，
　　容或是事實，但部分的看來，卻也未必然呢。當初努力於文藝革新
　　的人中間有並未「一擠擠成了三代以上的古人」的!再者，雖則是「時
　　移世變，情形和當初大不相同」，然而今日和昔日仍舊有相同者在;
　　半農先生早故世了幾個月，不曾看見林琴南的「鬼魂」又在白日出
　　現，而且亦未必無「荊生」!

此處言及林琴南與荊生，是因為劉半農在其《〈初期白話詩稿〉序》中說:

　　……黃侃先生還只空口鬧鬧而已，衛道的林紓先生卻要於作文反對
　　之外借助於實力——就是他的「荊生將軍」，而我們稱為小徐的徐樹
　　錚。這樣，文字之獄的黑影，就漸漸的向我們頭上壓迫而來，我們
　　就無時無日不在栗栗危懼中過活。然而我們終於沒有嘗到牢獄的滋
　　味——至少也可以說我們中並沒有任何人在明白宣布的提倡白話詩
　　文的罪名之下遭到逮捕——這就不得不有慨於北洋軍閥的寬宏大
　　度，實遠在讀聖賢書，深明忠恕之道的林琴南先生之上。

兩相比較就能明白，茅盾和劉半農的著眼點，都在當時而非五四時期的「文
字之獄」，而其技法的區別在於，半農以北洋軍閥的寬宏大度，暗示同樣「讀
聖賢書，深明忠恕之道」的蔣介石的暴戾，茅盾則用林琴南的鬼魂和荊生的
重現，直接指向蔣介石的文化統制政策和那些文化特務們。茅盾的這種思路，
與阿英受劉半農《初期白話詩稿》的觸發而寫就的《文字之獄的黑影》〔註70〕，
正是異曲同工。

　　茅盾接著寫的是——

　　不過這都是題外的話了。題內的話:回翻十年前的東西，有幾點是
　　頗足為今日的教訓。大約是民十一十二的時候吧，國內文壇上曾有
　　最冠冕堂皇的呼聲:大家自由創作，才可有偉大的作品產生。這是
　　新文學史上要求「文藝自由」的第一次呼聲。第二次是近在前年的
　　事。然而因為時間到底隔了十年，社會環境亦不大相同，所以這兩
　　次的要求本質上並不相同。其二，十年前常有論爭〔良友因此特有

---

〔註70〕 該文曾被收入 1933 年南強版的《中國新文壇秘錄》，後收入《中國新文學大
　　　　系史料・索引》時，改題為《新文學初期的禁書》。

一本「文學論爭集」），可是在現在看來，當初的論爭除了最初期的
文白兩派之爭而外，餘皆為同一方面然而依不同的社會階層所發的
反映。這又是跟近來的現象有本質上的不相同。其三，從民六扣算
到明年年底，是二十年了，這二十年內，第一個「五年」是比較的
寂寞，第二個「五年」卻熱鬧得很，第三個「五年」更熱鬧了，第
四個五年尚未完，但熱鬧是不會比前期差多少，卻也已有事實證明。
這一現象，從文壇本身上是找不到確當的解答的。如果聯繫到社會
現象去考察，可以有相當的結論。

這裏的真實意思很明瞭，那就是，較之十年前，我們更沒有文藝自由；文壇
的論爭，不再是同一方面然而依不同的社會階層所發的反映，而是不同階層、
政黨之間的鬥爭；現在文壇的「熱鬧」（這個詞在此處應是貶義的），只能從
國民黨治下的社會現象去考察，聯繫到文壇，就是其文化統制政策，尤其是
圖書雜誌審查委員會對文壇的胡砍亂劈。

所以茅盾說——

這一些，都是可以從十年的總賬中找到的昔日對於今日之教訓。而
從這一點，也就得到一個結論：《新文學大系》的使命應該不是「輯
逸式」的，不是「修史式」的，而是清算，是批評。然而這個使命
也真不容易擔任，尤其在現今。〔註71〕

對通過總結既往的舊賬而批評甚至批判現在、而對現在國民黨的文化統制政策
進行清算，正是茅盾對大系寄寓的厚望。這與其將《中國新文學大系》的編輯
納入1934年的反文化圍剿鬥爭之內來敘述〔註72〕，正相吻合。而他對「現今」
的提示，再次提醒我們，應注意大系與當時國民黨的文化統制政策的關聯。

此外，大系這個「戲班子」的重要角色魯迅的確定過程，直接與圖書雜
誌審查委員會相關。

1934年11月間，趙家璧在鄭伯奇陪伴下，去內山書店看望魯迅，大膽請
他編選「雜牌軍」——新潮、語絲、莽原、未名等社團作家的小說選，魯迅
「僅略略表示謙讓，當場就答應了。」〔註73〕但臨別時，他表示了憂慮：「你

---

〔註71〕 茅盾：《十年前的教訓》，《文學》第4卷4號，1935年4月。
〔註72〕 見茅盾：《一九三四年的文化「圍剿」和反「圍剿」》，《新文學史料》1982年
第4期。
〔註73〕 趙家璧：《話說〈中國新文學大系〉》，《編輯憶舊》，生活・讀書・新知三聯書
店1984年版，頁181。

們來找我同意爲你們編選這本集子還是一件容易的事，檢察官是否同意，你們倒要鄭重考慮的。」〔註74〕趙家璧深知必得過審查會這個鬼門關，總經理伍聯德也提醒他把這份組稿名單先送給審查官們審，並囑咐趙家璧見機行事，結果，項德言在穆時英的幫助下敲詐了良友公司 500 大洋，並讓良友以精裝本出版了其書稿《三百八十個》，這才保證了不動魯迅的名字。

　　但在 12 月 26 日，魯迅因《病後雜談》一文被檢察官刪得只剩四分之一，大怒之下，決定不再參與編選大系了。在寫給趙家璧的信中，他說：

> ……我決計不幹這事了，索性開初就由一個不被他們所憎惡者出
> 手，實在穩妥得多。檢察官們雖宣言不論作者，只看內容，但這種
> 心口如一的君子，恐不常有，即有，亦必不在檢察官之中，他們要
> 開一點玩笑是極容易的，我不想來中他們的詭計，我仍然要用硬功
> 對付他們……〔註75〕

志忑的趙家璧，在 1935 年新年前後，請鄭伯奇陪同著去看望魯迅。

> 他又把關於審查官如何亂刪《病後雜談》的事更詳細地談了一遍。
> 他擔心照此下去，什麼好書都不用出了。……我們懇切地要求他體
> 諒編輯出版者的苦衷，收回成命。至於將來《小說二集》送審時，
> 選材問題，估計不大，導言方面，我們說，將盡一切力量爭取做到
> 保持原來的本來面目。魯迅思索了很久，最後點頭答應了。但是對
> 審查制度的憤懣之情仍然溢於言表。臨別之前，他對我們說，將來
> 序文和選稿送審後如有刪改之處，可由我們代爲決定，不必再徵求
> 他的同意了。〔註76〕

在隨後的 1 月 8 日，魯迅收到了趙家璧寄去的出版合同。於是才有了我們今日所見的《中國新文學大系・小說二集》。

　　綜上可見，趙家璧在鄭伯奇等的幫助下配搭大系的「角色」時，有明確的平衡政治傾向以通過審查的考慮，其詩集「角色」的調整，更是圖書雜誌審查委員會的「功勞」；而這些被配搭的角色之所以認可趙家璧的這一編輯動議，也是基於他們反抗國民黨的文化統制政策的深層動因；魯迅答應參與大

---

〔註74〕趙家璧：《魯迅怎樣編選〈小說二集〉》，《編輯憶舊》，生活・讀書・新知三聯
　　　　書店 1984 年版，頁 227。
〔註75〕魯迅致趙家璧信，見《魯迅著譯編年全集》第 17 卷，頁 286。
〔註76〕趙家璧：《魯迅怎樣編選〈小說二集〉》，《編輯憶舊》，生活・讀書・新知三聯
　　　　書店 1984 年版，頁 232～233。

系編選陣營的波折，更表明了大系誕生與國民黨圖書雜誌審查委員會的關聯。在這個意義上，正是圖書雜誌審查委員會與國民黨的文化統制政策，促成了本已分屬左、中、右不同陣營的新文化先驅們的一次重新集結，而編輯趙家璧此期所起的作用，一是提出編輯大系這個具有足夠魅惑力的計劃，二是穿好針，引好線。

## 1935：大系的編選與圖書雜誌審查委員會

經過「臨陣換將」、高價購書、魯迅退出這幾大風波之後，大系各集的編選者終於塵埃落定。各位編選者接著進行選材與編輯，並寫就導言，這就成就了我們現在所見到的全套大系。

由於大系編選的是 1917～1927 年間的文學理論以及作家作品，所以在選材上並沒有多少可以觸碰到審查官們敏感神經的地方，這從項德言和趙家璧的言說中可以看出〔註 77〕。從現有資料來看，唯有魯迅曾擔心過所選材料——黎錦明、臺靜農和向培良三位的作品——會被審查官們抽、刪。對於黎錦明、臺靜農的作品，魯迅的做法是將二者各多選一篇，「如果竟不被抽去，那麼，將來就將目錄上有×記號的自己除掉，每人各留四篇。」而對向培良的《我離開十字街頭》，他覺得是其代表作，所以選入了，但由於擔心版權問題，所以特意向趙家璧提出，請他「酌定」，又說：「假使出版上無問題，檢閱也通過了，那就除去有×記號的《野花》，還是剩四篇。但那篇會被抽去也難說。」此外，魯迅還說：

> 此外大約都沒有危險。不過中國的事情很難說，如果還有通不過的，
>
> 而字數上發生了問題，那就只好另選次等的來補充了。〔註 78〕

也許是那 500 大洋的功勞，「《小說二集》選材送審後，抽刪情況並不嚴重。倒是因為選材分量已超過計劃規定的篇幅，我們後來要求編選者減少了一些選材。」〔註 79〕所以在 1935 年 5 月 10 日夜，魯迅給趙家璧的信上說：「小說稿除原可不登者全數刪去外，又刪去了五篇，大約再也不會溢出豫算頁數之

---

〔註 77〕項德言說：「整理五四以來十年的舊作問題不大，將來可盡量幫忙。」趙家璧向魯迅說，「至於將來《小說二集》送審時，選材問題，估計不大。」見《編輯憶舊》，頁 192、232。

〔註 78〕魯迅致趙家璧信，見《魯迅著譯編年全集》第 18 卷，頁 94。

〔註 79〕趙家璧：《魯迅怎樣編選〈小說二集〉》，《編輯憶舊》，生活・讀書・新知三聯書店 1984 年版，頁 239～240。

外的了。」〔註80〕

　　與選材比起來，更容易受到刪削的，是編選者們的序言。「今年設立的書報檢查處，很有些『文學家』在那裏面做官，他們雖然不會做文章，卻會禁文章，眞禁得什麼話也不能說。」〔註81〕這是魯迅由實際鬥爭經驗得出的結論。事實上，所有編選者在寫導言時，都或多或少注意到了圖書雜誌審查委員會官員們的存在。所以當我們讀各位選家所寫的導言時，看到阿英、鄭振鐸、茅盾等一再提及「大系的編輯體例」字樣，從他們當時所處的思想——文化語境出發，我們當能看出這種自我約束的努力〔註82〕。比如，魯迅在寫給趙家璧的信中就說：「序文總算弄好了……但『江山好改，本性難移』，無論怎麼小心，總不免發一點『不妥』的議論。如果有什麼麻煩，請先生隨宜改定，不必和我商量了。」〔註83〕這「無論怎麼小心」，正透露了魯迅在寫作序言的過程中的自我警醒。其實，這種自我約束之下寫就的序言，只能是「死樣活氣」的，因爲魯迅在回覆徐懋庸請其作序的信中就曾說過：「序文我可以做，不過倘是公開發賣的書，只能做得死樣活氣，陰陽搭戲」。〔註84〕魯迅爲大系所寫的序言，不僅是「公開發賣」，而且還關係到其他各集能否通過審查，所以，自己把「骨頭」抽去，正是必然的選擇。而茅盾則因爲有太多「小說一集《導言》中不便講的話」，〔註85〕特意寫了《十年前的教訓》這篇文章，曲折隱晦地提出了自己對國民黨文化統制政策的批判，發於《文學》第 4 卷第 4 號上。即便最宜聯繫當時政治、思想狀況加以闡說的《文學論爭集》的編者鄭振鐸，也僅僅是多次引用劉半農《〈初期白話詩稿〉序》裏所言的鬥士

〔註80〕王世家、止菴編：《魯迅著譯編年全集》第 18 卷，人民出版社 2009 年版，頁324。

〔註81〕魯迅致劉煒明信，王世家、止菴編：《魯迅著譯編年全集》第 17 卷，人民出版社 2009 年版，頁 317。

〔註82〕例如，阿英《序例》中說：「依照《中國新文學大系》的整個編輯計劃，和《史料‧索引》冊所能容納的字數的關係，在這裏，我只能很簡略的說一點關於本冊編製經過的話。」茅盾則說：「寫這一篇『導言』的目的，只想說明新文學第一個『十年』裏創作小說發展的概況，以及這一時期文學上幾個主要的傾向」。

〔註83〕魯迅致趙家璧信，王世家、止菴編：《魯迅著譯編年全集》第 18 卷，人民出版社 2009 年版，頁 116。

〔註84〕魯迅致徐懋庸信，王世家、止菴編：《魯迅著譯編年全集》第 18 卷，人民出版社 2009 年版，頁 148。

〔註85〕茅盾：《我走過的道路》〔中〕，人民文學出版社 1984 年版，頁 283。

們「被擠成了三代以上的古人」之說，認爲「他們只在『妥協』裏討生活，甚而致於連最低限度的最初的白話文運動的主張也都支持不住。他們反而成了進步的阻礙。」〔註86〕這樣的表述，很顯然僅僅觸及到國民黨文化統制政策的冰山一角，不足以引起審查官們的禁、刪熱情。

但即便有些序文寫成了魯迅所言的「無可觀」〔註87〕的模樣，那些序言也並非全都是「今天天氣哈哈哈」之類的文字，所以反圍剿鬥爭經驗豐富的魯迅，給趙家璧提了一個非常關鍵的意見：

> 序文的送檢，我想還是等選本有了結果之後，以免他們去對照，雖然他們也未必這麼精細，忠實，但也還是預防一點的好罷。〔註88〕

這使得趙家璧修改了把導言和選稿一起送審的計劃，從而擾亂了敵人耳目，避免了序言和選材受到審查官的無理宰割，較好地保持了選家所選各集的原貌，於是也才有了我們現在所見到的十卷本《中國新文學大系》（1917～1927）。

從 1934 年 3、4 月間，趙家璧有了整理編選五四以來的文學創作這個編輯理想，到 1936 年 2 月，大系的最後一本——阿英編選的《史料·索引》正式出版，在不到 2 年的時間裏，年輕的趙家璧編輯大系這個「從無到有的創造性勞動」〔註89〕得以醞釀並最終完成。對於編輯趙家璧來說，這是他摯愛的編輯生涯最燦爛的一段；對於「中國新文學」來說，大系第一個十年的理論、創作、史料的全面梳理，有效地完成了「中國新文學開創史」的自我證明，有力地建構了中國現代「文學」史、現代學術史；對於試圖從民國法律形態角度探析現代中國文學的建構機制的我們來說，這正是一個探究國民黨文化統制政策與現代文學的艱難生長之間的關係的最佳角度。

---

〔註86〕《五四以來文學上的論爭》，《中國新文學大系導論集》，頁 78。
〔註87〕魯迅致王冶秋信，王世家、止菴編：《魯迅著譯編年全集》第 19 卷，人民出版社 2009 年版，頁 437。
〔註88〕魯迅致趙家璧信，王世家、止菴編：《魯迅著譯編年全集》第 18 卷，人民出版社 2009 年版，頁 116。
〔註89〕趙家璧：《話說〈中國新文學大系〉》，《編輯憶舊》，生活·讀書·新知三聯書店 1984 年版，頁 162。